高等职业教育工程管理专业系列教材

建筑工程经济与管理

李　静　主编

科学出版社

北　京

内 容 简 介

"建筑工程经济与管理"是高等职业教育土建类相关专业的一门重要课程,主要研究建筑工程经济和建设项目管理的基本理论、基本知识和基本方法。建筑工程经济与管理在建筑工程项目建设中具有重要的作用,服务于项目决策、实施过程,其重要性不言而喻。

本书共分为两篇。第一篇为建筑工程经济,主要讲述建筑工程经济分析的相关知识及其应用;第二篇为建筑工程管理,主要讲述项目管理和合同管理的相关知识。本书系统性较强,知识体系完整,内容由浅入深,循序渐进。为方便教学,每章均设置了学习目标、课程思政和思维导图,对应章后设置复习思考题。

本书可作为高职高专工程造价、建筑工程技术、建设工程管理等专业的教材,也可供从事建筑类相关技术工作的人员参考使用。

图书在版编目(CIP)数据

建筑工程经济与管理 / 李静主编.—北京:科学出版社,2020.4
(高等职业教育工程管理专业系列教材)
ISBN 978-7-03-063259-3

Ⅰ.①建… Ⅱ.①李… Ⅲ.①建筑经济学-高等职业教育-教材 ②建筑企业-工业企业管理-高等职业教育-教材 Ⅳ.①F407.9

中国版本图书馆CIP数据核字(2019)第249329号

责任编辑:万瑞达 李 雪 / 责任校对:王 颖
责任印制:吕春珉 / 封面设计:曹 来

科学出版社 出版
北京东黄城根北街 16 号
邮政编码:100717
http://www.sciencep.com

三河市骏杰印刷有限公司印刷
科学出版社发行 各地新华书店经销
*
2020 年 4 月第 一 版 开本:787×1092 1/16
2020 年 4 月第一次印刷 印张:19 1/2
字数:462 000
定价:65.00 元
(如有印装质量问题,我社负责调换〈骏杰〉)
销售部电话 010-62136230 编辑部电话 010-62130874(VA03)

前言

本书在编者认真学习教育部《高等职业教育创新发展行动计划（2015—2018年）》的基础上，同时结合了一线教学的实际情况编写而成。

本书在力求体现职业教育改革的基础上，以土建类专业人才培养及课程思政为背景，紧紧围绕高等职业教育的特点，力求体现我国目前在建筑工程经济分析、项目经济评价和项目管理中的实际做法。同时，结合"一带一路"倡议、"四个全面"战略布局、十九大报告等，将工匠精神培养、社会主义核心价值观培养等贯穿在教学内容中，落实课程思政要求。

本书内容中嵌入了二维码，扫描即可进行知识点微视频观看、章节自测、反馈学习等。思维导图、趣闻和链接注重增强学习趣味性和拓宽知识面，寓教于乐，开阔学生的视野。书中每章后设置有学习小结及课后实践模块，有利于学生自我学习习惯的养成，从而加强核心能力的培养。本教材配套在线课程为浙江省精品在线开放课程，每年春秋季在浙江省高等学校在线开放课程共享平台各开设一期，开课周期内相关学习者可通过电脑端和智能手机终端进行在线学习。电脑端登录 http://www.zjooc.cn，在搜索栏输入"建筑工程经济与管理"课程（负责人：李静，浙江工业职业技术学院），选择当期正在开课的课程；手机端可进行扫码关注加入学习，也可下载安装"在浙学"App学习。

本书共分为九章，其中，第一章～第三章、第五章由李静编写；第四章由翁窈瑶编写；第六章、第七章由杨溪编写；第八章由张喜娥编写；第九章由段冬梅编写。全书由李静进行统稿。在本书编写过程中，编者参考和引用了国内外大量文献资料，在此谨向原作者表示衷心的感谢。由于编者时间仓促和水平有限，书中难免有不足之处，敬请同行专家、广大读者批评指正。

编　者

2019 年 8 月

目 录

第一篇　建筑工程经济

第二篇　建筑工程管理

第一篇

建筑工程经济

第一章　建筑业概述

学习目标

掌握基本建设的分类、建筑业的界定。

理解基本建设的概念和程序、建筑业在国民经济中的地位及作用。

了解建筑产品的特点及建筑产品生产的技术经济特征。

课程思政

通过对建筑发展简史、中国中央电视台出品的大型纪录片《超级工程》、建筑业统计数据的学习，了解建筑发展简史，了解我国港珠澳大桥、上海中心大厦、北京地铁网络等工程的情况，从而认识我国在工程领域方面取得的巨大成就和建筑业在国民经济发展中的重要作用。学习"一带一路"倡议，树立"人民是历史的创造者"唯物史观，激发对我国人民伟大创造精神的认同感，树立民族自信心和自豪感，进一步增强专业兴趣。通过趣闻故事，认识思考工匠精神。

思维导图

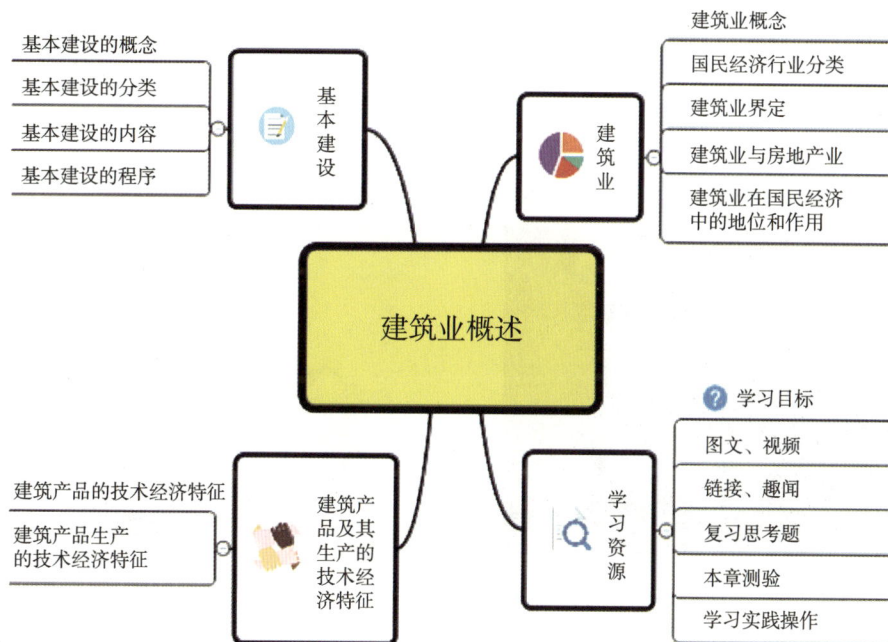

1.1 基本建设概述

　　社会的发展和人类的生存，主要依靠物质资料的再生产，而物质资料再生产的手段主要是社会固定资产的简单再生产和扩大再生产。以固定资产扩大再生产为目的的工程建设及其相关工作称为基本建设。基本建设的概念是什么？基本建设是如何分类的？基本建设包括哪些内容？基本建设是按什么程序进行的？本节将一一进行学习。

基本建设
（微课）

趣 闻

建筑发展简史

　　人类的祖先在原始森林里、草原上流浪了无数个世纪，过着食不果腹、衣不蔽体的生活，一边追逐着比人类弱小的动物，一边又要躲避猛兽的追赶，颠沛流离，朝不保夕。经过漫长的社会发展才转为狩猎、耕种并开始群居的生活方式，而建筑活动就是从这个时候开始的。早期的资料和遗址的发现显示：我们的祖先有的进山洞，挖土为穴（图1.1）；有的爬到树上，构木为巢（图1.2）。在地势低的地方把棚子架高，在地势高的地方挖深洞下去，就这样渡过了艰难的远古时期。

建筑发展简史
（微课）

图1.1　西安半坡遗址复原（资料来源于网络）

图1.2　干阑式建筑的雏形（资料来源于网络）

教学内容 🎓

1.1.1　基本建设的概念

"基本建设"一词来源于俄文，是 1926 年 4 月斯大林在一次报告中提出来的，其含义是资本建设或资金建设。英国、美国等国家称之为固定资本投资或资本支出，日本称之为建设投资。

1952 年 1 月 9 日我国政务院财政经济委员会（已变更）公布的《基本建设工作暂行办法》（国务院 1987 年 1 月 3 日发文废止的法规中有该办法）将"基本建设"定义为：凡固定资产扩大再生产的新建、改建、恢复工程及与之连带的工作称为基本建设。建设单位按其工作性质分为新建、改建、恢复三种：凡原无基础、新开始建设之单位，为新建性质之单位；凡就原有规模加以扩充或改建之单位，为改建性质之单位；凡因原有建设遭受破坏不能使用，就原有基础及原有规模加以恢复者，为恢复性质之单位。但由恢复而同时进行扩充与改建者，则属于改建性质之单位。从以上定义看，凡固定资产扩大再生产的新建、扩建、改建、恢复工程及与之连带的工作均称为基本建设。简单地说，就是以扩大生产能力（或增加工程效益）为目的的综合性经济活动。

固定资产的再生产包括简单再生产和扩大再生产。在原有规模上进行的固定资产再生产，即建造出来的新固定资产只能补偿、替换已经被消费掉的固定资产，称为固定资产的简单再生产。固定资产的再生产，如果不仅维持了原有的生产能力，还使得生产能力得到扩大，则称为固定资产的扩大再生产。固定资产的扩大再生产可以通过扩大生产规模和进行技术改造来实现，包含外延型和内涵型两种。新建、扩建、改建等称为外延型的扩大再生产，技术改造属于内涵型的扩大再生产。

1.1.2　基本建设的分类

工矿、交通、农林、水利、财政、贸易、文化、教育、卫生、城市建设及大行政区以上政府机关等部门所属单位的事业建设、住宅建设、文教建设、科学试验研究建设、卫生建设及公共事业建设均属于基本建设。按照建设项目的建设性质、用途、总规模和投资额，建设项目可以分为不同的种类。

1. 按建设项目的建设性质分类

按建设性质分类，建设项目可以分为新建项目、扩建项目、改建项目、恢复项目和迁建项目（图 1.3）。

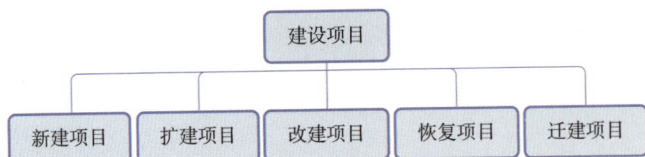

图 1.3   建设项目按建设性质分类

1）新建项目。新建项目是指从无到有新建的项目。按规定，原有企、事业单位进行扩建，其新增加的固定资产价值超过原有固定资产价值三倍以上的，亦视为新建工程项目。迁移厂址的建设项目（不包括留在原厂址的部分），符合新建条件的，也算新建项目。新建项目是开发新资源、建立新部门、改变生产力布局和增加城市基础设施的重要手段。

2）扩建项目。扩建项目是指企、事业单位为了扩大原有的产品生产能力、扩充工作容量、提高效益或生产新产品而扩建的工程项目，如工厂增建的生产车间、生产线，行政机关增建的办公楼、业务用房等。

3）改建项目。改建项目是指企、事业单位为了提高生产率、生产质量等，对现有设施或工艺条件进行技术改造或更新的项目，其中还包括企业所增建的一些附属、辅助车间或非生产性工程。

4）恢复项目。恢复项目是指遭受自然灾害、战争等原因，使原有房屋、建筑物、机器设备等固定资产部分或全部报废，企事业单位按原有的规模重新恢复的建设项目，但不包括在恢复的同时进行扩建的项目。在我国的基本建设中，单纯恢复性质的建设项目很少，因此，往往很多时候只区分新建项目、改建项目和扩建项目。

5）迁建项目。迁建项目是指为改变生产力布局或由于环境保护和安全生产的需要等原因，将原有企事业单位迁移到另一地方而重建的建设项目。这种项目不论其建设规模是维持原状还是扩大，都属于迁建项目。比如出于环境保护的目的，首钢集团将钢厂迁建至河北省唐山市曹妃甸区（见本节后链接：生态文明建设）。

2. 按建设项目的用途分类

按用途分类，建设项目可分为生产性项目和非生产性项目（图 1.4）。

1）生产性项目。生产性项目是指直接用于物质生产或满足物质生产需要的建设

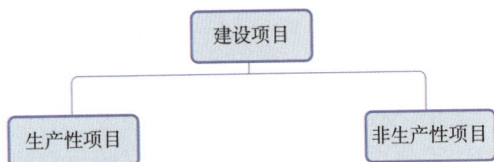

图 1.4   建设项目按用途分类

项目。生产性项目包括工业建设项目，建筑业建设项目，农林水利气象建设项目，运输、邮电建设项目，商业和物资供应建设项目和地质资源勘探建设项目。

2）非生产性项目。非生产性项目是指用于满足人民物质文化生活需要的建设项目。非生产性项目主要包括住宅建设项目、文教卫生建设项目、科学试验研究建设项目、公用事业建设项目和其他建设项目。

3．按建设项目的总规模和投资额分类

根据建设项目的总规模和投资额，建设项目一般可分为大型项目、中型项目、小型项目（图1.5），其具体划分标准各行业不尽相同。一般情况下，生产单一产品的企业按产品的设计能力划分；生产多种产品的企业按照主要产品的设计能力划分；难以按生产能力划分的，按照全部投资额划分。

图 1.5　建设项目按规模分类

1.1.3　基本建设的内容

基本建设是国民经济各部门为建立和形成固定资产而进行的综合性经济活动，即将一定数量的建筑材料、机器设备等，通过购置、建造和安装调试等活动转变为固定资产，形成新的生产力或使用效益的过程。

基本建设的内容包括建筑工程，设备安装工程，设备购置，工具、器具及生产家具购置和其他基本建设工作。

1）建筑工程。建筑工程包括各种永久性和临时性的厂房、办公楼、住宅、教学楼等建筑物及矿井、桥梁等构筑物的建筑工程，各种管道、电力、电信导线的敷设工程，设备基础和工业炉砌筑、金属结构工程，水利工程等。

2）设备安装工程。设备安装工程包括动力、电信、超重运输、医疗、试验等设备的安装，被安装设备的绝缘、保温、油漆、防雷接地和管线敷设等安装工程，测试和无荷试车，与设备相连的金属工作台、梯子等的安装工程。

3）设备购置。设备购置包括一切需要安装和不需要安装的设备的购置。

4）工具、器具及生产家具购置。工具、器具及生产家具购置包括应配置的属于固定资产的各种工具、器具及生产家具的购置。

5）其他基本建设工作。其他基本建设工作包括上述内容以外的基本建设工作，主要包括勘察设计、土地征用、原有建筑物拆除、机构筹建、职工培训等。

1.1.4　基本建设的程序

基本建设的程序是指基本建设全过程中各项工作必须遵循的先后顺序，如图1.6所示。基本建设牵涉面广，环节众多，有些环节是前后衔接的，有些环节是互相交叉的，关系错综复杂，必须按照一定的程序实施，才能达到预期的效果。基本建设的程序是对基本建设过程中客观存在和起作用的时序规律的认识和反映，并据以制定出的基本建设管理工作制度。按照基本建设主管部门的规定，进行基本建设，必须严格执行基本建设程序。遵循基本建设的程序，先规划研究，后设计施工，有利于加强宏观

经济计划管理；还有利于保证项目决策正确，又快、又好、又省地完成建设任务，提高基本建设的投资效果。

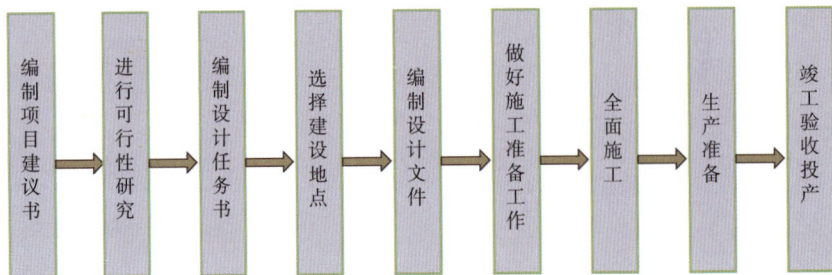

图 1.6　基本建设的程序

基本建设各步骤的先后顺序如下。

1）编制项目建议书。对建设项目的必要性和可行性进行初步研究，提出拟建项目的轮廓设想。

2）进行可行性研究。具体论证和评价项目在技术上是否可行，经济上是否合理，论证项目是否适合建设。根据可行性研究论证的最优方案，编制初步设计。

3）编制设计任务书。可行性研究报告是设计任务书（也称计划任务书）的附件。设计任务书是确定基本建设项目、编制设计文件的重要依据。按照项目的隶属关系，由主管部门组织有关计划、设计等单位，编制设计任务书。

4）选择建设地点。在调查研究、综合比较的基础上，提出选址报告。要综合考虑以下几个因素：工程地质、水文条件是否满足建设的需要，水、电、交通运输条件是否满足建设要求，对当地生产和生活环境有无不良影响。

5）编制设计文件。根据设计任务书和项目建设地址的选择，委托设计单位，按照设计任务书的要求，编制设计文件，从技术和经济上对拟建工程作出详尽规划。大中型项目一般采用两阶段设计，即初步设计与施工图设计。技术复杂的项目，可增加技术设计，按三个阶段进行。设计文件要满足能够进行主要工艺设备订货、编制招标控制价、进行施工准备工作的需要。根据设计文件，可以采取招标等方式确定施工总承包企业或者组织施工队伍进行施工准备工作。

6）做好施工准备工作。根据建设进度和工作实际，以一定的方式选定施工企业承包或者自行组织施工队伍进行建设准备工作，包括征地拆迁，场地测量，"三通一平"（通水、通电、通道路、平整土地）等工作，以及其他各项准备工作。

7）全面施工。准备工作就绪后，提出开工报告，经过批准，开工兴建。遵循施工程序，按照设计要求和施工技术规范、合同规定进行施工。单位工程必须编制单位工程施工组织设计，安排好进度，保证施工质量，注意文明施工和环境保护。

8）生产准备。生产性建设项目开始施工后，及时组织专门力量，有计划、有步骤地开展生产准备工作。

9）竣工验收投产。为了保证项目建成后能顺利投产发挥作用，建设单位应按照规定的标准和程序，对竣工工程进行验收，编制竣工验收报告和竣工决算，并办理固定资产交付生产使用的手续。

链 接

生态文明建设

我国高度重视生态文明建设。2012 年 11 月，党的十八大首次将生态文明建设作为"五位一体"总体布局的一个重要部分；十八届三中、四中全会先后提出"建立系统完整的生态文明制度体系""用严格的法律制度保护生态环境"，将生态文明建设提升到制度层面；十八届五中全会提出"创新、协调、绿色、开放、共享"的新发展理念。"生态兴则文明兴，生态衰则文明衰"。这是习近平总书记关于生态文明建设的著名论断，既是对文明变迁的历史反思，也是对当今世界的现实观照，体现出的全球视野和人文关怀，与他所倡导的"人类命运共同体"理念一脉相承。

2017 年 10 月 18 日，习近平总书记在十九大报告中指出，生态文明建设功在当代、利在千秋。我们要牢固树立社会主义生态文明观，推动形成人与自然和谐发展现代化建设新格局，为保护生态环境作出我们这代人的努力。2018 年 6 月 5 日是第 47 个世界环境日，中国将"美丽中国，我是行动者"确立为当年环境日的主题，旨在推动社会各界和公众积极参与生态文明建设，以实实在在的行动共建天蓝、地绿、水清的美丽中国。2018 年 6 月 16 日公布的《中共中央 国务院关于全面加强生态环境保护坚决打好污染防治攻坚战的意见》，也把"坚持保护优先"作为首条基本原则提出来，强调要"落实生态保护红线、环境质量底线、资源利用上线硬约束，深化供给侧结构性改革，推动形成绿色发展方式和生活方式，坚定不移走生产发展、生活富裕、生态良好的文明发展道路。"2019 年 10 月 31 日中国共产党第十九届中央委员会第四次全体会议通过《中共中央关于坚持和完善中国特色社会主义制度、推进国家治理体系和治理能力现代化若干重大问题的决定》（以下简称《决定》）。《决定》指出，生态文明建设是关系中华民族永续发展的千年大计，必须践行绿水青山就是金山银山的理念，坚持节约资源和保护环境的基本国策，坚持节约优先、保护优先、自然恢复为主的方针，坚定走生产发展、生活富裕、生态良好的文明发展道路，建设美丽中国。

1.2 国民经济中的建筑业

知识导入

我们经常在媒体上听到或看到国民经济、国内生产总值（gross domestic product, GDP）等字眼，那么什么是国民经济呢？国民经济是指一个现代国家范围内各社会生产部门、流通部门和其他经济部门所构成的互相联系的总体。工业、农业、建筑业、运输业、邮电业、商业、对外贸易、服务业、城市公用事业等，都是国民经济的组成部分。我国国民经济行业是如何分类的？建筑业具体包括哪些行业？建筑业在国民经济中处于何种地位、有何作用？建筑业与房地产业有何区别？本节将一一进行学习。

趣 闻

三百六十行

中国流传着一句家喻户晓的谚语——"三百六十行，行行出状元"。但为何要将各行业称为"三百六十行"？传统说法是，该数字出自《鲁班书》中的"金、皮、漂、澄、风、火、雀、耍、财、马、利、夸"十二字，其中每字管六门，共七十二门，每门管五行，总计三百六十。

所谓"三百六十行"，即各行各业的行当，也就是社会的工种。俗话说，"敲锣卖糖，各干一行"。关于行业，自唐代开始就有三十六行的记载。宋代周辉《清波杂志》上便记有肉肆行、宫粉行、成衣行、玉石行、球宝行、丝绸行、麻行、首饰行、纸行、海味行、鲜鱼行、文房用具行、茶行、竹木行、酒米行、铁器行、顾绣行、针线行、汤店行、药肆行、扎作行、仵作行、巫行、驿传行、陶土行、棺木行、皮革行、故旧行、酱料行、柴行、网罟行、花纱行、杂耍行、彩兴行、鼓乐行和花果行。

由三十六行如何发展为"三百六十行"呢？据徐珂《清稗类钞·农商类》载："三十六行者，种种职业也。就其分工而约计之，曰三十六行；倍之，则为七十二行；十之，则为三百六十行。"由此可见，"三百六十行"只是一个约数。自古以来，行业的工种绝不止"三百六十行"，"三百六十行"只是概括数，民间所流传的"三百六十行"是个统称，多年来习惯成自然，说起来方便，听起来顺耳，所以现在说起行业还是笼统地称"三百六十行"。（资料来源于网络）

教学内容

1.2.1　建筑业的基本概念

建筑业是以建筑产品生产为对象的物质生产部门，是从事建筑生产经营活动的行业。其产品是各种工厂、矿井、铁道、桥梁、港口、道路管线、住宅及公共设施的建筑物、构筑物和设施。

1.2.2　国民经济行业的分类

按照《国民经济行业分类》（GB/T 4754—2017），我国国民经济分为门类、大类、中类、小类四级。有 20 个门类，97 个大类，473 个中类，1380 个小类。20 个门类代码及名称依次为：A 农、林、牧、渔业；B 采矿业；C 制造业；D 电力、热力、燃气及水生产和供应业；E 建筑业；F 批发和零售业；G 交通运输、仓储和邮政业；H 住宿和餐饮业；I 信息传输、软件和信息技术服务业；J 金融业；K 房地产业；L 租赁和商务服务业；M 科学研究和技术服务业；N 水利、环境和公共设施管理业；O 居民服务、修理和其他服务业；P 教育；Q 卫生和社会工作；R 文化、体育和娱乐业；S 公共管理、社会保障和社会组织；T 国际组织。

1.2.3　建筑业的界定

《国民经济行业分类》（GB/T 4574—2017）对建筑业的门类界定为：房屋建筑业，土木工程建筑业，建筑安装业，建筑装饰、装修和其他建筑业几个大类。

1）房屋建筑业。房屋建筑业包括住宅房屋建筑、体育场馆建筑和其他房屋建筑业。

2）土木工程建筑业。土木工程建筑业包括铁路、道路、隧道和桥梁工程建筑，水利和水运工程建筑，海洋工程建筑，工矿工程建筑，架线和管道工程建筑，节能环保工程施工，电力工程施工和其他土木工程建筑。

3）建筑安装业。建筑安装业包括电气安装、管道和设备安装和其他建筑安装业。

4）建筑装饰、装修和其他建筑业。建筑装饰、装修和其他建筑业包括建筑装饰和装修业、建筑物拆除和场地准备活动、提供施工设备服务、其他未列明建筑业。

特别需要指出的是，有关国民经济行业分类的国家标准需要随着经济社会的发展变化而进行修订，以不断适应新的情况。例如，在国民经济行业分类国家标准1993 年修订意见中，对 1984 年 12 月 1 日发布的国家标准 GB 4574—1984 中的建筑业门类中的"土木工程建筑业""线路管道和设备安装业""勘察设计业"调整为"勘察设计业""建筑安装业""建筑工程管理、监督和咨询业"三个大类。《国民经济行业分类》（GB/T 4574—2017）中，地质勘查、工程技术与设计服务（工程管理服务、工程监理服务、工程勘察活动、工程设计活动、规划设计管理、土地规划服务等建筑和工程活动及相关技术咨询）均属于科学研究和技术服务业门类，不再属于建筑业门类。

1.2.4 建筑业与房地产业的区别与联系

建筑业与房地产业常常被相提并论，但二者实质是不同的。房地产业包括房地产开发经营、物业管理、房地产中介服务、房地产租赁经营和其他房地产业。房地产业是建筑商品的流通环节，主要是从事建筑产品和地产经营的行业，从产业分类上看，属于第三产业。建筑业是以建筑产品生产为对象的物质生产部门，从产业分类上看，属于第二产业。虽然建筑业的施工阶段与房地产业的开发阶段有所交叉，但二者本质是有区别的。

1.2.5 建筑业在国民经济中的地位和作用

建筑业是国民经济的重要物质生产部门，它与国民经济各部门的发展、人民生活的改善有着密切的关系，并对它们起着至关重要的作用。建筑业为生产、生活提供场所，人民的衣、食、住、行都离不开建筑业。

改革开放以来我国经济飞速发展，建筑业作为我国重要的物质生产部门，也经历了一个高速发展的过程。

1. 建筑业是国民经济的重要组成部分，为社会创造新价值

建筑业所完成的产值在社会总产值中占有相当比重，所创造的价值也是国民收入的重要组成部分。可以说，建筑业是国民经济的支柱产业。

根据国家统计局发布的年度国民经济数据，2018 年度国内生产总值为 900309.5 亿元，比 2017 年增长 9.7%；全国建筑业总产值为 235085.53 亿元，比 2017 年增长 9.9%，占国内生产总值的 26.11%；2009 ～ 2018 年十年间，建筑业总产值稳步上升（图 1.7）。

2018 年度建筑业企业实现利税总额合计 15477.67 亿元，图 1.8 为 2009 ～ 2018 年度建筑业企业利税、利润总额增长情况。

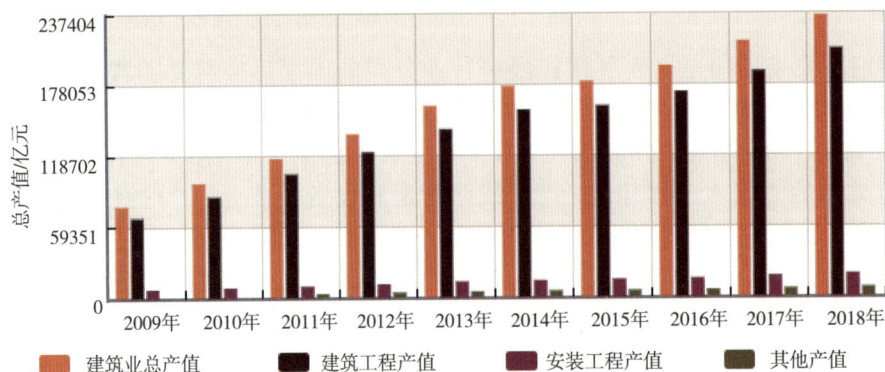

图 1.7　2009 ～ 2018 年度建筑业总产值

数据来源：国家统计局网站

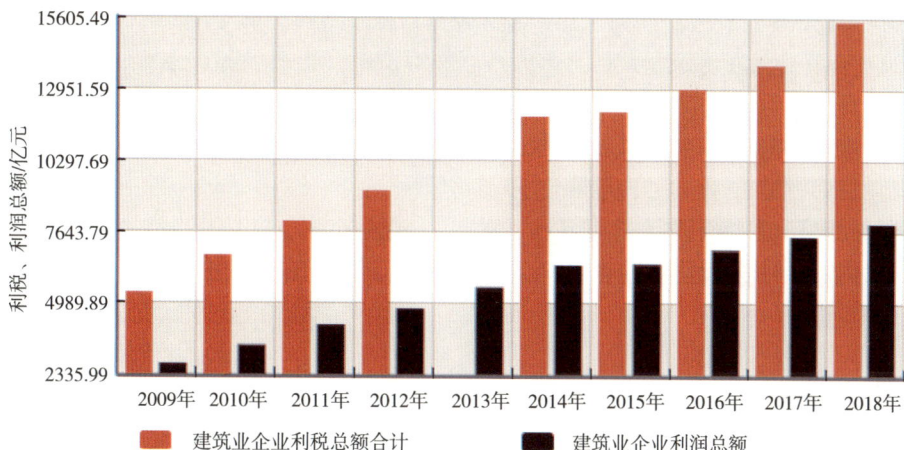

图 1.8　2009 ～ 2018 年度建筑业企业利税、利润总额

数据来源：国家统计局网站

2. 建筑业为社会和国民经济各部门提供生产、生活所用的固定资产

建筑业生产的生产性固定资产，为国民经济各部门提供生产所需，满足了社会生产的发展需要和人民物质文化生活的需要，有利于社会进行固定资产再生产，改善人民生产条件；建筑业生产的非生产性固定资产，如卫生、教育、文化、体育、住宅建筑等，则满足了人民日益增长的物质文化生活需要。

3. 建筑业关联度强，带动很多关联产业的发展

建筑业的发展与其他产业的发展也有很大关联。建筑业是国民经济各行业赖以生存和发展的物质基础，它通过大规模的固定资产投资活动为国民经济其他各部门、各行业的持续发展和人民生活的持续改善提供物质保障，直接影响着国民经济的增长和社会劳动就业状况，关乎着社会公众的生命财产安全和生产、生活质量。国民经济各物质生产部门所需要的厂房、仓库等建筑物和道路、码头、堤坝等构筑物都是建筑业的产品；工业企业的机器设备也必须经过建筑企业进行安装才能形成最终的生产能力。同时，在建筑产品生产过程中，又要消耗大量钢材、木材、水泥、玻璃、塑料等其他影响国民经济生产部门的产品。建筑业的发展带动了建材、冶金、有色、化工、电子、运输等多个相关产业的发展。

4. 建筑业是劳动密集型产业，能够解决大量劳动力就业问题

我国的建筑业目前仍是劳动密集型产业，能解决大量的劳动力就业问题。图1.9为2009 ～ 2018 年度建筑企业从业人员数，2018 年度建筑业企业从业人员数达到 5563.3 万人。建筑业是主要的劳动就业部门，建筑业企业从业人员数在整个国民经济就业人数的构成中占有较大的比例，建筑业尤其为农村的剩余劳动力转移提供了有效途径，为缓解我国的就业压力做出了重要贡献。

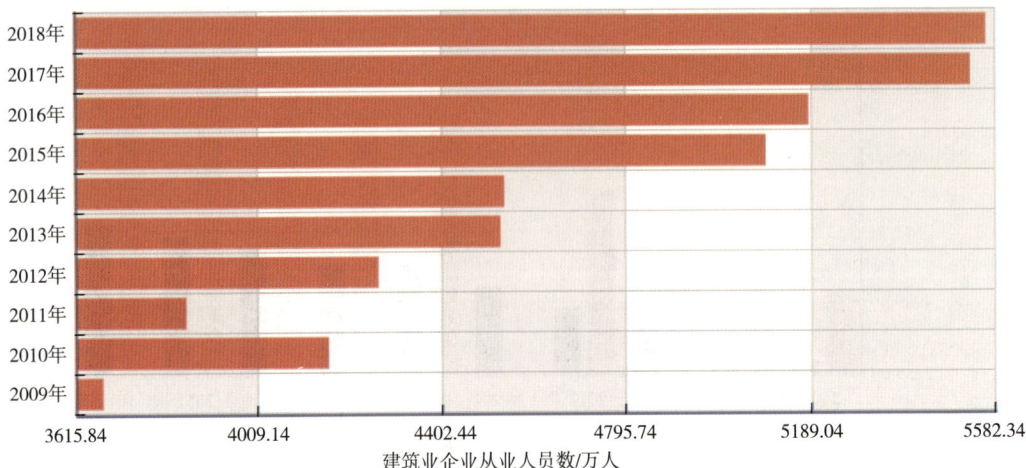

图 1.9　2009～2018 年度建筑业企业从业人员数

数据来源：国家统计局网站

5. 建筑业可以发展国际承包，出口创汇

建筑业可以吸引社会闲余资金，一方面为社会消费资金提供了良好的出路；另一方面也为社会生产提供了大量生产资金，从而达到引导消费、调整结构、促进生产的效果。

另外，建筑业通过参与国际竞争，带动国内资金、技术、管理等与国际接轨，实现出口创汇。2016 年我国对外承包工程合同额为 2440.10 亿美元，2017 年我国对外承包工程合同额为 2652.76 亿美元，同比增长 8.7%。结合商务部统计数据，2016 年中国建筑企业在"一带一路"沿线国家的对外承包工程新签合同额为 1260.3 亿美元，比 2015 年度增长了 36%，在同期总额中占比达 51.6%，"一带一路"增长带动作用明显（见本节后链接：一带一路）。表 1.1 为 2013～2017 年度中国对外承包工程业务完成营业额，这其中就有不少是建筑业创造的。

表 1.1　2013～2017 年度中国对外承包工程业务完成营业额

年份	2017	2016	2015	2014	2013
中国对外承包工程业务完成营业额／万美元	16858661	15941749	15407423	14241066	13714273

数据来源：国家统计局。

6. 建筑业向高空和地下发展，为人类活动扩展了空间

当前城市化发展面临着土地资源紧张、绿地面积减少、城市人口急剧增加、交通堵塞、能源消耗增大、环境污染、房价上涨等问题，随着建筑科学技术的发展，建筑

向高空和地下发展去拓展人类活动空间越来越成为现实。20 世纪 70 年代以来，超高层建筑和地下空间的利用已成为普遍趋势。目前，已建成的世界级超高层建筑中，有将近一半是在中国建成的，如上海中心大厦、上海环球金融中心、深圳平安金融中心、天津 117 大厦、香港环球贸易广场、台北 101 大厦等。其中，上海中心大厦是上海市的一座超高层地标式摩天大楼，建筑面积为 433954m²，建筑主体为 119 层，总高为 632m，结构高度为 580m，地下机动车停车位可停放 2000 辆汽车。开发利用城市地下空间是将现代化城市空间发展向地表下延伸，这是提高城市容量、缓解城市交通、改善城市环境的一个重要措施，符合建设"资源节约型、环境友好型和谐社会"的要求。地铁工程、地下隧道和地下商业综合体是目前地下空间利用的常见形式。推荐观看中国中央电视台出品的大型纪录片《超级工程》，感受我国近年来工程建设领域取得的巨大成就。

综上所述，建筑业在国民经济中占有重要的地位和作用。

链 接

一 带 一 路

"一带一路"（The Belt and Road，缩写 B&R）是"丝绸之路经济带"和"21 世纪海上丝绸之路"的简称。2013 年 9 月和 10 月，中国国家主席习近平分别提出共建"新丝绸之路经济带"和"21 世纪海上丝绸之路"的合作倡议，即充分依靠中国与有关国家既有的双多边机制，借助既有的、行之有效的区域合作平台，高举和平发展的旗帜，积极发展与沿线国家的经济合作伙伴关系，共同打造政治互信、经济融合、文化包容的利益共同体，命运共同体和责任共同体。

1.3 建筑产品及其生产的技术经济特征

知识导入

"建筑工程与经济管理"课程主要研究两个方面的内容，即工程经济学、施工项目管理，涉及建筑产品生产过程的技术经济和管理问题，那么了解建筑产品的技术经济特征以及建筑产品生产的技术经济特征就很重要。建筑产品与其他工业部门的产品相比较，具有其显著独特的技术经济特征。建筑产品的生产也具有不同于其他产品生产的特点。

鲁　班　桥

　　传说在鲁班故里鲁寨村，有一条大河挡在村前，村民们出入很不方便，于是，村里的工匠们决定造一座大桥以方便乡亲们的出行。但是，这些工匠平常有干活不认真的习惯。有一天，村里来了一位老人，总在工地上转来转去。有户村民对老人很好奇，便时常送一些吃的给他，晚上还把他请回家去住。于是，老人对这家人说："我也没有什么好送给你们的，给你们打个碓窝子吧。"老人打碓窝子非常仔细，量了打，打了量的，一点儿也不敢马虎。造桥的工匠们都笑话他："打个石碓窝子还用费这么大的劲儿？"村里工匠所建大桥合龙时，却正好缺一块石头对不上槎，现打也不是一时半会儿能打好的。越是着急，老天越是不作美，瞬间乌云四合，眼看着要下大雨。如果石拱合不好龙门，那这几个月的工夫就白搭了。正在这时，老人来了，他说："别着急了，看看我做的那个石碓窝子合适不？"石匠们把石碓窝子搬来往中间一放，竟然分毫不差。当工匠们找老人道谢时，老人已走远。只见老人留下的一张纸条上写着："施工马大哈，桥拱出偏差；回报石一块，鲁班回老家。"从此以后，这儿的工匠们做工再也不敢马虎了。（资料来源于网络）

1.3.1　建筑产品的技术经济特征

　　建筑产品与其他工业部门的产品相比较，具有其显著独特的技术经济特征。建筑产品的特点主要有以下几点。

1. 建筑产品在空间上的固定性

　　一般的建筑产品均由自然地面以下的基础和自然地面以上的主体两部分组成（地下建筑全部在自然地面以下）。通常，每个建筑产品都是在选定的地点上建造和使用的，与选定地点的土地不可分割，从建造开始直至拆除一般不能移动。所以，建筑产品在空间上具有固定性。

2. 建筑产品具有多样性

　　建筑产品不但要满足各种实用功能的要求，还要体现出地区的民族风格、居住习惯、物质文明和精神文明，同时也受到地区的自然条件诸因素的限制，所以，即使是功能相同的建筑，由于工程地质、水文、气候等自然条件以及材料供应等的影响，设计和施工方案也往往会存在差别，所以建筑产品在规模、结构、构造、形式、基础和装饰等方面不尽相同，式样繁多。因此，建筑产品具有多样性。

3．建筑产品体型庞大

无论是复杂的建筑产品，还是简单的建筑产品，为了满足其实用功能的需要，并结合建筑材料的物理力学性能，都需要大量的物质资源，都要占据广阔的平面与空间，因而建筑产品的体型庞大。

1.3.2　建筑产品生产的技术经济特征

建筑产品有着不同于其他工业部门的产品的特点，建筑产品的生产也具有其独特的技术经济特征。

1．建筑产品生产的流动性

建筑产品地点的固定性决定了产品生产的流动性。一般的工业产品都是在固定的工厂、车间内进行生产，而建筑产品的生产是在不同的地区，或同一地区的不同现场，或同一现场的不同单位工程，或同一单位工程的不同部位，组织工人、机械进行生产的。因此，建筑产品的生产是在地区之间、现场之间和单位工程不同部位之间流动的。

2．建筑产品生产的单件性

建筑产品地点的固定性和类型的多样性，决定了产品生产的单件性。一般的工业产品是在一定的时期内，按照统一的工艺流程进行批量生产的，而具体的一个建筑产品应在国家或地区的统一规划内，根据其实用功能，在选定的地点上单独设计和单独施工。即使是选用标准设计、通用构件或配件，由于建筑产品所在地区的自然、技术、经济条件的不同，也使得建筑产品的结构或构造、建筑材料、施工组织和施工方法等要因地制宜加以选择。

3．建筑产品生产的地区性

建筑产品的固定性，决定了同一使用功能的建筑产品因其建造地点的不同而受到建设地区的自然、技术、经济和社会条件等的约束，使其结构、构造、艺术形式、室内设施、材料、施工方案等方面出现不同。因此，建筑产品的生产具有地区性的特点。

4．建筑产品生产周期长、占用流动资金大

建筑产品的固定性和体型庞大的特点决定了建筑产品的生产周期长。因为建筑产品体型庞大，所以最终建筑产品的建成必然耗费大量的人力、物力和财力。同时，建筑产品的生产全过程还要受到工艺流程和生产程序的制约，使各专业、工种间必须按照合理的施工顺序进行配合和衔接。建筑产品地点的固定性，又使得施工活动的空间具有局限性，从而导致建筑产品具有生产周期长、占用流动资金大的特点。

建筑物平移

平移建筑物是一项技术含量颇高的技术，它把建筑结构力学与岩土工程技术紧密结合起来，其基本原理与起重搬运中的重物水平移动相似，其主要的技术处理为：将建筑物在某一水平面切断，使其与基础分离变成一个可搬动的"重物"；在建筑物切断处设置托换梁，形成一个可移动托梁；在就位处设置新基础；在新旧基础间设置行走轨道梁；安装行走机构，施加外加动力将建筑物移动；就位后拆除行走机构进行上下结构连接，完成平移。

复习思考题

1．什么是基本建设？基本建设的内容有哪些？基本建设项目有哪些分类方法？

2．基本建设的程序是什么？为什么要遵循基本建设的程序？

3．固定资产再生产包括哪两种类型？

4．什么是建筑业？《国民经济行业分类》（GB/T 4574—2017）对建筑业的门类界定是怎么样的？建筑业与房地产业有何区别与联系？

5．建筑业在国民经济中的地位和作用是什么？

6．建筑产品有哪些技术经济特征？建筑产品生产有哪些技术经济特征？

本章测验

学习小结

观后感

要求：在网络上搜索大型纪录片《超级工程》，观看完整版视频，并结合工匠精神、"一带一路"倡议，写下你的观后感。

第二章　建筑市场

学习目标 🎯

掌握建筑市场的主体和客体。

理解建筑市场的结构特征及运行机制。

了解我国建筑市场的资质管理。

课程思政 📋

通过对我国建筑市场发展历程的学习，充分认识党的十九大报告提出的，"坚持新发展理念"中的"使市场在资源配置中起决定性作用，更好发挥政府作用"的新时代坚持和发展中国特色社会主义的基本方略。通过学习我国建筑市场的发展历程、建筑市场从业企业的资质管理和从业人员的资格管理、建设工程交易中心的作用和运行，进一步促使学生培育践行社会主义核心价值观，体会全面依法治国在建筑业领域的具体体现，树立遵纪守法的观念。通过学习全国庆祝改革开放40周年杰出贡献表彰对象中践行"工匠精神"的优秀代表许振超同志的事迹，弘扬工匠精神。

思维导图 💡

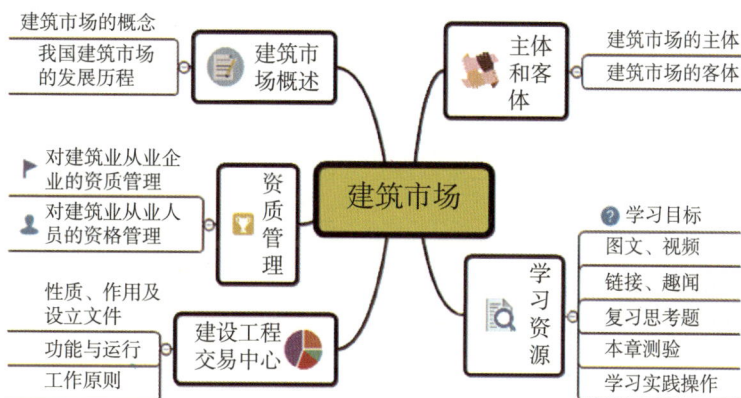

2.1 建筑市场概述

知识导入

市场是商品交换活动的领域，是产品进入消费阶段的中间环节。市场在初始阶段时，仅仅是产品交换的场所。随着商品生产的发展，商品交换关系越来越复杂，市场也就逐渐成为商品买卖行为的总和。市场是由于社会分工和商品交换而产生和发展起来的，是社会生产力在一定发展阶段的产物，属于商品经济的范畴。建筑市场指的是什么？我国建筑市场经历了怎样的发展历程？本节将一一进行学习。

趣 闻

市 井

"市"在古代也称作"市井"。这是因为最初的交易都是在井边进行的。《史记·正义》写道："古者相聚汲水，有物便卖，因成市，故云'市井'。"古时在尚未修建正式市场之前，常是"因井为市"的。这样做有两点好处：一是解决商人、牲畜用水之便；二是可以洗涤商品。《风俗通》云："于井上洗涤，令香洁。"后来，各省城镇附近，均设有井供商人饮马之用。"市井"一词也一直沿用至今。汉朝时，关中一带通过经商致富的人很多。当时民间谚语云："以贫求富，农不如工，工不如商，刺绣文不如倚市门。"在以商致富的社会风气诱使下，不少农民离开田地，来到城市做生意，形成了"稼穑之民少，商旅之民多，谷不熟而货有余"的反常现象。两汉期间，横贯欧洲和东亚的"丝绸之路"逐渐畅通，外国贡使和商人络绎不绝地来到长安，他们带来自己的特产，换取长安商人手中的货物。（资料来源于网络）

沿河形成的古代集市（微课）

教学内容

2.1.1 建筑市场的概念

狭义的市场指商品交易的场所。随着商品经济的发展，商品交换已不再局限于某一时间、某一地点，而是贯穿整个交换过程的始终。广义的市场是指商品供求关系的总和，它体现着商品买卖双方以及中间人之间的关系，还有在商品流通过程中发挥促进或辅助作用的各种服务机构、部门与买卖双方之间的关系。

建筑市场是建设工程市场的简称，是进行建筑商品和相关要素交换的市场。建筑市场有广义和狭义之分。狭义的建筑市场是指交易建筑商品的场所。广义的建筑市场是指建筑商品供求关系的总和，包括狭义的建筑市场、建筑商品的需求程度、建筑商品交易过程中形成的各种经济关系等。建筑市场由有形建筑市场和无形建筑市场两部分构成。有形的建筑市场，比如建设工程交易中心，收集与发布工程建设信息，办理工程报建手续，办理承发包、工程合同及委托质量安全监督和建设监理等手续，提供政策法规及技术经济等咨询服务。无形市场是在建设工程交易之外的各种交易活动及处理各种关系的场所。由于建筑商品体形庞大、无法移动，不可能集中在一定的地方交易，所以一般意义上的建筑市场为无形市场，没有固定交易场所。它主要通过招标、投标等手段完成建筑商品交易。当然，交易场所会根据建筑工程的建设地点和成交方式不同而变化。

建筑产品的技术经济特点决定了建筑市场具有不同于一般市场的特点，主要表现在以下方面。

1. 建筑市场没有商业中介人

建筑市场上的交易是需求者和生产者的直接交易，是先交易后生产的模式，不需要经过中间环节，不同于其他的商品先生产再批发、零售的模式。在交易阶段，建筑市场并不以具有实物形态的建筑产品作为交换对象，而是就拟建建筑物的功能、质量、标准、价格、交付时间、付款方式及时间等达成交易。这是由建筑产品单件性和生产固定性的特点决定的。

2. 建筑产品的交换过程较长

由于建筑市场不以具有实物形态的建筑产品作为交换对象，所以无法实现像其他商品一样"一手交钱，一手交货"的交换形式。建筑产品体型庞大，耗费大量的人力、物力和财力，同时其生产全过程还要受到工艺流程和生产程序的制约，受天气等自然条件的制约，生产周期长。所以，由生产者先垫付全部资金、交货后再得到全部价款的交易方式，或者由需求者先垫付全部资金待工程完工后才收货的交易方式，都是不合理的。实际中建筑产品的交换采用的是按月结算、按阶段结算等方式，表现为一个很长的产品交换过程。

3. 建筑产品有独特的定价方式

由于建筑产品及其生产的技术经济特点，建筑产品的定价方式也不同。单个建筑产品功能用途、建造标准、装饰装修、建造时间等的差异，导致建筑产品的价格不同，计价具有单件性。建筑产品生产周期长，需进行投资估算、设计概算、施工图预算、竣工决算等多阶段计价。另外，建筑产品是供求双方共同定价的，而不像其他产品那样定价权都在供给者。

4. 建筑市场具有显著的区域性

由于建筑产品的固定性和生产的流动性，生产者选择流动距离大的地点进行生产势必会增加成本，降低竞争力，因此其生产经营范围一般会稳定在一个相对的区域内。需求者选定建造地点后，对生产者的选择也就有了一定的局限性。

5. 建筑市场竞争激烈，风险较大

建筑产品生产相对比较分散，生产者常常是被动地去适应需求者的需要，因此市场竞争非常激烈。建筑市场主要采取招标、投标的方式，生产者主要通过投标去竞争。由于不同生产者的技术水平、管理水平、资金实力等方面的差异，以及投标策略等原因，他们的投标报价也不一样，价格的差异进一步导致了激烈的竞争。投标企业定价过高就面临着竞争失败、承揽不到工程任务的风险，定价过低就面临着利润较低甚至亏本的风险。建筑产品生产过程中受到气候条件、市场变化等多种因素的影响，同时生产者还面临着需求者支付能力不足或支付信用低的风险。而对需求者来说，要承担产品不能按期交付使用的风险以及产品质量不符合预期的风险。

6. 建筑市场对参与者各方有严格的行为规范

我国建筑市场实行的是"国家调控市场，市场引导企业"的运作模式，通过《中华人民共和国建筑法》《中华人民共和国行政许可法》《建设工程质量管理条例》《建设工程安全生产管理条例》《建筑业企业资质管理规定》等法律法规，对参与建筑市场活动的各方进行严格的行为规范，确保市场健康有序运行。

2.1.2 我国建筑市场的发展历程

改革开放以后，我国建筑市场经历了一个从培育、建立到逐步完善的过程，大体有以下几个阶段。

1. 培育阶段（1978～1991 年）

1978 年，党的十一届三中全会作出了把党和国家的工作重点转移到社会主义现代化建设上来和实行改革开放的战略决策，提出"计划经济为主、市场调节为辅"的策略，决定对经济体制进行全面改革。

1979 年 7 月，国务院下发了《关于扩大国营工业企业经营管理自主权的若干规定》等文件，下放建筑业企业自主权。1980 年出台了允许价格浮动和禁止封锁建筑市场的政策。

1981 年 12 月，建筑业企业开始试行合同工、临时工制度；出台《中华人民共和国经济合同法》，使交易行为法制化。

1983年2月，城乡建设环境保护部提出了建筑业改革大纲，对建筑业全面改革作出了部署，主要有全面推行施工队包工制、把按人头核定工资总额改为按产值核定、实行招标承包制等10个方面的内容。

1984年9月，国务院颁布了《关于改革建筑业和基本建设管理体制若干问题的暂行规定》。建筑施工企业进行了一系列以承包经营为内容的改革，国家对企业开始采用"拨改贷"方式，推动企业逐步实现一定程度自主经营、自负盈亏。

1986年年底，国务院下发《关于深化企业改革增强企业活力的若干规定》，在全国范围推行企业承包经营责任制，同时也推行了租赁制、资产经营责任制、股份制等多种企业制度。1987年，建筑业开始推行"鲁布革"工程管理经验，推动建筑业深层次变革。

2. 建立阶段（1992～2000年）

1992年春，邓小平同志发表南方谈话。同年10月，党的十四大提出建立社会主义市场经济体制。1993年11月，党的十四届三中全会通过了《中共中央关于建立社会主义市场经济体制若干问题的决定》，确立社会主义市场经济体制的基本框架。1994年7月开始实施《中华人民共和国公司法》，在制度层面上实现了国有企业制度的全面创新。党的十五大提出"公有制为主体、多种所有制经济共同发展是我国社会主义初级阶段的一项基本经济制度"。1998年3月1日起开始实施《中华人民共和国建筑法》（其后分别于2011年、2019年进行了修订）。

建筑业企业经济类型发生深刻变化，国有、集体、有限责任、股份制、联营、私营等类型的建筑业企业蓬勃发展，建筑业企业经济效益稳步提高。至"九五"期末，建筑业生产总值已达到12497.60亿元，比"八五"期末的5793.75亿元净增长了约1.16倍，如图2.1所示。

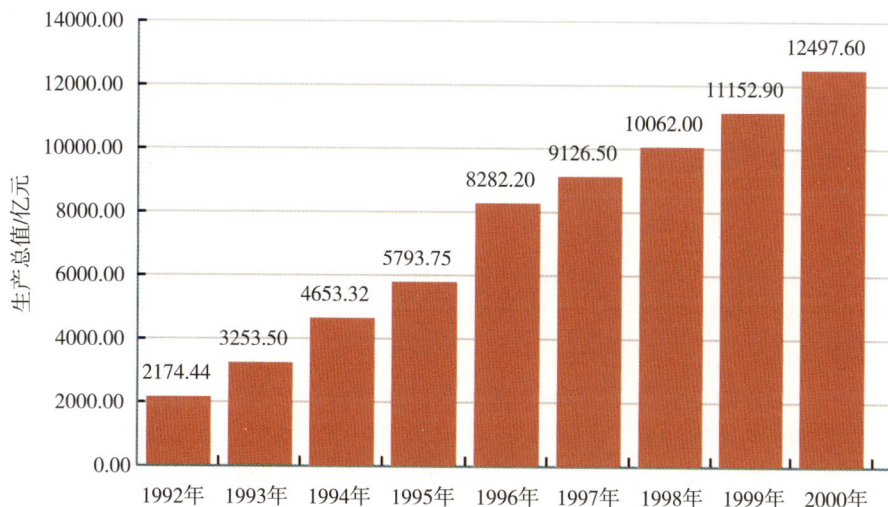

图2.1　1992～2000年建筑业生产总值

3．转型升级，快速增长阶段（2001～2010年）

2001年12月我国加入世界贸易组织（World Trade Organization，WTO）后，建筑业努力推进结构调整和产业升级，产值规模不断扩大，大中型企业以股权多元化、中小型企业以民营化为特征的产权制度改革全面铺开。建筑业产业结构进一步优化，综合承包、施工总承包、专业化承包、劳务分包的企业组织结构逐步形成。

建筑业总产值由2000年的12497.60亿元提高到了2005年的34552.10亿元。"十五"期间，建筑业总产值、建筑工程产值、安装工程产值具体如图2.2所示。

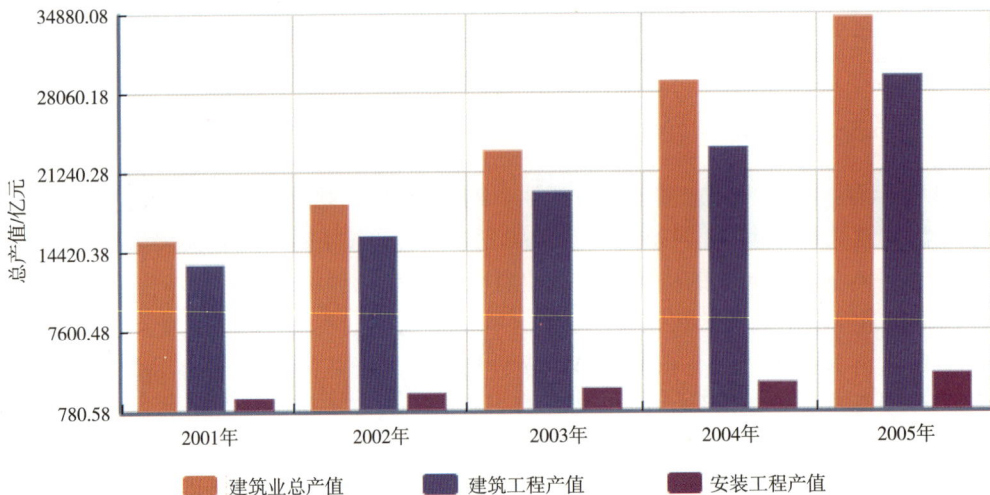

图2.2　"十五"期间建筑业总产值

"十一五"期间，建筑业改革得到继续推进，监管机制逐步健全，企业综合实力不断提高，建筑业在国民经济中的支柱地位不断加强。这一阶段，建筑业规模快速发展，但存在工业化、信息化、标准化水平偏低，管理手段落后等一系列问题，尚未形成诚实守信的行业自律机制。

4．深化改革，迈向高质量发展阶段（2011年至今）

"十二五"以来，政府部门出台了多项深化改革的政策措施，涉及全国市场统一、工程质量治理、营改增实施、政府和社会资本合作（public-private partnership，PPP）模式推行、招标投标方式改革、市场信用管理等一系列内容，为建筑业转型升级提供了有利条件。

2017年，国务院办公厅为建筑业改革出台顶层设计文件《国务院办公厅关于促进建筑业持续健康发展的意见》（国办发〔2017〕19号）提出，认真落实党中央、国务院决策部署，统筹推进"五位一体"总体布局和协调推进"四个全面"战略布局，牢固树立和贯彻落实创新、协调、绿色、开放、共享的发展理念，坚持以推进供给侧结构性改革为主线，按照适用、经济、安全、绿色、美观的要求，深化建筑业"放管服"

改革，完善监管体制机制，优化市场环境，提升工程质量安全水平，强化队伍建设，增强企业核心竞争力，促进建筑业持续健康发展，打造"中国建造"品牌。近几年来，建筑业在工业化、绿色化、信息化等方面取得了一定成效，向高质量发展迈进。随着"一带一路"倡议的实施，国际业务拓展进一步扩大。

改革开放以来，建筑业不断改革创新、持续增长，为促进城乡建设、扩大劳动就业、服务国民经济各部门等作出了巨大贡献，也为进一步全面深化建筑业改革、推动建筑业高质量发展、实现中华民族伟大复兴的中国梦打下了坚实基础。

链 接

"深圳速度"震惊中国

1984年，深圳国际贸易中心大厦顺利封顶，比预期工期整整提前一个月，创造了更好的质量、更快的速度。中国建筑做第一个"吃螃蟹的人"，采用滑模先进施工工艺，创造了三天一层楼的"深圳速度"，从此"深圳速度"成为中国工程建设速度非常快的一个代名词，也成为改革开放中国建设发展的象征。

2.2 建筑市场的主体和客体

知识导入

广义的建筑市场包括建筑产品市场在内的勘察设计市场、建筑生产资料市场、建筑劳动力市场、建筑技术市场和资金市场等。建筑市场是从事商品交换的关系总和，那么商品交换的主体包括哪些？进行交换的商品具体包含哪些？这些商品有哪些形式？建筑产品的交易活动在哪里进行？交易活动有何特点？本节将一一进行学习。

建筑市场的主体和客体（微课）

趣 闻

三个建筑工人

工地上有三个建筑工人，他们在共同砌一堵墙。这时，有个孩子问他们："你们在干什么呀？"

第一个建筑工人头也没抬，没好气地说："你连这个也不知道呀？我们在砌墙！"

第二个建筑工人抬起头来告诉孩子："我们在盖一间房子。"第三个建筑工人一边干活一边唱歌，脸上的笑容像是一朵花，他热情地对孩子说："我们在盖一间非常漂亮的房子。不久的将来，这里将变成一个美丽的花园，人们会在这里幸福地生活。"

十年以后，第一个人仍是一名只会砌墙的建筑工人，第二个人成长为经验丰富的施工队队长，第三个工人成长为一家房地产公司的老板。（资料来源于网络）

教学内容

2.2.1　建筑市场的主体

建筑市场的买方来自建筑业外部和内部。外部的买方包括政府部门和企事业单位、团体、个人等；内部的买方是指提供建筑产品和服务的卖方，他们经常以买方的身份出现在建筑市场上。例如，工程总承包企业本身是一个卖方，但当他们将其承包的建设项目进行分包的时候，就成为建筑市场的买方。

建筑市场的卖方主要指建筑产品和服务的提供者，包括提供勘察、设计服务的勘察、设计单位，提供建筑产品施工和安装服务的建筑安装施工企业等。虽然《国民经济行业分类》（GB/T 4574—2017）中，把地质勘查、工程技术与设计服务（工程管理服务、工程监理服务、工程勘察活动、工程设计活动、规划设计管理、土地规划服务等建筑和工程活动及相关技术咨询）归为科学研究和技术服务业门类，不再归属于建筑业门类，但是地质勘查、工程技术与设计服务单位为建筑市场提供地质勘查报告、工程设计图纸、工程监理与管理咨询服务，与建筑市场关系密切，仍然可以将其视作建筑市场活动的主体，作为建筑市场的卖方。

综上所述，建筑市场的主体有业主、承包商、工程咨询服务机构。

1. 业主

业主是指既有某项工程建设的需求，又具有与该项工程建设相对应的建设资金和各种准建手续，在建筑市场上发包工程的勘察、设计、施工等任务，并最终得到建筑产品达到其投资目的的法人、其他组织和个人。业主可以是政府部门，可以是企事业单位，也可以是自然人。他们可以是学校、医院、工厂、房地产开发公司，或是政府及政府委托的资产管理部门，也可以是个人。在我国工程建设中常将业主称为建设单位或甲方、发包人。

政府部门、企事业单位、自然人，在进行工程任务发包或者组织工程项目建设时才成为业主，所以业主作为建筑市场活动的主体具有一定的不确定性，从而无法对其进行资质管理约束，目前主要是依靠法律和经济手段去约束业主的行为。比如依靠《中华人民共和国建筑法》《中华人民共和国招标投标法》（以下简称《招标投标法》）等法律对其作为建筑市场业主方的行为进行约束和规范，调整其与其他工程建设各参与方的关系。

为了建立投资责任约束机制，规范项目法人行为，我国实行项目法人责任制（又称为建设项目业主责任制），是指项目法人对工程项目建设全过程进行管理，包括进度控制、质量控制、投资控制、合同管理及组织协调等内容。业主方的项目管理往往都是指导性、决策性的工作，涉及经济、技术、行政、法律等诸多知识领域，作为工程项目的投资方，业主需要在建设工程项目的组织实施全过程管理中作出决策，其对项目的顺利完成起着决定性作用。

（1）业主的产生

项目业主的产生主要有以下几种情况。

① 企事业单位。

企事业单位投资建设项目时，企事业单位即成为项目业主。

② 联合投资董事会。

不同投资方以合资方式投资的新建、扩建项目（鼓励有条件的项目组建符合规范的有限责任公司）成立董事会，董事会是业主。

③ 管理委员会。

单一由政府投资的建设项目，成立管理委员会（简称管委会），管委会是业主。

④ 开发公司、联营公司。

开发公司自行投资建设项目即成为项目业主，投资方协商组建的开发、联营公司或者委托的开发公司也可以作为项目业主。

（2）业主的职责

项目业主的主要职责体现在以下几方面。

① 进行建设项目可行性研究与决策。

组织编写项目建议书或进行投资机会研究。自行组织或委托工程咨询单位进行项目可行性研究。提出项目目标，组织编制项目决策文件，确定项目建设方案。

② 进行建设资金的筹措与管理。

保证按合同协议的约定支付方式和付款办法，按时按量给工程承包单位、材料和设备厂家、监理单位及勘察设计单位提供付款。

③ 进行建设项目的招标与合同管理。

组织委托监理、勘察和设计工作和施工招标工作。

④ 进行建设项目的施工与质量管理。

工程业主对项目建设的全过程负责，对项目的工程质量、工程进度、工程安全和资金管理负总责。

⑤ 进行建设项目的竣工验收和试运行。

组织有关单位共同参与验收。在社会监理单位的协助下，办理工程结算和编制工程决算等。进行项目启动前准备，包括人员培训、组织生产人员参加设备安装调试、落实原材料、建立管理组织机构等。

⑥ 进行建设项目的统计与文档管理。

业主应负责工程资料管理，建立资料收发、整理、归档制度，要保证资料的完整性、真实性和有序性。

上述为业主的主要职责，业主应按施工阶段的需求，有计划、有步骤地进行。业主认真履行自己的职责，对实现项目目标起着关键作用。

2. 承包商

（1）承包商的概念和分类

承包商是指有一定生产能力、技术装备、流动资金，具有承包工程建设任务的营业资格，在建筑市场中能够按照业主的要求，提供不同形态的建筑产品，并获得工程价款的建筑业企业。按照进行生产的主要形式的不同，分为勘察、设计单位，建筑安装企业，混凝土预制构件、非标准件制作等生产厂家，商品混凝土供应站，建筑机械租赁单位，以及专门提供劳务的企业等；按照承包方式的不同，分为施工总承包企业、专业承包企业、劳务分包企业等。

（2）承包商应具备的条件和实力

在我国工程建设中承包商又称为乙方，承包商应具备的条件如图 2.3 所示。

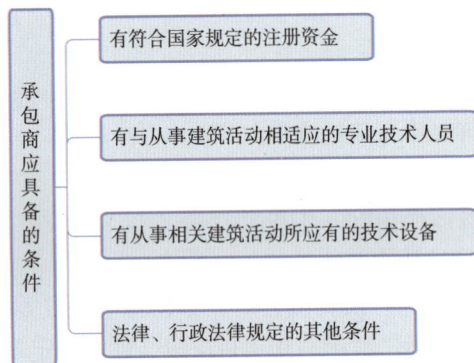

图 2.3 承包商应具备的条件

承包商的实力主要包括技术方面的实力、经济方面的实力、管理方面的实力、信誉方面的实力。

（3）承包商可能遇到的风险

承包商出于安全的需要，基于经济成本的考虑，以及政府法令的要求，要进行风险管理。承包商可能遇到的风险主要有以下几种。

1）投标决策阶段的风险：信息缺失风险、中介或代理人方面的风险、报价策略中的风险、来自合作者的风险。

2）签约和履约阶段的风险：合同条款的风险、合同管理的风险、工程管理的风险、成本管理的风险、物资供应的风险、业主履行合同能力的风险、分包的风险、不可抗力造成的风险。

3）工程验收与交付阶段的风险：竣工验收资料管理的风险、竣工验收的风险、债权债务处理的风险。

3．工程咨询服务机构

工程咨询服务机构是指具有一定注册资金和相应的专业服务能力，持有从事相关业务执照，能对工程建设提供估算测量、管理咨询、建设监理等服务或代理，并取得服务费用的咨询服务机构和其他为工程建设服务的专业中介组织。工程咨询服务机构作为政府、市场、企业之间联系的纽带，具有重要的作用。

（1）工程咨询服务的内容

工程咨询服务是一种知识密集型的高智能服务工作，工程咨询的工作内容一般包括可行性研究、工程设计、项目管理等。工程咨询主要有两类：一类是技术咨询，另一类是管理咨询。工程勘察设计属于技术咨询，工程监理、项目管理等属于管理咨询。

需要注意的是，目前我国实行的建设工程监理制度，在工作内容上与发达国家的项目管理咨询服务有很大区别。发达国家的项目管理咨询服务包括设计准备阶段、设计阶段、施工阶段、启动前准备阶段和保修阶段等5个阶段，涉及投资控制、进度控制、质量控制、合同管理、信息管理、组织协调等内容，而我国目前的工程监理主要是施工阶段的监理，工作内容主要是进行质量控制。

（2）工程咨询单位的风险

工程咨询单位的风险主要来自三个方面。

1）来自业主的风险：一是业主希望以较少的投资快速地获得优质的工程，可能导致投资控制或者质量目标难以保证；二是由于委托咨询的附加条件导致可行性研究缺乏严肃性；三是业主盲目干预咨询单位工程师行使权力。

2）来自承包商的风险：一是承包商可能出于自身利益需求排挤咨询单位；二是承包商能力不足或者弄虚作假导致工程存在隐患，致使咨询单位为此承担责任；三是承包商故意以低价中标后完不成合同或者施工中发生高额索赔以致停工相要挟。

3）来自职业责任的风险：一是种种原因导致的设计错误或不完善；二是投资估算和预算不准确；三是咨询单位工程师自身能力和水平与工作不相适应。

2.2.2 建筑市场的客体

市场活动的基本内容是商品交换，若没有交换客体，就不存在市场。具备一定量的可供交换的商品，是市场存在的物质条件。

建筑市场的客体凝聚着承包商的劳动，业主以投入资金的方式取得它的使用价值。在不同的生产交易阶段，建筑产品表现为不同的形态。它可以是中介机构提供的咨询报告、咨询意见或其他服务，可以是勘察设计单位提供的设计方案、设计图纸、勘察报告，可以是生产厂家提供的混凝土构件、非标准预制构件等产品，也可以是施工企业提供的最终产品——各种各样的建筑物和构筑物。具体如图2.4所示。

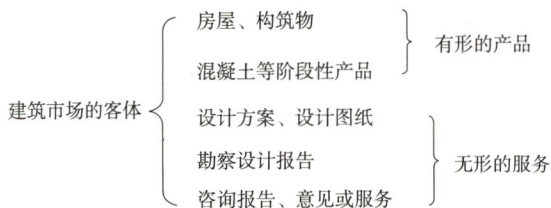

图2.4　建筑市场的客体

链　接

践行"工匠精神"的优秀代表——许振超

　　2018年12月18日，庆祝改革开放40周年大会在北京隆重举行。大会上，王沪宁宣读了《中共中央 国务院关于表彰改革开放杰出贡献人员的决定》。决定指出，党中央、国务院决定，授予于敏等100名同志改革先锋称号，颁授改革先锋奖章；同时，为感谢国际社会对中国改革开放事业的支持和帮助，向阿兰·梅里埃等10名国际友人颁授中国改革友谊奖章。许振超被授予践行"工匠精神"的优秀代表改革先锋称号。许振超立足本职，干一行、爱一行、精一行，自学成才，苦练技术，练就了"一钩准""一钩净""无声响操作"等绝活，先后七次刷新集装箱装卸世界纪录，使"振超效率"享誉全球。他勇于创新，敢于开拓，带领团队积极开展科技攻关，持续破解安全生产难题，填补了国际技术空白，为国家节约了巨额成本。他在工作中创造出"振超工作法"，为青岛港提速建设发展提供了宝贵经验。在他的激励下，全国广大青年职工掀起了立足岗位、学习技能的热潮。

2.3　建筑市场的资质管理

知识导入

　　由于建筑产品具有空间上的固定性、产品的多样性、体型庞大等特点，其产品生产具有流动性、单件性、地区性、生产周期长等技术经济特征。如何确保建筑产品生产活动顺利开展，实现预期的投资效益？怎样从建筑市场的从业企业和人员方面加强管理来实现这一目的？本节将一一进行学习。

趣 闻

关于鲁班奖的相关知识

中国建设工程鲁班奖（国家优质工程），简称鲁班奖，是一项由中华人民共和国住房和城乡建设部指导、中国建筑业协会实施评选的奖项，是中国建筑行业工程质量的最高荣誉奖。

建筑工程鲁班奖于1987年设立，为中国建设工程鲁班奖（国家优质工程）的前身。1996年9月26日，建筑工程鲁班奖与国家优质工程奖合并，称中国建筑工程鲁班奖（国家优质工程）。2008年6月13日，中国建筑工程鲁班奖（国家优质工程）更名为中国建设工程鲁班奖（国家优质工程）。2010年起，中国建设工程鲁班奖（国家优质工程）改为每两年评比表彰一次。

鲁班奖主要授予中国境内已经建成并投入使用的各类新（扩）建工程，同时工程质量应达到中国国内领先水平，获奖工程数额不超过240项，获奖单位为获奖工程的主要承建单位、参建单位。鲁班奖的获奖者可获得下述荣誉。

一、中国建筑业协会每两年召开颁奖大会，向获鲁班奖的主要承建单位授予鲁班金像和获奖证书；向获鲁班奖的主要参建单位颁发奖牌和获奖证书。地方建筑业协会、有关行业建设协会和获奖单位可根据该地区、该部门和该单位的实际情况，对获奖单位和有关人员给予奖励。

二、获奖工程的建设单位可向中国建筑业协会申请颁发鲁班金像作为纪念。

三、任何单位和个人都不得复制鲁班金像、奖牌和证书。如有违者，将依法追究其法律责任。

四、为交流和推广鲁班奖工程经验，促进工程质量水平的提高，中国建筑业协会组织编辑出版创建鲁班奖工程经验汇编、专辑等。

教学内容

建设工程往往投资大、周期长，其建设质量直接关乎人民的生命、财产安全，因此为保证建设工程的质量和安全，我国对建筑市场实行资质管理。

我国目前对建筑市场的资质管理主要有两个方面：一是对建筑市场从业的企业进行资质管理，二是对建筑市场从业的专业技术人员进行资格管理。

2.3.1 建筑业从业企业资质管理规定

现行的《建筑业企业资质管理规定》（中华人民共和国住房和城乡建设部令第22号）于2015年1月22日发布。该规定分总则、申请与许可、延续与变更、监督管理、法律责任、附则共6章42条，自2015年3月1日起施行，同时2007年6月26日建设部颁布的《建筑业企业资质管理规定》（中华人民共和国建设部令第159号）废止。

2018 年该规定根据《住房城乡建设部关于修改〈建筑业企业资质管理规定〉等部门规章的决定》进行了修改。

2.3.2 建筑业从业人员的资格管理

建筑市场的各种活动都离不开专业人员，而且专业人员在建筑市场管理中起着非常重要的作用。一般把具有从事工程咨询资格的专业工程师称为专业人员。政府对建筑市场的管理，一方面依靠相应的建筑法律法规去约束从业企业，另一方面要依靠专业人员。

专业人员属于技能工作者，他们利用自己的知识和技能为建筑市场提供高智能的专业服务，并为自己提供的咨询活动承担责任。专业人员即使是供职于咨询单位从事咨询工作，往往也会因为咨询单位一般规模不大、资金有限，而无法承担其工作失误造成的经济风险。国际上通行的做法是专业人员通过购买专业责任保险的办法承担其责任。

在西方发达国家，一般情况下，专业工程师要成为专业人员，首先要通过专业人员组织（协会或学会）或者政府组织的考试，各个国家的具体规定不完全相同。专业人员还要遵守严格的职业道德标准，一旦违背职业道德标准，损害了公共利益，就会受到严厉的制裁甚至被吊销执业资格，从而丧失继续从事相应工作的资格。

1. 我国的专业人员资格制度

我国的专业人员资格制度是近年来从国外引入的，我国的建筑行业人员执业资格制度是指具备一定专业学历的从事建筑活动的专业技术人员，并通过国家相关考试和注册确定其职业技术资格，获得相应建筑工程文件签字权的一种制度。执业资格种类有注册建筑师、注册结构工程师、注册建造师、注册造价工程师、注册监理工程师、注册安全工程师等，如图 2.5 所示。本节主要介绍注册建造师和注册造价工程师有关内容。

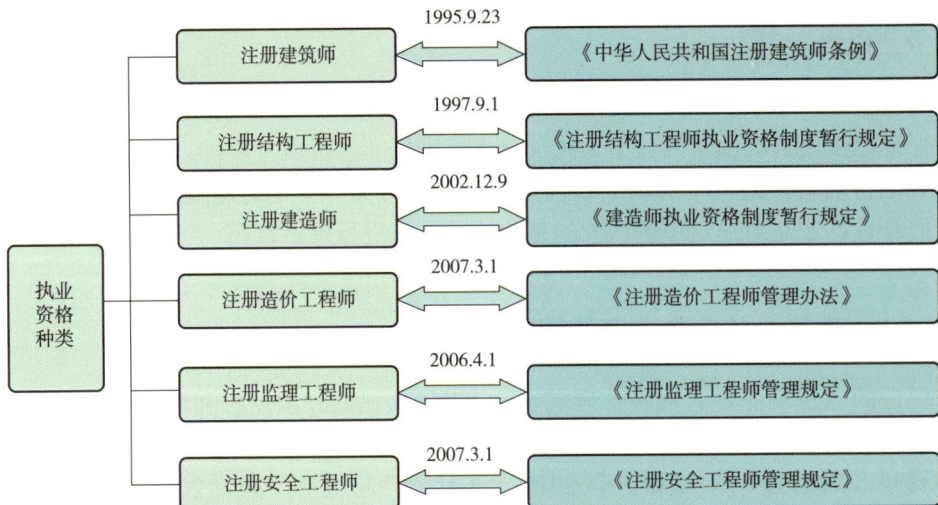

	1995.9.23	
注册建筑师	⟺	《中华人民共和国注册建筑师条例》
	1997.9.1	
注册结构工程师	⟺	《注册结构工程师执业资格制度暂行规定》
	2002.12.9	
注册建造师	⟺	《建造师执业资格制度暂行规定》
	2007.3.1	
注册造价工程师	⟺	《注册造价工程师管理办法》
	2006.4.1	
注册监理工程师	⟺	《注册监理工程师管理规定》
	2007.3.1	
注册安全工程师	⟺	《注册安全工程师管理规定》

执业资格种类

图 2.5 执业资格种类及相应法规

2. 注册建造师

（1）注册建造师定义

注册建造师是指经考试取得中华人民共和国建造师注册执业证书和执业印章，从事建设工程项目总承包和施工管理的专业技术人员。建造师分一级建造师和二级建造师。

（2）注册建造师报考条件及免考条件

《建造师执业资格制度暂行规定》中规定，一级建造师执业资格实行统一大纲、统一命题、统一组织的考试制度，由人力资源和社会保障部、住房和城乡建设部共同组织实施，原则上每年举行一次考试。住房和城乡建设部负责编制一级建造师执业资格考试大纲和组织命题工作，统一规划建造师执业资格的培训等有关工作。

一级建造师报考条件如下：

1）凡遵守国家法律、法规，具备以下条件之一者，可以申请参加一级建造师执业资格考试：

①取得工程类或工程经济类大学专科学历，工作满6年，其中从事建设工程项目施工管理工作满4年。

②取得工程类或工程经济类大学本科学历，工作满4年，其中从事建设工程项目施工管理工作满3年。

③取得工程类或工程经济类双学士学位或研究生班毕业，工作满3年，其中从事建设工程项目施工管理工作满2年。

④取得工程类或工程经济类硕士学位，工作满2年，其中从事建设工程项目施工管理工作满1年。

⑤取得工程类或工程经济类博士学位，从事建设工程项目施工管理工作满1年。

2）符合上述1）的报考条件，于2003年12月31日前，取得建设部颁发的建筑业企业一级项目经理资质证书，并符合下列条件之一的人员，可免试"建设工程经济"和"建设工程项目管理"2个科目，只参加"建设工程法规及相关知识"和"专业工程管理与实务"2个科目的考试：

①受聘担任工程或工程经济类高级专业技术职务。

②具有工程类或工程经济类大学专科以上学历并从事建设工程项目施工管理工作满20年。

3）从2007年度考试开始，已取得一级建造师执业资格证书的人员，也可根据实际工作需要，选择"专业工程管理与实务"科目的相应专业，报名参加一级建造师相应专业考试，报考人员须提供资格证书等有关材料方能报考。考试合格后核发国家统一印制的相应专业合格证明。该证明作为注册时增加执业专业类别的依据。

4）上述报考条件中有关学历或学位的要求是指经国家教育行政主管部门承认的正

规学历或学位，从事建设工程项目施工管理工作年限是指取得规定学历前、后从事该项工作的时间总和，其截止日期为考试报名年度当年年底。

（3）建造师考试科目

一级建造师执业资格考试设"建设工程经济""建设工程法规及相关知识""建设工程项目管理""专业工程管理与实务"4个科目。其中"专业工程管理与实务"科目设置10个专业类别：建筑工程、公路工程、铁路工程、民航机场工程、港口与航道工程、水利水电工程、市政公用工程、通信与广电工程、矿业工程、机电工程。考试成绩实行两年为一个周期的滚动管理办法，参加全部4个科目考试的人员须在连续的两个考试年度内通过全部科目；免试部分科目的人员须在当年通过应试科目。一级建造师相应专业考试成绩按非滚动形式进行管理，参加该考试的人员必须在当年通过应试科目。

二级建造师执业资格考试设"建设工程施工管理""建设工程法规及相关知识""专业工程管理与实务"3个科目。其中"专业工程管理与实务"科目分为建筑工程、公路工程、水利水电工程、市政工程、矿业工程、机电工程6个专业类别，考生在报名时可根据实际工作需要选择其一。

（4）建造师注册规定

住房和城乡建设部发布关于建造师注册的规定，取得建造师执业资格证书，且符合注册条件的人员，必须经过注册登记后，方可以建造师名义执业，未经注册者一律不得以建造师名义执业，一经查处，将按相关规定进行处罚。住房和城乡建设部或其授权机构为一级建造师执业资格的注册管理机构；各省、自治区、直辖市建设行政主管部门制定本行政区域内二级建造师执业资格的注册办法，报住房和城乡建设部或其授权机构备案。准予注册的申请人员，分别获得中华人民共和国一级建造师注册证书、中华人民共和国二级建造师注册证书。已经注册的建造师还需要接受继续教育，更新知识，不断提高业务水平。建造师执业资格注册有效期一般为3年，期满前3个月，要办理再次注册手续。

不予注册的有以下情形：

① 不具有完全民事行为能力的。

② 申请在两个或者两个以上单位注册的。

③ 未达到注册建造师继续教育要求的。

④ 受到刑事处罚，刑事处罚尚未执行完毕的。

⑤ 因执业活动受到刑事处罚，自刑事处罚执行完毕之日起至申请注册之日止不满5年的。

⑥ 因前项规定以外的原因受到刑事处罚，自处罚决定之日起至申请注册之日止不满3年的。

⑦ 被吊销注册证书，自处罚决定之日起至申请注册之日止不满2年的。

⑧ 在申请注册之日前3年内担任项目经理期间，所负责项目发生过重大质量和安全事故的。

⑨ 申请人的聘用单位不符合注册单位要求的。

⑩ 年龄超过 65 周岁的。

（5）建造师与项目经理

建造师注册受聘后，可以建造师的名义担任建设工程项目施工的项目经理、从事其他施工活动的管理，从事法律、行政法规或国务院建设行政主管部门规定的其他业务。在行使项目经理职责时，一级注册建造师可以担任《建筑业企业资质等级标准》中规定的特级、一级建筑业企业资质的建设工程项目施工的项目经理；二级注册建造师可以担任二级建筑业企业资质的建设工程项目施工的项目经理。大中型工程项目的项目经理必须逐步由取得建造师执业资格的人员担任；但取得建造师执业资格的人员能否担任大中型工程项目的项目经理，应由建筑业企业自主决定。项目经理只是一个工作岗位，而注册建造师是一种执业资格。注册建造师制度建立后，项目经理只能由具有注册建造师资格的人员担任。注册建造师不只可以担任项目经理，还可以担任其他工作。

3. 一级、二级造价工程师

造价工程师，是指通过全国统一考试取得中华人民共和国造价工程师职业资格证书，并经注册后从事建设工程造价工作的专业人员。国家对造价工程师实行准入类职业资格制度，纳入国家职业资格目录。凡从事工程建设活动的建设、设计、施工、造价咨询等单位，必须在建设工程造价工作岗位配备造价工程师。造价工程师分为一级造价工程师和二级造价工程师，其报考条件和执业范围见表 2.1。

表 2.1　一级、二级造价工程师报考条件和执业范围

名称	报考条件	考试科目和成绩管理	注册组织实施机构	执业范围
二级造价工程师	凡遵守国家法律、法规，具有良好的政治业务素质和道德品行，从事工程造价工作且具备下列条件之一者，可申请参加考试： ① 取得工程造价专业大学专科（或高等职业教育）学历，从事工程造价业务工作满 2 年；取得土木建筑、水利、装备制造、交通运输、电子信息、财经商贸大类大学专科（或高等职业教育）学历，从事工程造价业务工作满 3 年。 ② 取得工程管理、工程造价专业大学本科及以上学历或学位，从事工程造价业务工作满 1 年；取得工学、管理学、经济学门类大学本科及以上学历或学位，从事工程造价业务工作满 2 年。 ③ 取得其他专业类（门类）相应学历或学位的人员，从事工程造价业务工作年限相应增加 1 年	设"建设工程造价管理基础知识""建设工程计量与计价实务"2 个考试科目。"建设工程计量与计价实务"为专业科目，分为土木建筑工程、交通运输工程、水利工程和安装工程 4 个专业类别。成绩实行 2 年为一个周期的滚动管理办法	省级住房和城乡建设、交通运输、水利行政主管部门分别负责	协助一级注册造价工程师开展相关工作，并可独立开展的具体工作内容： ① 建设工程工料分析、计划、组织与成本管理，施工图预算、设计概算编制。 ② 建设工程量清单、最高投标限价、投标报价编制。 ③ 建设工程合同价款、结算价款和竣工决算价款的编制

续表

名称	报考条件	考试科目和成绩管理	注册组织实施机构	执业范围
一级造价工程师	凡遵守国家法律、法规，具有良好的政治业务素质和道德品行，从事工程造价工作且具备下列条件之一者，可申请参加考试： ①取得工程造价专业大学专科（或高等职业教育）学历，从事工程造价业务工作满5年；取得土木建筑、水利、装备制造、交通运输、电子信息、财经商贸大类大学专科（或高等职业教育）学历，从事工程造价业务工作满6年。 ②取得通过专业评估（认证）的工程管理、工程造价专业大学本科学历或学位，从事工程造价业务工作满4年；取得工学、管理学、经济学门类大学本科学历或学位，从事工程造价业务工作满5年。 ③取得工学、管理学、经济学门类硕士学位或者第二学士学位，从事工程造价业务工作满3年。 ④取得工学、管理学、经济学门类博士学位，从事工程造价业务工作满1年。 ⑤取得其他专业类（门类）相应学历或者学位的人员，从事工程造价业务工作年限相应增加1年	设"建设工程造价管理""建设工程计价""建设工程技术与计量""建设工程造价案例分析"4个考试科目。"建设工程技术与计量"和"建设工程造价案例分析"为专业科目，分为土木建筑工程、交通运输工程、水利工程和安装工程4个专业类别。成绩实行4年为一个周期的滚动管理办法。参加全部考试的人员，须在连续4个考试年度内通过全部科目的考试方可获得执业资格；免试部分科目的人员，须在一个考试年度内通过应试科目方可获得执业资格	住房和城乡建设部、交通运输部、水利部分别负责	包括建设项目全过程工程造价管理与咨询等，具体工作内容： ①项目建议书、可行性研究投资估算与审核，项目评价造价分析。 ②建设工程设计概算、施工预算编制和审核。 ③建设工程招标投标文件工程量和造价的编制与审核。 ④建设工程合同价款、结算价款、竣工决算价款的编制与管理。 ⑤建设工程审计、仲裁、诉讼、保险中的造价鉴定，工程造价纠纷调解。 ⑥建设工程计价依据、造价指标的编制与管理。 ⑦与工程造价管理有关的其他事项

链 接

依法治国

习近平总书记所作的党的十九大报告把坚持全面依法治国确立为新时代坚持和发展中国特色社会主义基本方略的重要内容，对深化依法治国实践作出全面部署，为建设社会主义法治国家提供了科学指导。我们要深入学习贯彻习近平新时代中国特色社会主义思想，坚定不移走中国特色社会主义法治道路，加快建设社会主义法治国家。社会主义法治文化建设，是提高公民法治素养、培养全民法治信仰的基础性工作。弘扬社会主义核心价值观，推动宪法法律至上、法律面前人人平等的法治理念深入人心，让法治成为全社会的思维方式和行为模式。汲取中华传统法律文化精华，弘扬家国相通的大局观、仁义诚信的价值观、天人合一的和谐观、礼法结合的秩序观、情理法融合的正义观，让优秀传统法律文化在新时代焕发光彩。创作有正能量、有感染力的法治文化作品，丰富人民群众精神文化生活的法治蕴涵。

2.4 建设工程交易中心

知识导入

　　为了深化工程建设管理体制改革，探索适应社会主义市场经济体制的工程建设管理方式，建设部（现为住房和城乡建设部）在总结一些地方成功经验的基础上，要求有一定建设规模，并具备相应条件的中心城市逐步建立建设工程交易中心，以强化对工程建设的集中统一管理，规范市场主体行为，建立公开、公平、公正的市场竞争环境，促进工程建设水平的提高和建筑业的健康发展。1997 年 2 月 5 日，建设部向各省、自治区、直辖市建委（建设厅）、各计划单列市建委发布《关于印发〈建立建设工程交易中心的指导意见〉的通知》（建监〔1997〕24 号）（以下简称《通知》），《通知》中对建立工程交易中心的工作作了部署。

趣　闻

最早的不动产交易——矩伯、裘卫

　　西周时就出现了土地交易，在战国时就有房屋买卖。公元前 919 年，一个叫矩伯的人分两次把 1300 亩[①] 土地抵押给一个叫裘卫的人，换来了价值 100 串贝壳的几件奢侈品，包括两块玉、一件鹿皮披肩、一条带花的围裙。这是目前发现的最早的一宗不动产交易。（资料来源于网络）

教学内容

　　我国是社会主义公有制为主体的国家，为了确保国有资产投资得到合理利用，确保经济和社会效益，政府对公共投资项目进行管理，除要求遵守一般法律外，还必须公开招标投标，并保证过程透明。为了强化对工程建设的集中统一管理，规范市场主体行为，建立公开、公平、公正的市场竞争环境，促进工程建设水平的提高和建筑业的健康发展，建立建设工程交易中心。所有代表国家或国有企、事业单位投资的业主在其中开展招标活动，并受到监督，形成一个有效的管理方式。

■ 2.4.1 建设工程交易中心的性质、作用及设立条件

　　建设工程交易中心是为了建设工程招标投标活动提供服务的自收自支的事业性单

---

① 1 亩 ≈ 666.67m^2。

位，属于非营利性事业法人，非政府机构。另外需要注意的是：建设工程交易中心不同于一般的服务机构，其设立要得到政府或者其授权的主管部门批准，不能自行随意成立；建设工程交易中心必须与政府部门脱钩，人员、职能分离，不能与政府部门及其所属机构搞"两块牌子、一套班子"；政府有关部门及其管理机构可以在建设工程交易中心设立服务"窗口"，并对招标活动依法实施监督。

建设工程交易中心根据政府建设行政主管部门委托实施对市场主体的服务、监督和管理，贯彻执行建筑市场和建设工程管理的法律、法规和规章，按照交易规则及时收集、发布信息，为建筑市场进行交易的各方提供服务，比如办理工程报建、承发包、工程合同及委托质量安全监督和建设监理等有关手续，提供政策法规及技术经济等咨询服务，同时要配合市场各部门调解交易过程中发生的纠纷，并向政府有关部门报告交易活动中发现的违法、违纪行为。

地级以上城市设立建设工程交易中心须经住房和城乡建设部、国家发展和改革委员会（以下简称"发改委"）等批准。建设工程交易中心必须具备下列条件：

1）有固定的建设工程交易场所和满足建设工程交易中心基本功能要求的服务设施。

2）有政府管理部门设立的评标专家名册。

3）有健全的建设工程交易中心工作规则、办事程序和内部管理制度。

4）工作人员必须奉公守法并熟悉国家有关法律法规，具有工程招标投标等方面的基本知识；其负责人必须具备 5 年以上从事建设市场管理的工作经历，熟悉国家有关法律法规，具有较丰富的工程招标、投标等业务知识。

2.4.2　建设工程交易中心的功能与运行

建设工程交易中心要逐步发展、完善、强化其各项管理和服务功能，更好地发挥规范和服务市场的作用，其基本功能如图 2.6 所示。

1. 统一发布工程建设信息

工程发包信息要翔实，要准确地反映项目的投资规模、结构特征、工艺技术，以及对质量、工期、承包商的基本要求，并在工程招标发包前提供给有资格的承包单位。建设工程交易中心还应能提供建筑企业和监理、咨询等中介服务单位的资质、业绩和在施工程等资料信息。要逐步建立项目经理、评标专家和其他技术、经济、管理人才以及建筑产品价格、建筑材料、机械设备、新技术、新工艺、新材料和新设备等信息库。要根据实际需要和条件，不断拓展新的信息内容和发布渠道，为市场主体提供全面的信息服务。

2. 为承发包交易活动提供服务

建设工程交易中心应为承发包双方提供组织招标、投标、开标、评标、定标和工程承包合同签署等承发包交易活动的场所和其他相关服务，把管理和服务结合起来。

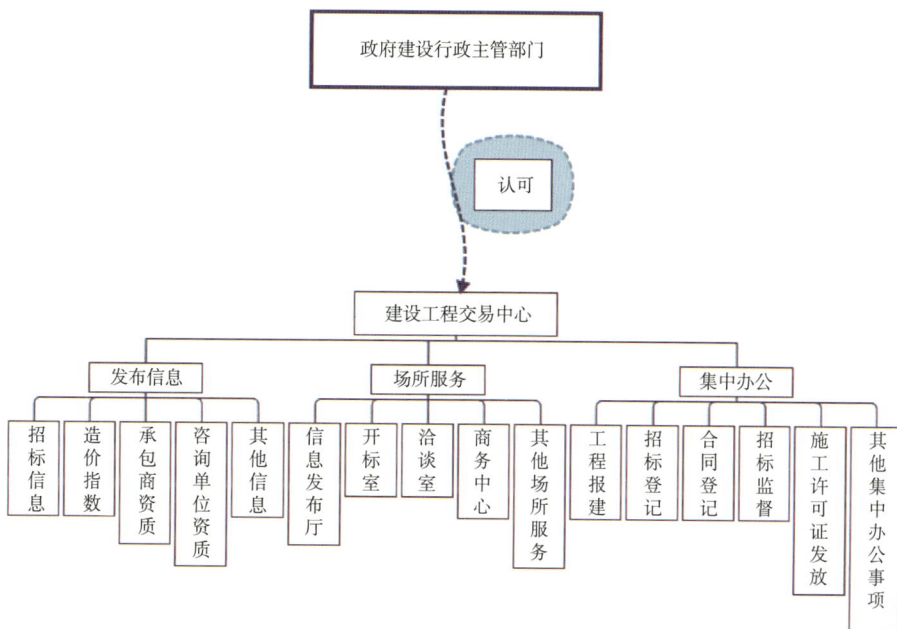

图 2.6 建设工程交易中心的基本功能

3．集中办理工程建设的有关手续

逐步做到将建设行政主管部门在工程实施阶段的管理工作全部进入中心集中办理，做到工程报建、招标、投标、合同造价、质量监督、监理委托、施工许可等有关手续集中统一办理，使工程建设管理做到程序化和规范化。

建设工程交易中心应根据本地建筑市场的实际情况，开展多种形式的教育培训活动，不断提高市场主体的法律意识和市场管理人员的业务能力，不断提高其运行效率和服务水平。

2.4.3 建设工程交易中心工作的原则

建设工程交易中心工作的原则如下。

1．信息公开原则

建设工程交易中心必须掌握工程发包、政策法规、招标投标单位资质、造价指数、招标规则、评标标准等各项信息，并保证市场各方主体均能及时获得所需要的信息资料。

2．依法管理原则

建设工程交易中心应建立和完善建设单位投资风险责任和约束机制，尊重建设单位按经批准并事先宣布的标准、原则的方法，选择投标单位和选定中标单位的权利。尊重符合资质条件的建筑业企业提出的投标要求和接受邀请参加投标的权利。尊重招标范围之外的工程业主按规定选择承包单位的权利，严格按照法规和政策规定进行管理和监督。

3．公平竞争原则

建立公平竞争的市场秩序是建设工程交易中心的一项重要原则。建设工程交易中心应严格监督招标、投标单位的市场行为，反对垄断，反对不正当竞争，严格审查招标控制价，监控评标和定标过程，防止不合理的压价和垫资承包工程，充分利用竞争机制、价格机制，保证竞争的公平和有序，使经营业绩良好的承包商具有竞争优势。

4．办事公正原则

建设工程交易中心根据政府建设行政主管部门委托实施对市场主体的服务、监督和管理，须配合进驻中心的行政部门做好相应的管理和服务工作。要制定保证办事公正、公开的规则和程序，完善规章制度，一旦发现工程交易活动中的违法、违纪行为，要立即向政府有关管理部门报告。

🕐 链 接

绿色建筑

绿色建筑是在全寿命周期内，节约资源，保护环境，减少污染，为人们提供健康、适用、高效的使用空间，最大限度地实现人与自然和谐共生的高质量建筑。

绿色建筑评价应遵循因地制宜的原则，结合建筑所在地域的气候、环境、资源、经济和文化等特点，对建筑全寿命期内的安全耐久、健康舒适、生活便利、资源节约、环境宜居5类指标等性能进行综合评价。评价应在建筑工程竣工后进行，在建筑工程施工图设计完成后，可进行预评价。等级划分由高到低划分为三星级、二星级、一星级和基本级。

绿色建筑的室内布局十分合理，尽量减少使用合成材料，充分利用阳光，节省能源，为居住者创造一种接近自然的感觉。以人、建筑和自然环境的协调发展为目标，在利用天然条件和人工手段创造良好、健康的居住环境的同时，尽可能地控制和减少对自然环境的使用和破坏，充分体现向大自然的索取和回报之间的平衡。

📋 复习思考题

1．什么是建筑市场？
2．建筑市场有哪些特点？
3．建筑市场的主体有哪些？它们各自面临的风险有哪些？
4．建筑市场的客体有哪些？
5．我国建筑市场的资质管理主要包括哪两个方面？
6．我国对从业人员实行资质管理，试列举几种职业资格。
7．建设工程交易服务中心的性质与作用是什么？

本章测验

学习小结

看一看

要求：课余时间走访学校、家乡所在地的建设工程交易中心，看一看建设工程交易中心都有哪些部门入驻并安排了哪些现场办公人员？能提供些什么服务？结合建设工程交易中心的职能，把职能部门及其职责对应写出来。

第三章 建筑产品的价格、成本和利润

学习目标 🎯

掌握建筑产品价格的计算、建筑产品利润的计算。

理解建筑企业降低工程成本和提高利润的主要途径。

了解建筑产品成本的概念、构成、分类以及建筑产品利润的概念、构成。

课程思政 📺

通过对建筑产品价格、成本和利润相关知识的学习，充分认识建筑行业劳动者通过辛勤劳动为集体和国家创造的价值；建设资源节约型社会是贯彻落实科学发展观的战略部署，要树立经济节约意识，思考建筑生产领域如何合理利用各种资源，以尽可能少的资源消耗获得最大的经济效益和社会效益，更好地促进节约型社会的建设，实现经济社会的可持续发展。

思维导图 💡

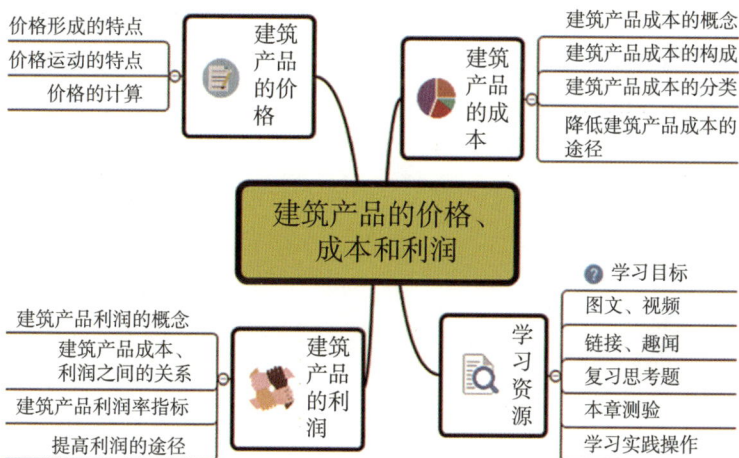

3.1 建筑产品的价格

知识导入

　　建筑产品作为一种商品，像其他产品一样具有价格，而建筑产品及其生产又有其自身的特点，那么建筑产品的价格由什么组成？其价格形成有何特点？价格运动有何特点？价格如何计算？本节将一一进行学习。

趣 闻

岳 阳 楼

　　岳阳楼始建于公元220年前后，相传其前身为三国时期东吴大将鲁肃的"阅军楼"，西晋南北朝时称"巴陵城楼"。岳阳楼位于湖南省岳阳市古城西门城墙之上，下瞰洞庭，前望君山，自古有"洞庭天下水，岳阳天下楼"之美誉，与湖北省武汉市黄鹤楼、江西省南昌市滕王阁并称为"江南三大名楼"。

　　岳阳楼主楼高19.42m，进深14.54m，宽17.42m，为三层、四柱、飞檐、盔顶、纯木结构。楼中4根楠木金柱直贯楼顶，周围绕以廊、枋、椽、檩互相榫合，结为整体，独特的盔顶结构体现古代劳动人民的聪明智慧和能工巧匠的精巧设计和技能。

　　北宋庆历四年（公元1044年）春，滕子京被贬到巴陵郡（岳州）任太守，他主持重修岳阳楼。修建岳阳楼需要大笔经费，但是，国家不可能给一个郡县下拨那么多经费，如何筹资修建经费呢？滕子京想到了独特的办法：帮老百姓催收旧账、呆账、烂账等，催来的钱一部分捐献给官府，一部分用于岳阳楼的重修。很快，滕子京就筹集到了修建岳阳楼所需的经费，然后开工建设。

　　北宋文学家范仲淹脍炙人口的《岳阳楼记》更使岳阳楼著称于世。然而，范仲淹却没有登临过岳阳楼。岳阳楼修建好后，滕子京请他的好友范仲淹"作文以记之"。范仲淹凭着滕子京寄给他的一张《洞庭秋晚图》，借景寓情，写下了传世名篇《岳阳楼记》，滕子京让人将其刻在了岳阳楼上。

教学内容

　　建筑产品是由建筑安装企业及有关单位共同劳动创造的具有生产能力或效益的固定资产，它包括生产性固定资产和非生产性固定资产。建筑产品作为一种商品，也要遵循价值规律。

建筑产品价格是建筑产品价值的货币表现。建筑产品生产者的劳动，既是具体劳动，又是抽象劳动。在商品生产条件下，建筑产品价值是由生产建筑产品所需的社会必要劳动时间决定的。它包括：①在生产中已消耗的生产资料价值 C，含有建筑材料、构配件、燃料等劳动对象的消耗和建筑机械等生产工具的磨损等，表现为材料等费用和固定资产折旧费；②劳动者为自己劳动所创造的价值 V，主要表现为职工工资；③劳动者为社会劳动所创造的价值 M，这部分价值是建筑企业的盈利。上述 $C+V$ 的货币表现构成建筑产品成本，M 的货币表现构成建筑产品的利润和税金。建筑产品价格是 $C+V+M$ 货币表现的总和。

建筑产品的
价格（微课）

建筑产品同其他商品一样，是使用价值和价值的统一体。建筑产品的价格是由价值决定的，价格围绕价值上下波动。

3.1.1　建筑产品价格形成的特点

建筑产品价格的形成具有以下几个特点。

1. 个别产品单件计价

每一项建设工程都有专门用途，所以也就有不同的结构、造型和装饰，不同的体积和面积，建设时须采用不同的工艺设备和建筑材料。即便是用途相同的建设工程，技术水平、建筑等级和建筑标准也有差别，建造时间、地点不同，造价也有差别。由于建筑产品的多样性特点，再加上不同地区构成投资费用的各种价值要素的差异，最终导致建设工程造价的千差万别。因此，对建设工程就不能像对工业产品那样按品种、规格、质量成批地定价，只能通过特殊的程序（编制估算、概算、预算、合同价、结算价及最后确定竣工决算价等），就各个项目（建设项目或工程项目）计算建设工程造价，即单价计价。

2. 多阶段计价

建设工程投资大、周期长，工程计价对应不同的阶段需要多次进行。同一个工程，有投资估算、概算造价、修正概算造价、预算造价、合同价、结算价、决算价等多个阶段的价格。从投资估算、设计概算、施工图预算到竣工决算，是一个工程计价由粗到细、逐步精确的过程。对建筑安装企业来说，建筑产品的价格就是承包价或者竣工结算价格。

3. 组合性计价

工程造价的计算是由多分部组成的，因为工程本身就是一个综合体，它可以分解成为许多有内在联系的工程，每个工程基本都可以分解单位工程、分部分项工程等。我们在造价计算过程中，是依照"分部分项工程单价—单位工程造价—单项工程造价—建设项目总造价"这个组合过程进行的。

4．供求双方直接定价

参见第二章 2.2.1 节"建筑市场没有商业中介人"的特点，从这种意义上来说，建筑产品是由供求双方直接定价的。

3.1.2 建筑产品价格运动的特点

建筑产品的价格运动具有以下几个特点。

1．价格具有观念流通规律

建筑产品在空间上的固定性，决定了建筑产品本身不会像其他商品一样随着销售而产生空间上的转移，随着销售发生的只是其所有权和使用权的转移。建筑产品的流通是"观念流通"，没有实物的流通。生产过程本身就包含着流通过程，其生产和流通是交织在一起的。由于建筑产品空间的固定性，其流通是"观念流通"，就导致了生产的流动性。生产人员、材料、机械设备等是流通的，这就产生了施工单位迁移费、施工机械进出场费、临时设施费等流通费用。这些流通费用在产品生产完成前就已经产生，是要计算在建筑产品价格之中的，这是有别于一般其他商品的。一般其他商品，则是先完成生产再进行销售，才有流通费用产生。

2．价格具有时滞性

一般商品是生产完成后，确定价格进行销售。建筑市场并不以具有实物形态的建筑产品作为交换对象，其价格是在建筑产品生产之前定下的，由买卖双方就拟建建筑物的功能、质量、标准、价格、交付时间、付款方式及时间等达成交易。而建筑产品生产的周期往往比较长，短则数月，长则几年甚至十几年，建设期间生产要素的价格会发生变化，产生价格"时滞现象"。在进行产品定价阶段，投标报价过高，容易失去中标机会；投标报价过低，则会导致利润较少甚至亏损。

3．价格运动过程不同于其他产品

建筑产品价格运动过程如下：签订合同价格—预付备料款—按进度付款—按合同条件调整合同价格—计算实际成本—竣工结算—产生实际利润。其他商品价格运动过程—生产成本—税金—流通费用—计划利润—销售价格。

3.1.3 建筑产品价格的计算

1．建筑产品定价的依据和方式

建筑产品定价的依据有建筑安装工程预算定额、地区统一的工资标准、地区统一的材料价格、地区规定的企业管理费、财务费用、地区统一的间接费取费标准、国家或地区规定的利润率和税金标准。

建筑产品定价的方式包括预算价格和实际价格。预算价格包括建筑安装工程预算价、施工图预算包干价、平方米造价包干价和综合造价包干价等。建筑安装工程决算则为实际价格。

合理计算建筑产品价格，能促使建筑安装企业加强经济核算，提高工程质量，缩短施工工期，正确处理好企业与国家、企业与其他单位、企业与职工的经济关系，也有利于固定资产投资和建筑业的发展。

2. 建筑产品价格的制定

在中国，根据建筑产品单件性生产的特点，建筑产品价格的制订采取编制工程预算的方式，即把整个建筑产品分成若干分部分项工程项目，例如基础工程、墙体工程、柱梁工程、门窗工程等，每一分部分项工程按单位工程量制订工料预算定额（如砌砖墙每立方米或每 $10m^3$ 用工多少、工日单价多少、用料多少、材料单价多少等），在一个地区内统一应用。当某项建筑工程的设计方案完成以后，施工单位就根据设计图纸计算出各分部分项工程的工程量，分别乘上单位工程量的统一预算定额，得出各分部分项工程的预算成本，然后相加得出整个建筑产品的预算成本，再加上法定利润成为工程总预算，即作为与建筑单位签订合同的依据。工程竣工后，如果完全照原设计方案施工，即照工程预算办理结算，这个工程预算就成为这项建筑产品的价格。如果在建筑施工过程中改变设计方案或改变施工方法、改变用料等，则要根据改变情况进行调整以办理竣工结算。实行建筑包干制的建筑工程，施工单位与建设单位在签订合同时预先规定按工程预算包干，工程竣工后按预算包干进行结算。

3. 建筑产品价格的构成

在我国，建筑产品价格一般由建筑产品预算成本和法定利润构成。建筑产品的预算成本是计算建筑产品价格的主要依据，它是以预算定额为基本依据而编制的一种成本，包括直接费、间接费和独立费三个项目：①直接费，指直接用于建筑工程的各项费用，如人工费、材料费、施工机械费等；②间接费，也称施工管理费，是施工企业为组织和管理施工所支付的各项费用，如管理人员工资、职工福利费、办公费等；③独立费，指为施工所需，但不包括在工程直接费和间接费中的各项其他费用，如各种生产和生活用的临时设施搭建费、施工机构迁移费等。1985 年 3 月以后，独立费的有关项目分别列入直接费用、间接费用中。法定利润为按建筑产品预算成本计算的 2.5% 的成本利润率。法定利润是国家 1954 年规定并开始实施的。在 1959 ～ 1978 年的 20 年间，法定利润被取消，建筑产品价格成为一种没有法定利润的不完整价格，产品价格实际上就是建筑产品的预算成本。1980 年起，恢复了建筑产品价格中原有的法定利润。这一法定利润不同于建筑施工企业利润，后者主要由法定利润和成本降低额组成。

4. 营改增后浙江省建筑产品价格的变化

自 2016 年 5 月 1 日起，我国全面实施营改增政策，营业税退出历史舞台。建筑业实施营改增，工程计价也将发生一些新的变化。

浙江省颁布了《关于建筑业实施营改增后浙江省建设工程计价规则调整的通知》（建建发〔2016〕144 号）、《关于发布营改增后浙江省建设工程施工取费费率的通知》（浙建站定〔2016〕23 号）等一系列文件，对工程计价的方式和规则进行了相应的调整，工程造价构成发生了一定的变化。浙江省实施营改增后取费费率见表 3.1。

表 3.1　浙江省营改增后取费费率

定额编号	项目名称	计算基数	费率 /%
S1	税金	税前工程造价	11.10
S1-1	增值税（销项税额）		11.00
S1-2	地方水利建设基金		0.10

国家在深化增值税改革的过程中，对税率进行动态调整。住房和城乡建设部办公厅 2018 年 4 月 9 日发布《住房城乡建设部办公厅关于调整建设工程计价依据增值税税率的通知》（建办标〔2018〕20 号），将《住房城乡建设部办公厅关于做好建筑业营改增建设工程计价依据调整准备工作的通知》（建办标〔2016〕4 号）规定的工程造价计价依据中增值税税率由 11% 调整为 10%。2019 年 3 月 26 日发布《住房和城乡建设部办公厅关于重新调整建设工程计价依据增值税税率的通知》（建办标函〔2019〕193 号），将建办标〔2018〕20 号规定的工程造价计价依据中增值税税率由 10% 调整为 9%。

链 接

装配式建筑

装配式建筑是用预制部品部件在工地装配而成的建筑。随着现代工业技术的发展，建造房屋可以像机器生产零件那样，成批、成套地制造。只要把预制好的房屋构件运到工地装配起来就完成了。装配式建筑的特点有以下几个。

1）大量的建筑部品由车间生产加工完成，构件种类主要有外墙板、内墙板、叠合板、阳台、空调板、楼梯、预制梁、预制柱等。

2）现场大量的装配作业，现浇作业大大减少。

3）采用建筑、装修一体化设计、施工，理想状态是装修可随主体施工同步进行。

4）设计的构件越标准，生产效率越高，相应的构件成本就会下降。同时，配合工厂的数字化管理，整个装配式建筑的性价比也会提高。

5）符合绿色建筑的要求。

6）节能环保。

装配式建筑在 20 世纪初就被提出，到 20 世纪 60 年代终于实现。英国、法国、苏联等国家首先做了尝试。由于装配式建筑的建造速度快，而且生产成本较低，因而迅速在世界各地推广开来。不过早期的装配式建筑外形比较呆板，千篇一律。后来人们在设计上做了改进，增加了灵活性和多样性，使装配式建筑不仅能够成批建造，而且样式丰富。国务院总理李克强 2016 年 9 月 14 日主持召开国务院常务会议，部署加快推进"互联网＋政务服务"，以深化政府自身改革更大程度利企便民；决定大力发展装配式建筑，推动产业结构调整升级。住房和城乡建设部相继出台多项针对大力发展装配式建筑的政策与标准。装配式建筑近年来在我国获得了较大的发展。

3.2　建筑产品的成本

知识导入

　　每种产品都有成本，建筑作为一种产品，其成本指的是什么？它由哪些费用构成？其成本有哪些分类方法？建筑企业为了提高利润，又有哪些途径去降低建筑产品的成本？本节将一一进行学习。

趣　闻

"天下没有免费的午餐"

　　西方有句谚语"天下没有免费的午餐"，它用来比喻做什么事情都得付出劳动或者代价，不要想着不劳而获。其本意是即使你不用付钱吃饭，可你还是要付出代价的。因为你吃这顿饭的时间，可以用来做其他事情，比如谈一笔 100 万元的生意，而你把时间用于吃这顿饭，就失去了这些时间本来能有的价值，这是机会成本的概念，以前你知道吗？

教学内容

3.2.1　建筑产品成本的概念

　　从前面内容可知，成本是商品生产中所消耗的活劳动和物化劳动的货币表现。建筑产品的价值是 $C+V+M$，前两部分 $C+V$ 的货币形式，反映生产建筑产品所支出的劳动消耗量的总和，为建筑产品的成本。

建筑产品成本亦称"建筑安装工程成本"，是指产品生产中所发生的一切费用的总和，是生产建筑产品所耗费的物化劳动和必要劳动的货币支出总和。建筑产品成本是企业施工生产经营管理工作的综合指标，反映建筑企业在生产活动各个环节、各个方面的工作质量和经营管理水平。建筑产品的成本是补偿建筑产品生产耗费的基本尺度，评价建筑企业经济效益的准绳，制定建筑产品价格和计算利润的基础，建筑企业进行经营决策的主要依据，衡量企业经营管理水平、促进企业改善经营管理的重要手段。

3.2.2　建筑产品成本构成

根据建筑产品成本的经济内容和经济核算的要求，国家统一规定了成本开支范围和主要费用开支标准，以保证成本计划和成本核算的正确性和可比性。

建筑产品成本构成是指形成成本的各个费用项目在总成本中的比重。建筑安装工程成本分为直接费和间接费两大类。直接费即直接成本，包括直接工程费和其他直接费、现场经费。直接工程费是指施工过程中耗费的构成工程实体或有助于工程形成的各项支出，包括人工费、材料费和施工机械使用费。间接费即间接成本，是指企业各单位为组织和管理施工所发生的全部支出，包括企业管理费、财务费和其他费用。

不同的建筑产品，其建筑安装工程直接工程费的构成比例也不相同，一般来说，人工费占 8% ～ 12%，材料费占 60% ～ 65%，机械使用费占 4% ～ 8%；间接费占18% ～ 22%。

3.2.3　建筑产品成本的分类

按照成本计算的标准、成本与产量的关系、用于企业经营决策的考虑，建筑产品成本可以分为不同的类型。

1．按成本计算标准分类

按成本计算的标准不同，建筑产品成本可分为预算成本、计划成本和实际成本。该种分类是确定建筑产品销售收入的依据，能反映建筑产品生产的实际耗费，并能反映建筑产品成本降低任务的完成情况。

1）预算成本。预算成本是指按施工图计算的工程成本。它包括直接工程费和间接费，是施工企业或自营施工单位实际成本的控制额。施工企业必须以预算成本为控制线，努力使实际成本低于预算成本，才能避免亏损和争取较多的盈利。

2）计划成本。计划成本是指企业在预算成本的基础上，考虑到具体工程的情况，采用合理的施工技术组织措施，加强管理，挖掘企业内部潜力，厉行节约，编制计划以降低成本。计划成本与预算成本之间的差额，即计划成本降低额。

3）实际成本。实际成本是建筑安装工程的实际支出费用。实际成本可以反映建筑企业生产经营活动的经济效果，与预算成本相比较，可以得出实际成本降低额或者增加额。比预算成本小，说明企业实际成本控制工作做得比较好，企业实际可以获得比法定利润更多的利润；否则，结果相反。

2. 按成本与产量的关系分类

按照成本与产量的关系分类，建筑产品成本可以分为固定成本和可变成本。

1）固定成本。建筑产品固定成本亦称"不变成本"或"相对固定费用"（图3.1）。它指的是与建筑产品工程数量增减没有直接联系的各项费用，主要包括行政管理人员的工资、生产工人的计时工资、固定资产折旧费与修理费、办公费等。建筑产品固定成本的主要特点是其发生额不直接受量变动的影响。在一定时期内完成的工作量越多，则分配在单位工程量和单位产品的固定成本就越少。确定建筑产品固定成本有利于企业寻求降低工程成本的途径，充分挖掘企业降低建筑产品成本的潜力，有利于建筑产品成本预测和决策，同时也是建筑企业目标利润、盈亏临界点分析考核的重要依据。利用建筑产品固定成本的特性，采取相应的成本控制方法，对不断降低建筑产品成本、提高施工利润具有重要意义。

2）可变成本。建筑产品可变成本，亦称变动成本、变动费用（图3.2），指的是随建筑产品工程数量增减而变动的各项费用，其内容主要包括构成建筑产品实体的主要材料和结构件、生产工人的计件工资、周转材料摊销费、施工机械使用的动力与燃料费，以及施工用水电费等。建筑产品变动成本的主要特点是其发生额大小受工程量的大小制约，完成的工程量越多，则变动成本也就越大。这类费用的总额一般是与工程量成正比例变化。确定建筑产品变动成本有利于企业寻求降低成本的途径，降低变动成本应主要从降低建筑产品生产消耗着手，同时也是企业确定盈亏临界点、目标利润、建筑产品销售收入的重要依据。

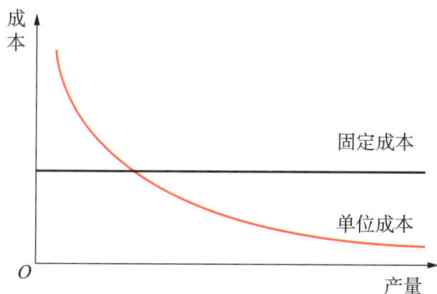

图3.1 固定成本与产量的关系　　图3.2 可变成本与产量的关系

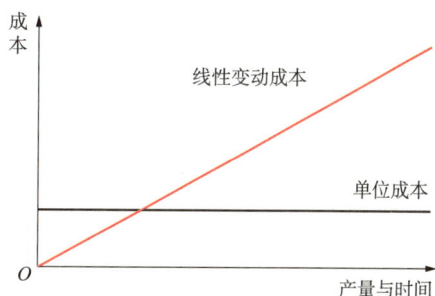

3. 按用于企业经营决策的考虑分类

按照用于企业经营决策的考虑，建筑产品成本可分为边际成本、机会成本和沉没成本。

1）边际成本。边际成本（marginal cost）指的是每新增生产（或者购买）一个单位的产品带来的总成本的增量。随着产量的增加，边际成本会先减少，后增加。边际成本用以判断增减产量在经济上是否合算，它是经营决策中常用的成本。例如，生产某种产品100个单位时，总成本为5000元，若生产101个单位产量时，其总成本为5040元，则所增加一个产品的成本为40元，即边际成本为40元。当实际产量未达到一定限度时，边际成本随产量的扩大而递减；当产量超过一定限度时，边际成本随产量的扩大而递增。因为，当产量超过一定限度时，总固定成本就会递增。

当增加1个单位产量所增加的收入（单位产量售价）高于边际成本时，经济上是合理的；反之，就是不合理的。只要增加1个单位产量的收入能高于边际成本，即使高于总的平均单位成本，也会增加利润或减少亏损。因此计算边际成本对制订产品决策具有重要的作用。微观经济学理论指出，当产量增至边际成本等于边际收入时，为企业获得其最大利润的产量。

2）机会成本。机会成本（opportunity cost）是指企业为从事某项经营活动而放弃另一项经营活动的机会，或利用一定资源获得某种收入时所放弃的另一种收入。另一项经营活动应取得的收益或另一种收入即正在从事的经营活动的机会成本。通过对机会成本的分析，要求企业在经营中正确选择经营项目，其依据是实际收益必须大于机会成本，从而使有限的资源得到最佳配置。机会成本是经济学原理中一个重要的概念。在进行选择时，力求机会成本小一些，是经济活动行为方式的最重要的准则之一。例如，某建筑设备租赁企业有一笔闲置资金，如果用来购买建筑设备，当年可盈利70000元，闲置资金也可存入银行，每年得到利息50000元，那么，企业是否应将这笔钱用来购买设备？若将这笔资金存入银行，就会损失因购买设备可获得的利润70000元，70000元即存入银行的机会成本。很显然，决策者会选择机会成本小的方案，即将这笔钱用来购买设备，年获利70000元。

3）沉没成本。沉没成本是指以往发生的，但与当前决策无关的费用。从决策的角度看，以往发生的费用只是造成当前状态的某个因素，当前决策所要考虑的是未来可能发生的费用及所带来的收益，而不考虑以往发生的费用。我们把这些已经发生不可收回的支出，如时间、金钱、精力等称为"沉没成本"（sunk cost）。在经济学和商业决策制定过程中会用到"沉没成本"的概念，指已经付出且不可收回的成本。沉没成本常用来与可变成本做比较，可变成本可以被改变，而沉没成本则不能被改变。沉没成本是一种历史成本，对现有决策而言是不可控成本，会在很大程度上影响人们的行为方式与决策。从这个意义上说，在投资决策时应排除沉没成本的干扰。大多数经济学家认为，如果基于理性的，那就不该在做决策时考虑沉没成本。

3.2.4　降低建筑产品成本的途径

建筑企业为了增加利润，提高企业的市场竞争力，降低产品成本十分必要。

从建筑企业的角度，可以通过以下几个途径降低产品成本。

1. 改善施工组织设计

合理的施工组织设计根据国家有关技术政策、建设项目要求、施工组织的原则，结合工程的具体条件，确定经济合理的施工方案，对拟建工程在人力和物力、时间和空间、技术和组织等方面统筹安排，可以保证按照既定目标，优质、低耗、高速、安全地完成施工任务，从而达到降低产品成本的效果。

2. 因地制宜，合理选材，降低材料费和运输费用

建筑产品生产中会用到大量的建筑材料，材料费占建筑安装工程直接费的60%左右，在不影响建筑产品质量和遵守合同约定的情况下，因地制宜地选用一些有价格优势的地方材料和新型材料，不但可以降低材料价格费用，还可以降低运输费用，是降低产品成本的一个途径。

3. 提高机械设备利用率和工人劳动生产率

在施工生产过程中，通过合理的安排，减少工时的消耗，充分提高机械设备的利用率和工人的劳动生产率，可以降低机械设备的使用费和人工费，从而达到降低产品成本的目的。

4. 减少非生产性开支

通过精简不必要的非生产性机构，加强岗位职责，降低非生产性的费用开支，降低产品成本。

5. 加强经济核算和贯彻成本节约制度

在企业内部开展增产节约活动，加强企业经营管理，做好经济核算，积极贯彻成本节约制度，通过有效的管理，降低产品成本。

链　接

沉没成本

2001年诺贝尔经济学奖得主约瑟夫·斯蒂格利茨教授说，普通人（非经济学家）常常不计算"机会成本"，而经济学家则往往忽略"沉没成本"——这是一种睿智。他在《经济学》一书中说："如果一项开支已经付出并且不管作出何种选择都不能收回，一个理性的人就会忽略它。这类支出称为沉没成本。"接着，他举了个例子："假设现在你已经花7美元买了电影票，你对这场电影是否值7美元表示怀疑。看了半小时后，你的最坏的怀疑应验了：这场电影简直是场灾难。你应该离开电影院吗？在做这一决策时，你应该忽视这7美元。这7美元是沉没成本，不管是去是留，这钱你都已经花了。"

3.3 建筑产品的利润

建筑安装企业进行建筑产品生产，获取企业利润，并按规定向国家上缴税金，为社会创造价值。建筑企业的利润包含哪些？如何计算利润和利润率等指标？成本与利润之间存在怎样的关系？建筑企业如何提高产品的利润？本节将一一进行学习。

趣 闻

明代才子解缙改联收税的故事

明代翰林大学士解缙堪称诗词名家，他任税官时曾到一大商贾家收税款。事前，商贾家调皮的女儿在宅前贴上对联，心想：看你解税官怎么进屋。对联云：闲人免进，盗者休来。

解缙看罢一笑，叫人拿来笔往对联左右各添三字便挺胸而入。商贾女儿出门一看，不得不佩服这位年轻税官文思敏捷、巧补天成。原来，他将对联补写为：闲人免进贤人进，盗者休来道者来。

教学内容

3.3.1 建筑产品利润的概念

建筑产品价格中的税金和利润是盈利的组成部分，是劳动者为社会和集体劳动创造的价值，统称为利润。

建筑产品计划利润原称建筑产品法定利润，是指我国国营建筑安装企业承包建筑安装工程按照国家统一规定计取的利润。国营建筑部门实行法定利润制度，始于1953年，1959年取消，1980年恢复，1988年起更名为计划利润。坚持实行计划利润制度，是建筑产品商品化的需要，是作为独立存在的建筑部门和建筑企业具有自身发展所必需的经济利益和经营自主权的需要。它对于促进建筑企业经济核算、调动建筑业广大职工的积极性有着重要的意义。按现行制度规定，计划利润是以工程预算成本为基础，按国家统一规定的利润率计提。

建筑安装企业通过采取新技术、新材料、新工艺，在施工过程中加强各工序的成本管理，减少工程成本消耗，可以提高工程的结算利润，取得更大的收益。

工程结算利润计算公式如式（3.1）所示。

$$工程结算利润 = 计划利润 + 工程成本降低额 \qquad (3.1)$$

3.3.2　建筑产品成本、利润之间的关系

建筑产品成本与利润之间的关系如图 3.3 所示。

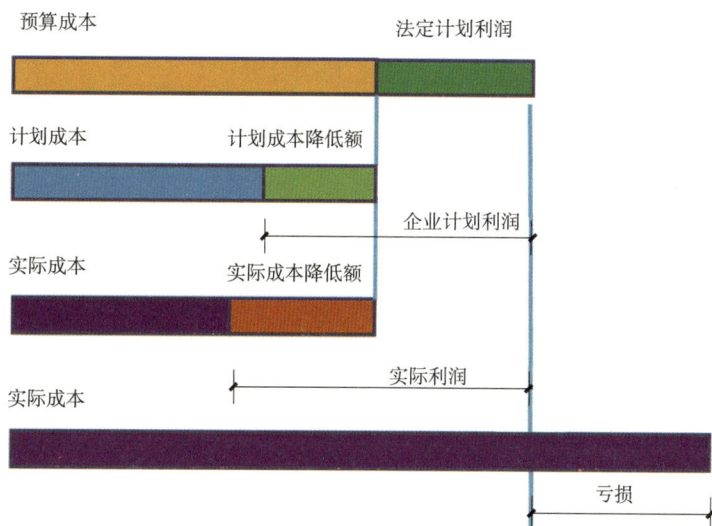

图 3.3　建筑产品成本与利润之间的关系

3.3.3　建筑产品利润率指标

衡量企业常用的利润率水平指标有资金利润率、产值利润率、成本利润率、销售利润率、工资利润率等，分别见式（3.2）～式（3.6）。

1）资金利润率。

$$资金利润率 = \frac{企业利润总额}{全部资金占用额} \times 100\% \qquad (3.2)$$

资金利润率指标是考核企业资金占用情况的一个指标，反映企业资金经营效果。

2）产值利润率。

$$产值利润率 = \frac{企业利润总额}{建安工作量（或企业总产值）} \times 100\% \qquad (3.3)$$

产值利润率指标反映产值与企业利润之间的关系，表明每单位产值所实现的利润。

3）成本利润率。

$$成本利润率 = \frac{企业产品销售利润总额}{产品成本总额} \times 100\% \qquad (3.4)$$

成本利润率反映利润与成本之间的关系。

4）销售利润率。

$$销售利润率 = \frac{企业利润总额}{销售收入} \times 100\% \qquad (3.5)$$

销售利润率指标反映销售收入与实现利润的关系，表明每单位销售收入所实现的利润。

5）工资利润率。

$$工资利润率 = \frac{企业利润总额}{工资总额} \times 100\% \qquad (3.6)$$

工资利润率反映企业工资总额和实现利润之间的关系，表明每单位工资实现的利润。

3.3.4　建筑企业提高利润的途径

建筑企业提高利润的途径有以下几种。

1）降低产品成本。这是提高利润的主要途径。在产品价格不变的情况下，产品成本越低，利润就越高。

2）增加符合社会需要的产品产量。既可以增加产品的销售数量，增加销售收入，又可以相对地节约企业的固定费用，降低产品的单位成本，从而提高企业的利润。

3）提高产品质量。增加合格品的数量，减少废品和返修品损失，减少产品成本中的废品损失费用，提高利润。在实行按质论价、优质优价的情况下，优质产品按较高的价格出售，可以取得更多的利润。

4）减少固定资产和流动资金占用量，节约固定资产和流动资金占用费。

5）严格控制财务、管理费用等营业外支出，增加营业外收入。

链　接

BIM

BIM（building information modeling）技术是 Autodesk 公司在 2002 年率先提出的，目前，已经在全球范围内得到业界的广泛认可。它可以帮助实现建筑信息的集成，从建筑的设计、施工、运行直至建筑全寿命周期的终结，各种信息始终整合于一个三维模型信息数据库中，设计团队、施工单位、设施运营部门和业主等各方人员可以基于 BIM 技术进行协同工作，有效提高工作效率、节省资源、降低成本，以实现可持续发展。

BIM 技术的核心是通过建立虚拟的建筑工程三维模型，利用数字化技术，为这个模型提供完整的、与实际情况一致的建筑工程信息库。该信息库不仅包含描述建筑物构件的几何信息、专业属性及状态信息，还包含了非构件对象（如空间、运动行为）的状态信息。借助这个包含建筑工程信息的三维模型，大大提高了建筑工程的信息集成化程度，从而为建筑工程项目的相关利益方提供了一个工程信息交换和共享的平台。

　　BIM 技术有如下特点：它不仅可以在设计中应用，还可应用于建设工程项目的全寿命周期中；用 BIM 进行设计属于数字化设计；BIM 的数据库是动态变化的，在应用过程中不断在更新、丰富和充实；为项目参与各方提供了协同工作的平台。

复习思考题

　　1. 建筑产品价格形成的特点有哪些？

　　2. 建筑产品价格运动的特点有哪些？

　　3. 建筑产品价格由哪些部分构成？

　　4. 建筑成本有哪些分类方法？

　　5. 建筑企业降低产品成本的途径有哪些？

　　6. 建筑产品的利润由哪两个部分构成？建筑产品的利润与成本之间存在怎样的关系？

　　7. 建筑企业提高利润的途径有哪些？

本章测验

学习小结

（沿此虚线裁剪）

画一画

　　要求：用你自己的方式，动手在下面画一画建筑产品价格、成本、利润之间的关系，并思考建筑业企业如何降低产品成本、提高利润。

第四章 建筑工程技术经济分析

学习目标 🎯

　　掌握现金流量图绘制，实际利率的计算，资金等值计算公式及其应用，方案技术经济分析静态、动态评价方法，不确定性分析方法，价值工程原理及其应用。

　　理解资金时间价值、名义利率与实际利率的概念，资金等值计算原理和方法，综合评分法应用。

　　了解技术经济分析的基本原理及程序，方案评价的基本经济因素如投资、成本、折旧、利润、税金、流动资金等。

课程思政 🖼️

　　通过对资金时间价值、资金等值计算、技术经济分析方法的学习，结合当前我国经济社会发展情况和国家发展战略，了解全面深化改革的意义。目前，建设现代化经济体系是我国经济发展的战略目标。深化社会主义市场经济体制改革是建设现代化经济体系的制度保障。通过学习，正确分析我国经济发展情况，认识全面深化改革的重要性，树立实现建筑强国梦的初心。

思维导图 💡

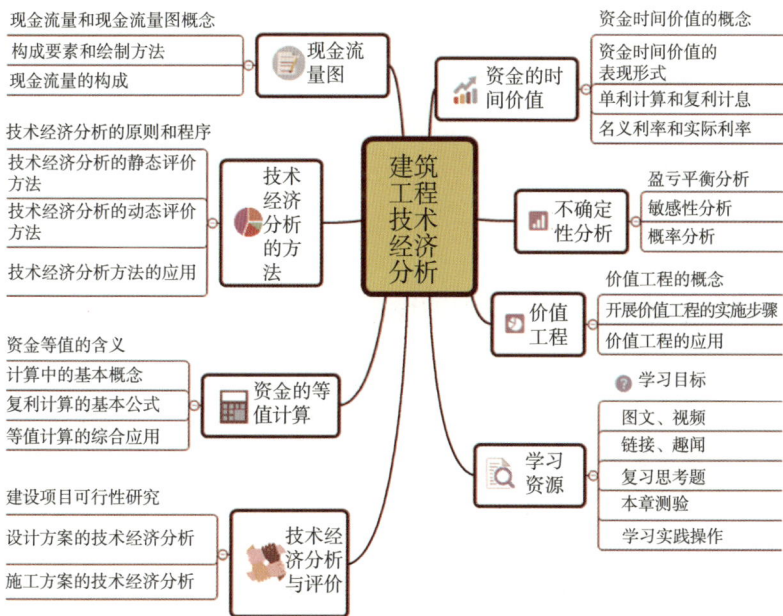

4.1 现金流量图

知识导入

在一个项目的寿命周期内，往往存在着资金的投入与获取。例如，在项目初期投入一定量的成本，经过生产、销售等环节再获得一定的收入。我们如何系统地管理与分析这些资金的动向，从而更好地为项目管理进行服务呢？这就需要大家掌握本节现金流量与现金流量图的相关知识。

趣 闻

我国货币形式的发展

我国货币形式的发展主要经历过四个阶段。首先是实物货币阶段，如米、布、木材、贝等，但是由于实物货币形体不一，不易分割保存，不便携带，并且价值不稳定。因此，随着经济发展与交易扩大，实物货币逐渐被金属货币替代，铜开始成为我国货币的主要材料。铜币主要有三种形式：布币、刀币和钱币。其他兼作货币材料的还有金、银和布帛。其中，金、银也是重要的货币形式。

纸币起源于商业票据，与金属货币相比，其制造的费用微不足道，并且避免了日常使用过程中的磨损，以及铸币在流通中可能遭受的有意损坏等。常用纸币形式包括交子、宝钞等。除此之外，信用货币制度也逐渐被使用，比如银行存折、现金支票等。

教学内容

4.1.1 现金流量和现金流量图的概念

在进行工程经济分析时，可把所考察的对象视为一个系统，对一个系统而言，投入的资金、花费的成本、获得的收益都发生在一定的时间点上。现金流量就是指考察对象在整个项目建设期间各时点上实际发生的资金流出或资金流入。其中，流出系统的实际支出（费用）称为现金流出，流入系统的实际收入（收益）称为现金流入，现金流入与现金流出的差额称为净现金流量。

在项目寿命周期中，现金流入和现金流出所发生的时间与数量都不尽相同，这就需要我们借助现金流量图这一工具对项目过程中的现金流量进行分析计算，把整个项目寿命周期内所发生的现金流量绘制到一个时间坐标系统中，表现出不同时间节点对应的现金流入与流出。因此，现金流量图就是一种反映经济系统资金运动状态的图式（图 4.1），它是在时间坐标轴上，用带箭头的短线条表示一个建设项目或一个企业的资金活动规律的图形。

现金流量图
那点事儿（微课）

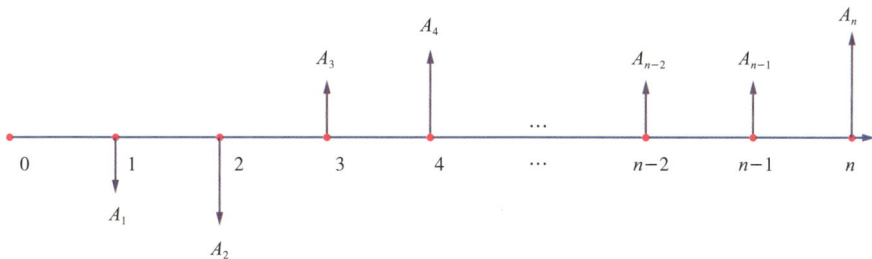

图 4.1　现金流量图

4.1.2　现金流量图的构成要素和绘制方法

现金流量图的构成要素主要包括三个方面，即大小（现金流量的数额）、方向（现金流入或现金流出）、作用点（现金流量发生的时间）。上述三要素是正确绘制现金流量图的基础。

现金流量图的绘制基本可以分为三个步骤。

1. 绘制时间轴

以横轴为时间轴，轴线可以等分为若干的间隔，每一个间隔表示一个时间单位，通常用"年"来表示时间单位，也可以用"季"或"半年"来进行表示，具体根据实际需要而定。时间轴上的点称为时点，时点主要是用于表示年（期）末的时间，或者说是下一年（期）的年（期）初，零点就是第一年（期）开始的时间，也是现值的时间点。在图 4.1 中，若时间单位为年，则 0 表示第一年的年初，1 表示第 1 年的年末和第 2 年的年初。

2. 确定箭头方向

现金流量图中的垂直箭头代表的是不同时点的现金流量。如果箭头向上则表示有现金的流入，如果箭头向下则表示现金的流出。在图 4.1 中，A_3、A_4 箭头向上，表示是现金流入；A_1、A_2 箭头向下，表示是现金流出。

3. 绘制箭头的长度

垂直箭头的长度体现了现金流量的大小比例，箭头顶端需注明现金流量的数值。在图 4.1 中，第 2 年年末现金流出量较第 1 年年末现金流出量大。

4.1.3 现金流量的构成

对于一个建设项目来说，投资、折旧、经营成本、销售收入、税金和利润等经济量是构成经济系统现金流量的基本要素，也是进行技术经济分析重要的基础数据。

1. 总投资

建设项目总投资包括建设投资（固定资产投资）和生产经营所需要的流动资金。如果建设投资资金中含有借款，则建设期的借款利息也应计入总投资。

（1）固定资产投资

固定资产投资是指项目按拟定建设规模（分期建设项目应为分期规模）、产品方案、建设内容进行建设所需的费用。它包括建筑工程费用、设备购置费、安装工程费、建设期借款利息、工程建设其他费用和预备费用等。

项目寿命期结束时，固定资产的残余价值，对于投资者来说是在期末可回收的现金流入。

（2）流动资金

流动资金是指为维持生产所占用的全部周转资金，是流动资产与流动负债两者的差额。在项目寿命期结束时，应予以回收。

项目建成后，建设投资转化为固定资产、无形资产和递延资产。

2. 折旧

建设项目投入运营之后，固定资产在使用过程中会逐渐磨损和贬值，其价值逐步转移到产品中去，伴随固定资产损耗发生的价值转移称为固定资产折旧。转移的价值以折旧费的形式计入产品成本，并通过产品的销售以货币形式收回到投资者手中。从产品销售收入中提取的折旧费可以看作补偿固定资产损耗所计提的准备金。固定资产使用一段时间后，其原值扣除累计的折旧费总额称为当时的固定资产净值。

企业常用的计算、提取折旧的方法有平均年限法（又称直线法）、工作量（或产量）法和加速折旧法等。我国企业一般采用平均年限法或工作量法。在符合国家有关规定的情况下，经批准也可采用加速折旧法。双倍余额递减法和年数总和法属于加速折旧法。

（1）平均年限法

固定资产折旧一般采用平均年限法，是将固定资产的应计折旧总额均衡地分摊到各期的方法。该方法的特点是每期折旧额相等，适用于各会计结算期间磨损程度基本相同的固定资产。其计算公式为

$$年折旧率 = \frac{1 - 预计净残值率}{折旧年限} \tag{4.1}$$

$$年折旧额 = \frac{固定资产原值 - 预计净残值}{折旧年限} = 固定资产原值 \times 年折旧率 \tag{4.2}$$

【例 4.1】 某建筑公司施工机械类固定资产的原值为 4500000 元，规定的折旧年限

为 10 年，预计净残值率为 3%，试用平均年限法计算施工机械类固定资产的年折旧额。

【解】 年折旧率 $=\dfrac{1-3\%}{10}=9.7\%$

年折旧额 = 固定资产原值 × 年折旧率 =4500000×9.7%=436500（元）

（2）双倍余额递减法

双倍余额递减法是在不考虑固定资产净残值的情况下，以每年年初固定资产净值乘以双倍的直线折旧率计算固定资产折旧额的方法，折旧年限到期两年内，将固定资产净值扣除预计净残值，平均分摊到最后两年作为折旧额，属于快速折旧法。其计算式如式（4.3）、式（4.4）所示。

$$年折旧额 = 固定资产净值 × 年折旧率 \tag{4.3}$$

$$年折旧率 = \dfrac{2}{折旧年限}×100\% \tag{4.4}$$

【例 4.2】 某建筑公司有蒸汽打桩机一台，其账面原价为 50000 元，预计净残值为 2000 元，规定的折旧年限为 5 年，采用双倍余额递减法计提折旧，试计算各年的折旧额。

【解】 年折旧率 $=\dfrac{2}{5}×100\%=40\%$

第一年应提折旧额 =50000×40%=20000（元）

第二年应提折旧额 =（50000−20000）×40%=12000（元）

第三年应提折旧额 =（50000−20000−12000）×40%=7200（元）

第四、五年应提折旧额 =（50000−20000−12000−7200−2000）÷2

$$=4400（元）$$

（3）年数总和法

年数总和法是根据固定资产原值扣除预计净残值后的余额，按照逐年递减的分数（年折旧率，亦称折旧递减系数）来计算折旧的方法。折旧年限到期前两年内，将固定资产净值扣除预计净残值，平均分摊到最后两年作为折旧额，双倍余额递减法属于快速折旧法。其计算公式如式（4.5）、式（4.6）、式（4.7）所示。

$$年折旧额 =（固定资产原值 − 预计净残值）× 年折旧率 \tag{4.5}$$

$$月折旧额 = 年折旧额 ÷12 \tag{4.6}$$

$$年折旧率 = \dfrac{折旧年限 − 已使用年限}{折旧年限 ×（折旧年限 +1）÷2}×100\% \tag{4.7}$$

【例 4.3】 根据例 4.2 题意，采用年数总和法计提折旧，试计算各年的折旧额。

【解】 第一年应提折旧额 =（50000−2000）×$\dfrac{5}{5×（5+1）÷2}$=16000（元）

第二年应提折旧额 =（50000−2000）×$\dfrac{4}{15}$=12800（元）

第三年应提折旧额 =（50000−2000）×$\dfrac{3}{15}$=9600（元）

第四年应提折旧额 =（50000−2000）×$\dfrac{2}{15}$=6400（元）

第五年应提折旧额 $=（50000-2000）\times \dfrac{1}{15}=3200$ （元）

（4）工作量法

工作量法是根据固定资产在施工生产过程中实际完成的工作量计算折旧的方法，适用于各期使用程度不均衡的大型机械和设备。其计算公式如式（4.8）、式（4.9）所示。

$$单位工作量折旧额 = \dfrac{固定资产原值 \times（1-预计净残值率）}{折旧年限内预计总工作量} \tag{4.8}$$

$$某项固定资产月折旧额 = 该项固定资产当月实际工作量 \times 单位工作量折旧额 \tag{4.9}$$

【例 4.4】 某建筑公司的一台大型施工机械，原价 200000 元，预计净残值率为 5%，在有效使用年限内预计能使用 2000 个台班，本月实际工作 24 个台班。试用工作量法计算本月的折旧额。

【解】 每工作台班折旧额 $= \dfrac{200000 \times（1-5\%）}{2000} = 95$ （元）

本月应提折旧额 $=95 \times 24=2280$ （元）

不论采用何种方法计提折旧，在整个固定资产折旧年限内，折旧总额都是一样的。采用加速折旧法只是在固定资产使用前期计提折旧较多，而使用后期计提折旧较少，对企业更有利一些。

无形资产从开始使用之日起，应按照有关的协议、合同在受益期内分期平均摊销，没有规定受益期的按不少于 10 年的期限分期平均摊销。

递延资产中的开办费应在企业开始生产经营之日起，按照不短于 5 年的期限分年平均摊销。租入固定资产改良及大修理支出应当在租赁期内分年平均摊销。

3. 经营成本

经营成本是技术经济分析中经济评价的专用术语，它是指项目总成本费用扣除固定资产折旧费用、无形及递延资产摊销费和利息支出以后的全部费用，即

$$经营成本 = 总成本费用 - 折旧费 - 摊销费 - 利息支出 \tag{4.10}$$

其中：

$$总成本费用 = 生产成本 + 销售费用 + 管理费用 + 财务费用$$

或

$$总成本费用 = 外购原材料、燃料及动力费用 + 工资及福利费 + 修理费 + 折旧费 +$$
$$摊销费 + 利息支出 + 其他费用$$

4. 销售收入

销售收入是指向社会出售商品或提供劳务的货币收入。

$$销售收入 = 商品销售量 \times 商品单价 \tag{4.11}$$

企业总产值是企业生产的成品、半成品和处于加工过程中的在制品的价值总和，可按当前市场价格或不变价格计算。销售收入是指出售商品的货币收入，是按出售时

的市场价格计算的。销售收入是反映工业项目真实收益的经济参数，在技术经济分析中作为现金流入的一个重要项目。

5. 税金

税金是国家法律规定对经济单位和个人无偿征收的货币（或实物）量，企业和个人要依法纳税。目前，企业应当缴纳的税可以分为五大类，即流转税、资源税（包括矿产资源税、土地使用税等）、所得税（包括企业所得税）、财产税（包括房产税）、行为目的税（主要有城乡维护建设税、车船使用税等）。车船税、房产税和土地使用税可计入成本费用。增值税属价外税，不含在销售收入中。计算销售利润应从销售收入中扣除消费税、资源税和城乡维护建设税。企业所得税应从销售利润中缴纳。

6. 利润

利润是项目投产后所获得的纯收入，体现项目经济效果。根据企业财务核算和分析的需要，项目利润可分为销售利润、实现利润和税后利润，其计算式为

$$销售利润 = 销售收入 - 销售成本 - 销售税金及附加 \tag{4.12}$$

$$实现利润 = 销售利润 + 营业外收支净额 - 上年度亏损额 \tag{4.13}$$

$$税后利润 = 实现利润 - 所得税 \tag{4.14}$$

链接

营 改 增

营业税改增值税，简称营改增，是指以前缴纳营业税的应税项目改成缴纳增值税。营改增的最大特点是减少重复征税，可以促使社会形成更好的良性循环，有利于企业降低税负。增值税只对产品或者服务的增值部分纳税，减少了重复纳税的环节，是党中央、国务院根据经济社会发展新形势，从深化改革的总体部署出发作出的重要决策。

自 2016 年 5 月 1 日起，中国全面推开营改增试点，将建筑业、房地产业、金融业、生活服务业全部纳入营改增试点。至此，营业税退出历史舞台，增值税制度将更加规范。这是自 1994 年分税制改革以来，财税体制的又一次深刻变革。建筑业实施营改增，工程计价也将发生一些新的变化。比如，浙江省颁布了一系列文件，对工程计价方式和规则进行了调整。营改增后的工程造价由税前工程造价、增值税销项税额、地方水利建设基金构成。其中，税前工程造价是由人工费、材料费、施工机械使用费、管理费、利润和规费等各费用项目组成，各费用项目均不包含增值税进项税额。

住房和城乡建设部办公厅 2018 年 4 月发布《住房城乡建设部办公厅关于调整建设工程计价依据增值税税率的通知》（建办标〔2018〕20 号），规定工程造价计价依据中增值税税率由 11% 调整为 10%；2019 年 3 月发布《住房城乡建设部办公厅关于重新调整建设工程计价依据增值税税率的通知》（建办标函〔2019〕193 号），规定工程造价计价依据中增值税税率由 10% 调整为 9%。

4.2 资金的时间价值

某年年初，小张在银行存了 10000 元钱，年利息为 5%，第二年年初去取的时候连本带息取回了 10500 元钱。那么，这多出的 500 元钱是怎么来的呢？银行为何要多支出 500 元钱给小张呢？本节内容将针对这些生活中的常见问题进行讲解，介绍资金的时间价值。

趣　闻

银行的来历

银行一词，源于意大利语 Banca，其原意是长凳、椅子，是最早的市场上货币兑换商的营业用具。英语转化为 Bank，意为存钱的柜子。在我国，之所以有"银行"之称，则与我国经济发展的历史相关。在我国历史上，白银一直是主要的货币材料之一。"银"往往代表货币，而"行"则是对大商业机构的称谓。

17 世纪，一些平民通过经商致富，成了有钱的商人。当时实行"自由铸币"制度，铸币厂允许顾客存放黄金。但是这些商人没有意识到，铸币厂是属于国王的，如果国王想动用铸币厂里的黄金，他们根本无法阻止。因此，商人们意识到铸币厂不再安全。于是，他们把钱存到了金匠那里。金匠就为存钱的人开立了凭证。存钱的人以后拿着这张凭证，就可以取出黄金。

很快地，商人们就发现需要用钱的时候，根本不需要取出黄金，只要把黄金凭证交给对方就可以了。再后来，金匠恍然大悟，原来自己开立的凭证，居然具有货币的效力。由于他们抵抗不了诱惑，就开始开立"假凭证"。事实上，只要所有客户不是同一天来取黄金，"假凭证"就等同于"真凭证"。

这就是现代银行中"准备金制度"的起源，现代银行就是这个时候诞生的。

教学内容

4.2.1 资金时间价值的概念

不同的时间付出或得到同样数额的资金在价值上是不相等的。资金的时间价值是指资金随着时间的推移而不断增加的价值。

资金时间价值的产生，首先，是因为货币增值，即将资金投入生产或流通领域，经过一段时间之后可以获得一定的收益或利润，从而资金会随着时间的推移而产生增值；其次，由于通货膨胀导致未来资金相对于现在资金的购买力降低；时间风险也是产生资金时间价值的原因之一，即收到资金的不确定性通常随着收款日期的延迟而增加，也就是通俗意义上，未来得到的钱不如现在就立即得到的钱保险。所以，资金的时间价值会受到资金数量、利率、使用时间、通货膨胀、灾害风险等因素的影响。

资金的时间价值
（微课）

4.2.2　资金时间价值的表现形式

资金的时间价值可以用绝对数表示，也可以用相对数表示，即以利息或利息率（利率）来表示。

利息又称子金，是母金（本金）的对称，一般是指借款人（债务人）因使用借入货币或资本而支付给贷款人（债权人）的报酬。利率是指一定时期内利息额同借贷资本总额的比率。利率是单位货币在单位时间内的利息水平。两者都是衡量资金时间价值的尺度，利率是相对尺度，常用%、‰、‱等表示，利息是绝对尺度。计算利息的时间单位，称为计息周期，包括年、季度、月等。

4.2.3　单利计息和复利计息

（1）单利

单利是指在计算下一期利息时，仅用最初的本金来计算，而不计入先前计息周期中所产生的利息，即通常所说的"利不生利"的计息方法。单利计息，利息与本利和的计算公式分别见式（4.15）、式（4.16）。

$$I=P\times i\times n \tag{4.15}$$
$$F=P\times(1+i\times n) \tag{4.16}$$

式中：i——利率；

n——计息周期数；

P——期初本金；

I——利息；

F——n期末的本利和。

（2）复利

复利是指在计算利息时，当期利息计入下期本金一同计息，即"利生利""利滚利"的计息方式。本利和与利息的计算公式分别见式（4.17）、式（4.18）。

$$F=P(1+i)^n \tag{4.17}$$

$$I=F-P=P（1+i）^n-P=P\left[（1+i）^n-1\right] \tag{4.18}$$

式中：i——利率；

　　　n——计息周期数；

　　　P——期初本金；

　　　I——利息；

　　　F——n 期末的本利和。

【例 4.5】 某人存入银行 100 万元，年利率 5%，存期 5 年，请分别按照单利计息、复利计息来计算 5 年后的本利和。

利息和利率（微课）

【解】 1）单利计息。

$F=P（1+i×n）=100×（1+5\%×5）=125（万元）$

2）复利计息。

$F=P（1+i）^n=100×（1+5\%）^5=127.63（万元）$

4.2.4　名义利率和实际利率

　　利息计算过程中，如果利率所标明的计息周期单位，与计算利息实际所采用的计息周期单位不一致时，复利计息就会产生名义利率与实际利率不一致的问题。这里的名义利率是指一年内多次复利时给出的年利率，它等于计息周期利率与年内计息周期数的乘积。实际利率是把各种不同计息周期的利率换算成以年为计息期的实际利率，又称为有效利率。名义利率与实际利率的关系如式（4.19）所示。

$$i=\left(1+\frac{r}{n}\right)^n-1 \tag{4.19}$$

式中：i——实际利率；

　　　n——名义利率标明的计息周期内，实际复利的次数；

　　　r——名义利率，等于实际计息周期利率与年内计息周期数 n 的乘积。

　　【例 4.6】 某人存入银行 1000 元，年利率为 12%，每年计息一次，求一年后本利和。若每月计息一次，一年后的本利和又是多少？此时的年实际利率为多少？

　　【解】 若每年计息一次，一年后本利和为

$F=1000×（1+12\%）=1120（元）$

若每月计息一次，一年后的本利和为

$$F=1000×\left(1+\frac{12\%}{12}\right)^{12}=1126.8（元）$$

年实际利率为

$$i=\left(1+\frac{12\%}{12}\right)^{12}-1=12.68\%$$

假设年名义利率为 10%，则计息周期为年、半年、季、月、日时的年有效利率见表 4.1。

表 4.1　计息周期分别为年、半年、季、月、日时的年有效利率

年名义利率 r	计息期	年计息次数 n	计息期利率（r/n）	年有效利率 i
10%	年	1	10%	10%
	半年	2	5%	10.25%
	季	4	2.5%	10.38%
10%	月	12	0.833%	10.46%
	日	365	0.0274%	10.51%

通过上述案例可以看出，实际利率与名义利率存在着下述关系。

1）当实际计息周期为一年时，名义利率和实际利率相等，计息周期短于一年时，实际利率大于名义利率。

2）名义利率不能完全反映资金时间价值，实际利率才真实地反映了资金的时间价值。

3）名义利率越大，实际计息周期越短，实际利率与名义利率的差值就越大。

计息周期为一定的时段（年、季、月、周），且按复利计息的方式称为间断计息，间断计息的可操作性强。如果是按照瞬时计息的方式则称为连续计息，此时，年实际利率为式（4.20）所示。

$$i= \lim_{n \to \infty} \left(1+\frac{r}{n}\right)^n -1= \lim_{n \to \infty} \left[\left(1+\frac{r}{n}\right)^{n/r}\right]^r -1=e^r-1 \qquad (4.20)$$

连续计息符合客观规律，但可操作性差，所以经济评价中一般使用间断计息。

链　接

通货膨胀

通货膨胀指在货币流通条件下，因货币供给大于货币实际需求，也即现实购买力大于产出供给，导致货币贬值，而引起的一段时间内物价持续而普遍的上涨现象。其实质是社会总需求大于社会总供给（求远大于供）。通货膨胀会使得居民实际收入水平下降，以工资、租金、利息为收入者，在通货膨胀中会受到损害相对较重。

4.3　资金的等值计算

知识导入

建设工程项目周期较长，其中的资金投入、收益获取都发生在一定的时间节点上。在工程经济分析中，我们经常需要对不同时点上的资金价值进行比较，前述内容介绍了资金的时间价值，我们知道不同的时间付出或得到同样数额的资金在价值上是不相等的。那么，如何评价、比较不同时点的资金使用效果呢？本节将一一进行学习。

拿破仑许诺的玫瑰花

1797 年 3 月，拿破仑访问卢森堡期间，去了一所小学进行演讲。他精彩的演讲获得了师生们的阵阵掌声。演讲后，他还和孩子们一块儿聊天、做游戏。临走时，拿破仑将一束价值 3 路易的玫瑰花送给该校的校长奥杰森，并说："为了答谢贵校对我的盛情款待，每年的今天，我都将派人送给贵校一束价值相等的玫瑰花，作为法兰西与卢森堡友谊的象征。"奥杰森听后说道："太感谢您了，我代表所有的孩子向你致敬！"说完，对着拿破仑深深鞠了一躬。

拿破仑离开后，奥杰森将拿破仑的演讲资料、照片整理后，作为珍品放进了学校档案室，以后的每年校庆都会提及此事。可是，拿破仑第二年就率领法军与埃及作战，随后穷于应付连绵的战争和此起彼伏的政治事件，并最终因失败而被流放到圣赫勒拿岛，把自己许诺赠送玫瑰花的事情忘得一干二净。

令人想不到的是，拿破仑去世后的 1984 年年底，卢森堡人竟旧事重提，向法国政府提出这"赠送玫瑰花"的诺言，并且要求索赔。他们要求法国政府：要么从 1798 年起，用 3 个路易作为一束玫瑰花的本金，以 5 厘复利（指 0.5% 的利率）计算全部清偿；要么在报刊上公开承认拿破仑是个吹牛的小人。计算机算出来的数字让法国人惊呆了：原本 3 路易的许诺，187 年后本息已高达 1375596 法郎。

法国政府冥思苦想，最终找到一个让卢森堡人比较满意的答复：以后无论在精神上还是在物质上，法国将始终不渝地对卢森堡大公国的中小学教育事业予以支持与赞助，来兑现拿破仑将军那一诺千金的玫瑰花誓言。这一解决措施最终得到了卢森堡人民的认同。（资料来源于网络）

教学内容

4.3.1 资金等值的含义

资金等值是指不同时间点发生的、绝对值不等的资金存在一定的等价关系，这种等价关系称为资金等值。例如，今年末的 100 万元，存入银行，在年利率为 5% 的情况下，与明年末的 105 万元，二者具有相同的经济价值。

通过资金等值计算，可以把一个时点发生的资金金额换算成另一个时点的等值金额，然后即可进行资金的比较。

4.3.2　资金等值计算中的基本概念

以下介绍资金等值计算中涉及的几个基本概念。

1）折现（贴现）：把将来某一时点的资金换算成现在时点（基准时点）的等值金额的过程。

2）现值（P）：折现到计算基准时点（通常为计算期初）的资金金额。

3）终值（未来值 F）：与现值相等的将来某一时点上的资金金额。

要注意的是，现值和终值是相对的。两时点上的等值资金，前时刻相对于后时刻，为现值；反之，为终值。

4）折现率（i）：等值计算的利率。

5）年金（A）：指某时间序列中每期都连续发生的数额相等的资金。各期的年金发生在各期期末。

4.3.3　复利计算的基本公式

1. 一次支付终值复利公式

已知期初投资为 P，利率为 i，求第 n 年年末收回的本利和（终值）F。

一次支付现金流量图如图 4.2 所示，其计算公式同式（4.17），即

$$F = P(1+i)^n$$

式中：$(1+i)^n$——一次支付终值复利系数，记为 $(F/P, i, n)$。

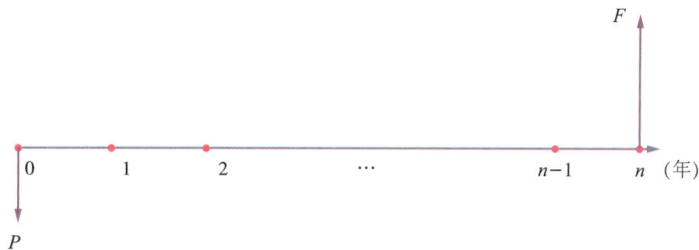

图 4.2　一次支付现金流量图

【例 4.7】　某人在 2011 年年初购买债券 10 万元，年复利率为 10%，2015 年年底一次收回本利和，计算一共收回多少钱？

【解】　$F = P(1+i)^n = P(F/P, i, n)$
$$= 10(F/P, 10\%, 5) = 10 \times 1.611 = 16.11（万元）$$

2. 一次支付现值复利公式

已知未来第 n 年年末将需要或获得资金 F，利率为 i，求期初所需的投资 P。

现金流量图如图 4.2 所示，其计算公式如式（4.21）所示。

$$P=F\frac{1}{(1+i)^n} \qquad (4.21)$$

式中：$\frac{1}{(1+i)^n}$——一次支付现值复利系数，记为（P/F，i，n）。

$F=P$（F/P，i，n）与 $P=F$（P/F，i，n）互为逆运算，其中（F/P，i，n）与（P/F，i，n）互为倒数。

【例 4.8】 某建筑材料生产企业计划建造一条生产线，预计 5 年后需要资金 1000 万元，设年利率为 10%，计算现需要存入银行多少资金？

【解】 $P=F\dfrac{1}{(1+i)^n}=1000$（$P/F$，10%，5）

$=1000×0.6209=620.9$（万元）

3. 等额支付序列终值复利公式

若每期期末等量投资额为 A，收益率为 i，经过 n 期后本利和（即终值）为多少？

现金流量图如图 4.3 所示，其计算公式如式（4.22）所示。

$$F=A(1+i)^{n-1}+A(1+i)^{n-2}+\cdots+A(1+i)+A$$

将上式等号两端同乘（$1+i$），可得

$$F(1+i)=A(1+i)^n+A(1+i)^{n-1}+\cdots+A(1+i)^2+A(1+i)$$

将上述两式相减，可得

$$F(1+i)-F=A(1+i)^n-A$$

即

$$F=A\frac{(1+i)^n-1}{i}=A（F/A，i，n） \qquad (4.22)$$

式中：$\dfrac{(1+i)^n-1}{i}$——等额支付序列终值复利系数，记为（F/A，i，n）。

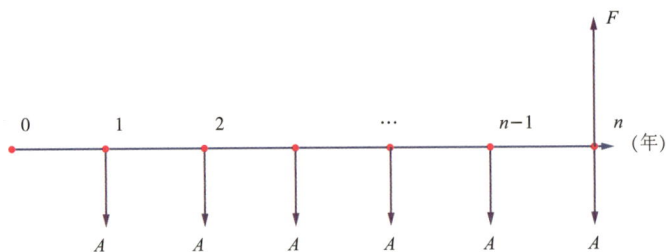

图 4.3 等额支付序列终值现金流量图

【例 4.9】 如果每年年末存款 2000 元，年复利率为 10%，那么 10 年后的本利和（即终值）为多少？

【解】 $F=A\dfrac{(1+i)^n-1}{i}=2000$（$F/A$，10%，10）

$=2000×15.937=31874$（元）

4. 等额支付序列现值复利公式

如果现在投资金额为 P，预计在未来的 n 年内，投资人可以在每年年末获得相同数额的收益 A，设折现率为 i，计算 P 是多少？

现金流量图如图 4.4 所示，其计算公式推导如下：

$$F=P(1+i)^n=A\frac{(1+i)^n-1}{i}$$

$$P=A\frac{(1+i)^n-1}{i(1+i)^n}=A(P/A, i, n) \tag{4.23}$$

式中：$\dfrac{(1+i)^n-1}{i(1+i)^n}$——等额支付序列现值系数，记为 $(P/A, i, n)$。

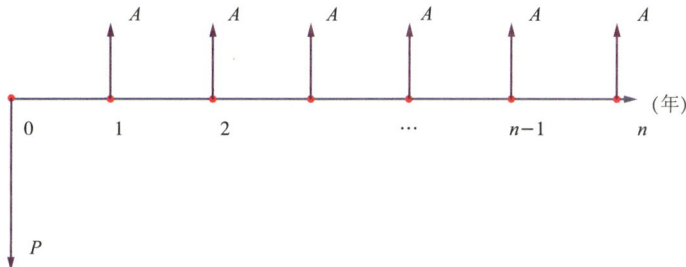

图 4.4　等额支付序列现值现金流量图

【例 4.10】　某人贷款买房，预计他每年还贷 3 万元，打算 15 年还清，假设银行的按揭年利率为 5%，现在应该贷款多少？

【解】　$P=A\dfrac{(1+i)^n-1}{i(1+i)^n}=3(P/A, 5\%, 15)$

$$=3\times10.380=31.14（万元）$$

5. 等额支付序列投资回收公式

若现在投资 P 元，收益率为 i，欲在 n 期内每期期末要求等量回收 A 元，则 A 为多少？

现金流量图如图 4.4 所示，其计算公式可由式（4.23）移项得到式（4.24），即

$$A=P\frac{i(1+i)^n}{(1+i)^n-1}=P(A/P, i, n) \tag{4.24}$$

式中：$\dfrac{i(1+i)^n}{(1+i)^n-1}$——等额支付序列投资回收复利系数，记为 $(A/P, i, n)$。

【例 4.11】　某投资人投资 20 万元从事脚手架租赁，希望在 5 年内等额收回全部投资，若折现率 i 为 15%，问每年至少应收入多少？

【解】　$A=P\dfrac{i(1+i)^n}{(1+i)^n-1}=20(A/P, 15\%, 5)$

$$=20\times0.2983=5.97（万元）$$

6. 等额支付序列偿债基金公式

已知第 n 期期末要获得收益值为 F，设利率为 i，求 n 年内每期期末需要支付的等额金额 A。

现金流量图如图 4.3 所示，其计算公式可由式（4.22）移项得到

$$A=F\frac{i}{(1+i)^n-1}=F\left(A/F, i, n\right) \tag{4.25}$$

式中：$\dfrac{i}{(1+i)^n-1}$——等额支付序列偿债基金复利系数，记为 $(A/F, i, n)$。

【例4.12】 某银行的年复利率为 8%，如果要在 20 年后获得本利和为 200000 元，那么从现在起每年应存入多少？

【解】 $A=F\dfrac{i}{(1+i)^n-1}=200000\,(A/F, 8\%, 20)$

$=200000\times0.02185=4370（元）$

▌ 4.3.4 等值计算的综合应用

【例4.13】 某项目的现金流量为第 3 年年末支付 100 万元，第 5 年、第 6 年、第 7 年年末各支付 80 万元，第 9 年、第 10 年年末各支付 60 万元，如果年复利率为 10%，计算与此等值的现金流量的终值 F 为多少？

【解】 1）画现金流量图，如图 4.5 所示。

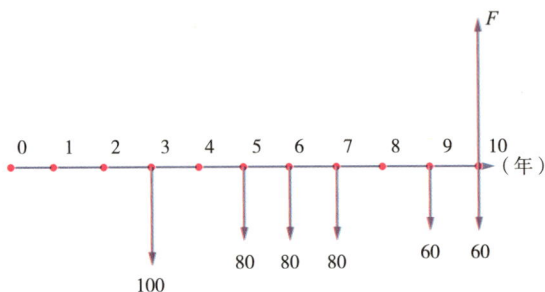

图 4.5 例 4.13 现金流量图

2）计算。

$F=-100\,(F/P, 10\%, 7)-80\,(F/A, 10\%, 3)\,(F/P, 10\%, 3)-60-60\,(F/P, 10\%, 1)$

$=-100\times1.949-80\times3.31\times1.331-60-60\times1.1$

$=-673.35（万元）$

【例4.14】 年初存入 100 元，年复利率为 20%，半年计息一次，计算两年后本利和是多少？

【解】 1）方法一。

$$i=\left(1+\frac{r}{n}\right)^2-1=\left(1+\frac{20\%}{2}\right)^2-1=21\%$$

$F=P\left(F/P,\ i,\ n\right)=100\times\left(F/P,\ 21\%,\ 2\right)=146.41（元）$

2）方法二。

$F=P\left(F/P,\ r,\ n\right)=100\times\left(F/P,\ 10\%,\ 4\right)=146.41（元）$

此类问题可以使用两种方法进行计算。

1）利用名义利率求出实际利率，然后按年复利计算。

2）将名义利率转化为实际计息周期的利率，然后按实际计息周期数复利计算。

链　接

校 园 贷

　　校园贷是指在校学生向各类借贷平台借钱的行为。2015 年，中国人民大学信用管理研究中心调查了全国 252 所高校近 5 万名大学生，并撰写了《全国大学生信用认知调研报告》。调查显示，在弥补资金短缺时，有 8.77% 的大学生会使用贷款获取资金，其中网络贷款几乎占一半。只要是在校学生，网上提交资料，通过审核，支付一定手续费，就能轻松申请信用贷款。

　　校园贷严格来说可以分为 5 类：有电商背景的电商平台、消费金融公司、P2P 贷款平台（网贷平台）、线下私贷、银行机构。不法校园贷严重扰乱校园环境和市场环境，严重危害学生人身财产安全和社会稳定。2017 年，中国银监会、教育部、人力资源和社会保障部联合下发《关于进一步加强校园贷规范管理工作的通知》，明确要求未经银行业监督管理部门批准设立的机构不得进入校园为大学生提供信贷服务。公安机关始终保持对校园贷的高压严打。（资料来源于网络）

4.4 技术经济分析的方法

知识导入

　　建设工程项目实施过程中，往往面临着不同方案间的比较与选择。例如，某项目拟订了两个方案，甲方案的投资额为 100 万元，年经营费用为 120 万元；乙方案的投资额为 200 万元，年经营费用为 80 万元。在基准收益率相同的情况下，如何选择最优方案？这就是本节内容需要重点解决的问题，利用技术经济分析方法进行方案优选。

趣 闻

霍布森选择

　　1631 年，英国剑桥有一个做马匹生意的名叫霍布森的商人，他在卖马时承诺：买或是租我的马，只要给一个低廉的价格，就可以随意挑选。但他又附加了一个条件：只允许挑选能牵出圈门的那匹马。这其实是一个圈套。他在马圈上只留一个小门，大马、肥马、好马根本就出不去，能出去的都是些小马、瘦马、懒马。显然，他的附加条件实际上就等于告诉顾客不能挑选。大家挑来挑去，自以为完成了满意的选择，然而选择的结果可想而知。这种没有选择余地的所谓挑选，被人们讥讽为"霍布森选择（Hobson'schoice）"。

　　管理上有一条重要的格言："当看上去只有一条路可走时，这条路往往是错误的。"毫无疑问，只有一种备选方案就无所谓择优，没有了择优，决策也就失去了意义。在技术经济活动中，我们应当在已有知识、经验的基础上，运用直觉、想象力、创新思维，找出尽可能多的方案进行抉择，防止自己陷入没有余地的"霍布森选择"。

教学内容

4.4.1　技术经济分析的原则和程序

　　技术经济分析是指对各种技术方案进行的计算、比较与论证，是优选各种技术方案的重要手段与科学方法。

　　经济效果是人们在使用技术的社会实践中所得与所花费用的比较。它可以用两种形式来表达：效率型和价值型。

　　效率型指标为：经济效果 $E=$ 收益 $V/$ 费用 C，评价标准为 $E>1$。价值型指标为：经济效果 $E=$ 收益 $V-$ 费用 C，评价标准为 $E>0$。

1. 技术经济分析的原则

　　在评价技术方案的经济效果时，必须用系统分析的观点正确处理各方面的矛盾关系，主要贯彻以下原则。

　　（1）预测分析的原则

　　方案的技术经济评价主要采用的是预测的方法，以现有状况为基础，以统计资料为依据，通过事前分析作出预测，除了对现金流入与流出量进行常规预测外，技术经济分析还对某些不确定性因素和风险作出估算，包括敏感性分析、盈亏平衡分析和概率分析。

（2）动态分析的原则

资金具有时间价值，考虑资金的时间价值，按资金等值的原则，将项目不同时间点上发生的资金流入、流出折算成同一时点的价值，为不同项目或方案的比较提供可比性，对于提高决策的科学性和准确性有重要的作用。

（3）定量分析的原则

技术方案的经济分析，通过项目建设和生产过程中的费用 - 效益计算，凡可量化的经济要素都应定量表述，尽可能通过定量指标反映经济价值。

（4）适当满足的原则

适当满足原则（没有最好，只有最适合），不单纯依据目标计算最大值和最小值来选择方案，而是把定量分析和定性分析结合起来，把数值计算与决策者的主观判断结合起来，依据目标计算结果较好、能满足决策目标要求、决策者认为合适的原则来选择方案。

（5）全过程效益分析的原则

项目的技术经济活动主要包括目标确定、方案提出、方案决策、方案实施以及生产运营 5 个阶段，必须重视提高每一个阶段的经济效益，尤其是决策阶段，以争取取得良好的经济效果。

2．技术经济分析的程序

技术经济分析的程序如下。

第一，进行调查研究，确定目标，收集有关资料和信息，分析经济环境中的显性和潜在需求，确立研究目标。

第二，寻找关键要素。关键要素就是实现目标的制约因素。只有找到主要矛盾，确定系统的各种关键要素，才有可能采取有效的措施，为技术活动实现最终目标扫清障碍。

第三，提出备选方案。根据既定目标，采取不同方法，提出多个可供选择的方案。什么也不做，维持现状也是一种备选方案。

第四，拟定经济评价指标。要根据目标要求来拟订方案评价的指标体系，将参与分析的各种因素定量化。

第五，方案评价。找出不同方案中可以共同比较的基础，通过方案评价的数学模型进行综合运算、分析对比，从中选出最优方案。

4.4.2　技术经济分析的静态评价方法

静态评价方法是在不考虑资金时间价值的前提下，对方案的经济效果进行计算比较的方法。静态评价方法计算简便、直观，在实际工作中应用较广，尤其适用于建设工期短、见效快的建设项目，但是该方法不能完全反映方案寿命期间的全部情况。

1．静态投资回收期法

静态投资回收期法又叫返本期法，或叫偿还年限法，是以项目的净收益抵偿全部投资所需要时间的一种评价方法，其计算公式如式（4.26）所示。

$$\sum_{t=0}^{P_t}(CI-CO)_t=0 \qquad (4.26)$$

式中：CI——现金流入量；

  CO——现金流出量；

  P_t——静态投资回收期；

  $(CI-CO)_t$——第 t 年的净现金流量。

对于投资者来讲，静态投资回收期越短越好。该指标判别项目或方案的标准是回收资金的速度越快越好，也就是投资回收期越短，项目的经济效益就越高。一般情况下，可以将静态投资回收期 P_t 与基准投资回收期 P_c 进行比较。若 $P_t \leqslant P_c$，则项目投资能在规定时间内收回，方案可行；若 $P_t > P_c$，则不可行。

静态投资回收期作为评价指标，其主要优点是概念明确、计算简单。但是由于这个指标在计算过程中不考虑投资回收以后的经济效益，不考虑项目的服务年限等，因此不能全面地反映项目在整个寿命期内真实的经济效益，一般用于初步可行性研究阶段。

静态投资回收期法的具体计算方法包括两种：直接计算法和累计计算法。

（1）直接计算法

当项目建成后各年的净现金流量均相同时，投资回收期如式（4.27）所示。

$$P_t=\frac{K}{A} \qquad (4.27)$$

式中：P_t——静态投资回收期；

  K——全部投资额；

  A——每年的净现金流量。

【例 4.15】 某投资方案一次性投资 500 万元，估计投产后各年的平均净收益为 50 万元，求该方案的静态投资回收期。

【解】 $P_t=\dfrac{K}{A}=\dfrac{500}{50}=10$（年）

（2）累计计算法

当项目建成后各年的净现金流量均不同时，投资回收期如式（4.28）所示。

$$P_t=T-1+\frac{\left|\sum_{t=0}^{T-1}(CI-CO)_t\right|}{(CI-CO)_T} \qquad (4.28)$$

式中：P_t——静态投资回收期；

  T——累计净现金流量开始出现正值的年份；

  $\sum_{t=0}^{T-1}(CI-CO)_t$——第 $T-1$ 年的累计净现金流量；

  $(CI-CO)_T$——第 T 年的净现金流量。

【例 4.16】 某项目投资及各年收入和支出情况如图 4.6 所示，求静态投资回收期。

【解】 列出该投资方案的累计净现金流量，见表 4.2。

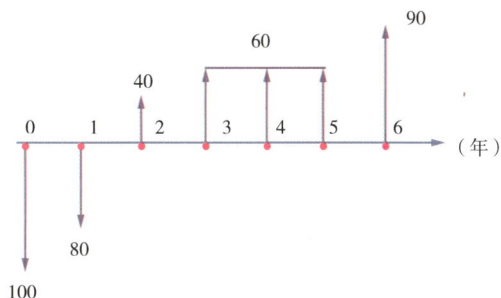

图 4.6 项目投资及各年收入和支出情况（单位：万元）

表 4.2 累计净现金流量表

年序	0	1	2	3	4	5	6
净现金流量/万元	-100	-80	40	60	60	60	90
累计净现金流量/万元	-100	-180	-140	-80	-20	40	130

根据式（4.28），$P_t = T-1 + \dfrac{\left|\sum\limits_{t=0}^{T-1}(CI-CO)_t\right|}{(CI-CO)_T} = 5-1+\dfrac{|-20|}{60} = 4.33$（年）

2. 投资效果系数法

投资效果系数法又称投资回收率法（投资收益率法），是年收益与投资额之比。采用投资效果系数法评价投资方案的经济效果，可以把求得的投资收益率与标准的投资收益率相比较，若大于标准的投资收益率，则方案是一个较优的方案。

【例 4.17】 某项目总投资为 750 万元，正常年份的销售收入为 500 万元，年销售税金与附加为 10 万元，年总成本费用为 340 万元，试求投资利润率。若行业基准投资利润率 R_0=15%，判断项目的财务可行性。

【解】 该项目年利润总额为：500-10-340=150 万元。

投资利润率为：R=150÷750=20%。

$R > R_0$，故项目可以考虑接受。

采用投资效果系数法评价投资方案，计算简便，能够直观地衡量项目的经营成果，适用于各种投资规模。不足之处在于没有考虑投资收益的时间因素，忽视了资金具有时间价值的重要性。该指标的计算主观随意性太大，计算中对于应该如何计算投资资金占用，如何确定利润，都带来一定的不确定性和人为因素，因此，以投资利润率指标作为主要的决策依据不太可靠。

4.4.3 技术经济分析的动态评价方法

动态评价方法是指在评价方案的经济效果时，考虑资金时间价

技术经济分析的动态评价方法（微课）

值的一种评价方法。它的主要优点是考虑了方案在其经济寿命期限内投资、成本和收益随时间变化的真实情况，比静态评价方法更全面、更科学。

1. 动态投资回收期法

动态投资回收期法克服了传统的静态投资回收期法不考虑货币时间价值的缺点，即在考虑资金时间价值的条件下，以项目每年的净收益现值来回收项目全部投资所需要的时间。其表达式如式（4.29）所示。

$$\sum_{t=0}^{P_t'} (CI-CO)_t (1+i_c)^{-t}=0 \qquad (4.29)$$

式中：P_t'——动态投资回收期；

$\quad i_c$——基准收益率。

在实际应用中，可以根据项目的现金流量表计算，如式（4.30）所示。

$$P_t'=T'-1+\frac{\left|\sum_{t=0}^{T'-1}(CI-CO)_t(1+i_c)^{-t}\right|}{(CI-CO)_{T'}(1+i_c)^{-T'}} \qquad (4.30)$$

式中：T'——累计净现金流量现值开始出现正值的年份；

$\quad \sum_{t=0}^{T'-1}(CI-CO)_t(1+i_c)^{-t}$——上年累计净现金流量现值；

$\quad (CI-CO)_{T'}(1+i_c)^{-T'}$——当年净现金流量现值。

采用动态投资回收期评价投资方案，可以将其与基准动态投资回收期相比较，若 $P_t' \leqslant P_c$（基准投资回收期）时，说明项目（或方案）能在要求的时间内收回投资，是可行的；若 $P_t' > P_c$ 时，则项目（或方案）不可行，应予拒绝。

【例 4.18】 某项目初期投资额为 2000 万元，从第一年年末开始每年净收益为 480 万元，并已知（P/A，10%，5）=3.7908 和（P/A，10%，6）=4.3553，则该项目的动态投资回收期 P_t' 为多少年？

【解】 判断：

$-2000+480\times(P/A，10\%，5)=-2000+480\times3.7908 < 0$

$-2000+480\times(P/A，10\%，6)=-2000+480\times4.3553 > 0$

由式（4.30），可得

$$P_t'=6-1+\frac{|-2000+480\times3.7908|}{480\times(1+10\%)^{-6}}=5+\frac{180.42}{270.95}=5.67（年）$$

所以，该项目的动态投资回收期为 5.67 年。

2. 净现值（NPV）法

净现值法是指在项目的寿命期内，将各期发生的净现金流量按照基准收益率或折现率折算到基准期（0 期）的现值之和。其表达式如式（4.31）所示。

$$NPV=\sum_{t=0}^{n}(CI-CO)_t(1+i_c)^{-t} \qquad (4.31)$$

式中：NPV——项目净现值；

　　　（CI-CO)$_t$——第 t 年的净现金流量；

　　　n——项目计算期；

　　　i_c——基准收益率或折现率。

对于单一方案，若 NPV > 0，说明方案可行，因为这种情况除了能达到规定的基准收益率之外还能得到超额的收益；若 NPV=0，说明方案可考虑接受，因为这种情况说明方案正好达到了规定的基准收益率水平；若 NPV < 0，说明方案不可行，因为这种情况说明方案达不到规定的基准收益率水平。

对于多个方案，在 NPV > 0 的前提下，净现值最大者为最优方案。

【例 4.19】 某建筑机械可用 18000 元购得，净残值是 3000 元，年净收益是 3000 元，如果基准收益率是 15%，而且建筑公司希望使用该机械达 10 年，问是否应购买此机械？

【解】 NPV=-18000+3000（P/A，15%，10）+3000（P/F，15%，10）

　　　　=-18000+3000×5.019+3000×0.2472=-2201.04（元）< 0

因为 NPV < 0，所以不应购买此机械。

3. 年度等值（AE）法

年度等值法是指按照基准收益率或折现率，将方案计算期内各个不同时点的净现金流量换算到与其等值的各年年度等值。其计算表达式如式（4.32）所示。

$$AE=NPV（A/P，i，n）$$

$$=P（A/P，i，n）+（CI-CO)_n+F（A/F，i，n）\qquad (4.32)$$

年度等值与净现值代表相同的评价尺度，只是所代表的时间不同。年度等值法更适用于比较使用年限不同的方案，其评价准则为：单方案时，AE ≥ 0，方案可行；多方案进行选择时，AE 越大，表示项目经济效益越好，方案越优；当多方案比较，且项目均为负现金流量时，AE 的绝对值更小的方案更好。

【例 4.20】 某项目投资 100 万元，年净收益为 50 万元，使用期为 5 年，净残值为 5 万元，设 i_c=10%，试求其年度等值。

【解】 AE=-100（A/P，10%，5）+50+5（A/F，10%，5）

　　　　=-100×0.2638+50+5×0.1638=24.44（万元）

4. 内部收益率（IRR）法

内部收益率就是净现值为零时的折现率。它反映了项目"偿付"未被收回投资的能力，其大小与项目初始投资和项目在寿命期内各年的净现金流量有关，取决于项目内部。因此，IRR 是未回收资金的增值率，其表达式如式（4.33）所示。

$$\sum_{i=0}^{n}（CI-CO)_t（1+IRR）^{-t}=0 \qquad (4.33)$$

用式（4.33）直接求解 IRR 比较复杂，在实际应用中，通常采用试算法和线性内插法来计算内部收益率的近似解。其求解步骤如下。

1）利用试算法得到两个适当的折现率 i_1、i_2，并且满足：
$$i_1 < i_2 \text{ 且 } i_1 - i_2 \leqslant 5\%, \text{ NPV}_1 > 0, \text{ NPV}_2 < 0$$

2）用线性内插法近似求得内部收益率 IRR，其计算式如式（4.34）所示。

$$\text{IRR} = i_1 + \frac{\text{NPV}_1}{\text{NPV}_1 + |\text{NPV}_2|}(i_2 - i_1) \tag{4.34}$$

内部收益率的判别准则：将内部收益率 IRR 与基准折现率 i_c 进行比较，若 IRR $\geqslant i_c$，则 NPV $\geqslant 0$，表示项目在经济效果上可以接受；若 IRR $< i_c$，则 NPV < 0，表示项目在经济效果上不可接受。

【例 4.21】 某项目净现金流量见表 4.3。当基准折现率 i_c=12% 时，试用内部收益率指标判断该项目在经济效果上是否可以接受。

表 4.3 净现金流量表

年序	0	1	2	3	4	5
净现金流量	−100	20	30	20	40	40

【解】 设 i_1=10%，i_2=15%，分别计算其净现值，得

NPV_1=−100+20（P/F，10%，1）+30（P/F，10%，2）+20（P/F，10%，3）+40（P/F，10%，4）+40（P/F，10%，5）=10.16（万元）

NPV_2=−100+20（P/F，15%，1）+30（P/F，15%，2）+20（P/F，15%，3）+40（P/F，15%，4）+40（P/F，15%，5）=−4.02（万元）

由式（4.34）得

$$\text{IRR} = 10\% + \frac{10.16}{10.16 + 4.02}(15\% - 10\%) = 13.6\%$$

因为内部收益率 13.5% 大于基准折现率 12%，所以项目经济效果可以接受。

4.4.4 技术经济分析方法的应用

【例 4.22】 某项目有三个备选方案，经济数据见表 4.4，已知三个方案的寿命都是 10 年，设基准收益率为 10%，试用净现值判断应该选择哪个方案。

表 4.4 项目数据表 单位：万元

方案	初始投资额	年销售收入
A	30	50
B	35	70
C	50	90

【解】 方案 A：NPV_A=−30+50（P/A，10%，10）=−30+50×6.1445
=277.23（万元）

方案 B：$NPV_B=-35+70（P/A，10\%，10）=-35+70×6.1445$

$=395.12$（万元）

方案 C：$NPV_C=-50+90（P/A，10\%，10）=-50+90×6.1445$

$=503.01$（万元）

因为方案 C 的净现值最大，所以应选择方案 C。

【例 4.23】 建筑公司要购买一批施工设备，现有两种设备可供选择，有关数据见表 4.5，基准收益率为 12%，那么应该选择哪种设备？

表 4.5　设备相关数据表

设备	总投资 / 万元	使用寿命 / 年	年收入 / 万元	年经营成本 / 万元	净残值 / 万元
甲	1.6	6	1.1	0.52	0.15
乙	2.7	9	1.1	0.46	0.3

【解】 $AE_甲=-1.6（A/P，12\%，6）+（1.1-0.52）+0.15（A/F，12\%，6）$

$=-1.6×0.2432+0.58+0.15×0.1232=0.21$（万元）

$AE_乙=-2.7（A/P，12\%，9）+（1.1-0.46）+0.3（A/F，12\%，9）$

$=-2.7×0.1877+0.64+0.3×0.0677=0.15$（万元）

由于 $AE_甲>AE_乙$，所以应该选择设备甲。

上述两个案例都属于多方案经济评价，各个方案都是互不影响、相互独立的。对于寿命期相同的方案，常采用净现值法进行技术经济评价，而对于寿命期不同的方案，则常采用年度等值法进行评价。

【例 4.24】 三个部门 A、B、C，每个部门提出了若干个方案，其有关数据见表 4.6。假设只能投资两个部门的方案，但是部门内部的投资方案是互斥的，寿命期为 8 年，基准收益率为 10%。若资金限额 450 万元，则应选择哪些方案？

表 4.6　方案数据表　　　　　　　　单位：万元

部门	方案	投资额	年净收益
A	A_1	100	28
	A_2	200	50
B	B_1	100	14
	B_2	200	30
	B_3	300	45
C	C_1	100	51
	C_2	200	6
	C_3	300	87

【解】 1）先求各个方案的净现值并判断其可行性。各个方案的净现值见表 4.7，从表中可以看出，B 部门的所有投资方案均不可行。

表 4.7　各方案净现值表　　　　单位：万元

部门	方案	投资额	净现值
A	A_1	100	49.40
A	A_2	200	66.70
B	B_1	100	−25.30
B	B_2	200	−35.95
B	B_3	300	−59.93
C	C_1	100	172.08
C	C_2	200	136.10
C	C_3	300	164.16

2）将可行的方案进行组合，求出每一组合的净现值，净现值最大的组合就是最优组合。各组合方案及其净现值见表 4.8。从表中可以看出，由 A_2 和 C_1 组成的方案组合净现值最大，为 238.78 万元，该组合即最优组合。

表 4.8　各组合方案及净现值表　　　　单位：万元

序号	方案	投资额	净现值
1	A_1	100	49.40
2	A_2	200	66.70
3	C_1	100	172.08
4	C_2	200	136.10
5	C_3	300	164.16
6	A_1、C_1	200	221.48
7	A_1、C_2	300	185.50
8	A_1、C_3	400	213.60
9	A_2、C_1	300	238.78
10	A_2、C_2	400	202.80
11	A_2、C_3	500	投资超限

该类有资金约束条件的方案评价，往往先评价各个方案的可行性，舍弃不可行的方案。然后在总投资额不超过资金限额的情况下，进行独立方案的组合，并对每一组合方案进行评价，最终选择出最优方案。

链　接

线性内插法

线性内插法是根据一组已知的未知函数自变量的值和它相对应的函数值，利用等比关系去求未知函数其他值的近似计算方法，是一种求未知函数逼近数值的求解方法。如图 4.7 所示，若插值计算的近似值为 IRR*，实际值为 IRR，则可以根据等比关系建立一个方程，即

$$\frac{IRR^* - i_1}{i_2 - i_1} = \frac{NPV_1}{NPV_1 + |NPV_2|}$$

求解方程即可得

$$IRR^* = i_1 + \frac{NPV_1}{NPV_1 + |NPV_2|}(i_2 - i_1)$$

而当 i_1 与 i_2 足够靠近时，可以认为 $IRR \approx IRR^*$。

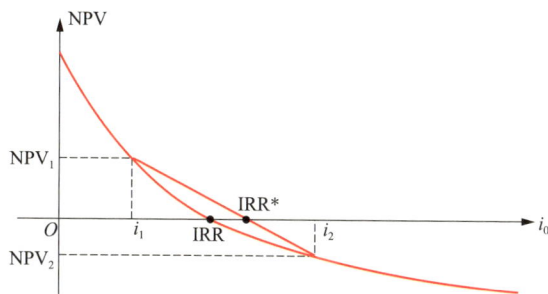

图 4.7　线性内插法示意图

4.5　不确定性分析

知识导入

　　由于经济形势变化、技术进步、政策制度变化、项目经济寿命变动等不确定性因素的存在，人们对未来情况无法作出精确无误的预测，技术方案经济效果评价所使用的计算参数也就不可避免地存在一定的不确定性。因此，在投资项目实际执行过程中，某些因素的变动很可能会导致项目经济效益指标偏离原来的预测值。所以，我们需要对项目进行不确定性分析，明确不确定因素对经济效益指标的影响范围，确定评价结果的有效界限，提高评价结论的可靠性。

趣　闻

概率小故事——狄青特制两面钱币鼓舞士气取胜

　　南俗尚鬼，狄武襄征侬智高时，大兵始出桂林之南，因祝曰："胜负无以为据。"乃取百钱自持之，与神约："果大捷，投此钱尽钱面。"左右谏止："倘不如意，恐阻师。"武襄不听，万众方耸视，已而挥手倏一掷，百钱皆面，于是举军欢呼，声震林野。武襄亦大喜，顾左右取百钉来，即随钱疏密，布地而帖钉之，加以青纱笼，手自封焉，曰："俟凯旋，当谢神取钱。"其后平邕州还师，如言取钱。幕府士大夫共视，乃两面钱也。——［明］冯梦龙《智囊术智部》

译文：

北宋皇祐四年（公元1052年），广源州部族首领侬智高起兵反宋，夺取了许多州县，情势十分危急，北宋朝廷派出了名将狄武襄（狄青）带兵前往镇压。

狄青是西北名将，但他此前从来没在南方用过兵，胜负确实难料，但越是这个时候越是要稳定军心，鼓舞士气。在那个时代，向神仙祈祷许愿是一种大家都很相信的方式，而且当时南方地区很崇拜鬼神。狄青率领部队经过桂林往南，在一座神庙里，他故作为难地说："想要大家相信神仙会保佑我们取胜，拿什么做凭证呢？"于是，他拿出一百个钱来，与神仙相约："要是出征能够获胜，所有的钱币落在地上都是正面朝上的。"

一百个钱币都要正面朝上，这个概率比打胜仗的概率还要小，弄不好还会打击士气，部下纷纷制止狄青这种赌博式的行为。狄青却似乎要孤注一掷，将士们只得睁大眼睛，提心吊胆地看着即将发生的一幕。只见狄青将一百枚钱币随便一抛，居然每一枚都是正面朝上！

此乃天意？还是狄将军骰子玩得多，手法好？将士们都相信这是天意，于是欢声雷动，"声震林野"，狄青也受了大家情绪的感染，高高兴兴地叫左右弄了一些钉子过来，将钱币钉在地上，保持原来的样子，然后用青纱盖好。狄青亲手将其封好，说："等到凯旋之日，我们取钱谢神。"

受此鼓舞，将士们一个个斗志昂扬地开赴前线。最终，宋军取得昆仑关大捷，击败侬智高所部，然后回到那座神庙，按照前面答应的来打开青纱取钱。幕僚将士们翻转那些钱币一看，原来两面都是正面的！

狄青特制了这些钱币，其实就是披着许愿的外衣，给将士们一个积极的心理暗示："老天保佑，我们必胜"。这当中显示的，完全是个人的智慧。（资料来源于网络）

教学内容

在对项目进行技术经济分析时，其评价所依据的主要数据，如投资额、经营成本、贷款利息等，都是预测或估算出来的。尽管预测这些数据时采用了科学的方法，但在项目实施过程中，项目的外部环境会发生难以想象的变化，导致这些数据同将来实际发生的情况相比有所不同，从而产生了不确定性。

所谓不确定性分析，就是针对项目技术经济分析中存在的不确定性因素，分析其在一定幅度内发生变动时对项目经济效益的影响程度，它对确保项目取得预期经济效益具有十分重要的意义。不确定性分析包括盈亏平衡分析、敏感性分析和概率分析。

4.5.1　盈亏平衡分析

　　盈亏平衡分析又叫损益平衡分析或量本利分析，它是根据建设项目正常情况下的产量、成本、税金等，研究建设项目产量、成本、售价、利润之间的平衡关系，确定盈亏平衡点的分析方法。当项目的收益与成本相等盈利为 0 时，称为盈亏平衡点，盈亏平衡点是盈利与亏损的转折点。一般来说，项目的盈亏平衡点越低，项目对不确定因素变化所带来的风险承受能力越强，项目盈利的可能性也就越大。

　　盈亏平衡分析将生产成本分为固定成本和变动成本，计算式如式（4.35）所示。

$$C_T = C_F + C_u Q \tag{4.35}$$

式中：C_T——生产总成本；

　　　　C_F——固定成本总额；

　　　　C_u——单位产品变动成本；

　　　　Q——产量（销量）。

此外，线性盈亏平衡分析还应满足以下假设。

1）产量等于销量。

2）单位产品可变成本不随产量的变化而发生变动，生产总成本是产量的线性函数。

3）销售单价不随产量的变化而变化，销售收入是销售量的线性函数。

4）只生产单一产品，或者生产多种产品，但可换算为单一产品计算。

线性盈亏平衡分析通常采用图解法和数解法两种。

1. 图解法

　　图解法是利用盈亏平衡分析图来分析项目的产量与成本、销售收入之间的关系，如图 4.8 所示。图中，横轴表示产量，纵轴表示费用（总成本或总销售收入）。当产品销售单价不变时，销售收入与销量呈线性关系，其计算式如式（4.36）所示。

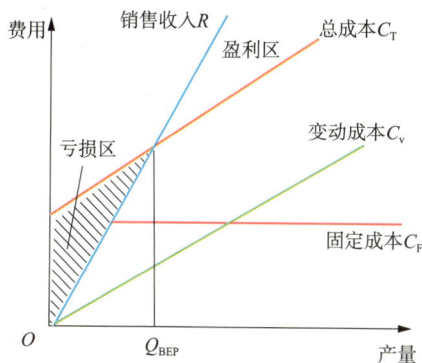

图 4.8　盈亏平衡分析图

$$R=(P-t)Q=P(1-t^1)Q \tag{4.36}$$

式中：R——项目的总销售收入；

    P——产品销售单价（含税）；

    t——单位产品的销售税金；

    t^1——产品销售税率。

图 4.8 中，变动成本 C_v 是随产量的变化而呈线性变化的，总成本 C_T 是固定成本 C_F 和变动成本 C_v 之和，也呈线性变化。总销售收入线 R 和总成本线 C_T 的交点称为盈亏平衡点，该点所对应的产量 Q_{BEP} 表示盈亏平衡时的产量，即项目利润为零时的临界产量。在平衡点上，总销售收入等于总成本，利润为零。在该点左侧区域，总成本高于总销售收入，为亏损区；在该点右侧区域，总销售收入大于总成本，为盈利区。盈亏平衡点越低，即 Q_{BEP} 越小，说明项目只要有少量的产销量即可不发生亏损，也就意味着项目抗风险能力强，获利能力好。

2. 数解法

数解法是以代数方程式来表达产品销量、成本、利润的数量关系，然后据此确定盈亏平衡点的方法。

由盈亏平衡时的总成本与总销售收入相等，结合式（4.35）与式（4.36），则

$$P(1-t^1)Q_{BEP}=C_F+C_uQ_{BEP}$$

所以，盈亏平衡点的产量为

$$Q_{BEP}=\frac{C_F}{P(1-t^1)-C_u} \tag{4.37}$$

盈亏平衡点生产能力利用率为

$$F_{BEP}=\frac{Q_{BEP}}{Q_C} \tag{4.38}$$

式中：Q_C——项目的设计生产能力。

同理，由盈亏平衡时的总成本与总销售收入相等，得到盈亏平衡点价格为

$$P_{BEP}=\frac{\frac{C_F}{Q_C}+C_u}{1-t^1} \tag{4.39}$$

【例 4.25】 某项目生产能力为 120 万吨，单位产品含税售价 P 为 150 元/吨，单位产品变动成本 C_u 为 40 元/吨，固定成本总额 C_F 为 6000 万元，综合税率为 13.85%，计算盈亏平衡产量、盈亏平衡点生产能力利用率及 P_{BEP}。

【解】 $Q_{BEP}=\dfrac{C_F}{P(1-t^1)-C_u}=\dfrac{6000}{150\times(1-13.85\%)-40}=\dfrac{6000}{89.225}=67.25$（万吨）

$F_{BEP}=\dfrac{Q_{BEP}}{Q_C}=\dfrac{67.25}{120}\times100\%=56\%$

$P_{BEP}=\dfrac{\frac{C_F}{Q_C}+C_u}{1-t^1}=\dfrac{\frac{6000}{120}+40}{1-13.85\%}=104.47$（万元）

盈亏平衡分析的原理可以用于对多个方案进行优劣比较分析。如果两个或两个以上的方案，其成本都是同一变量的函数时，便可以找到该变量的某一数值，恰能使对比方案的成本相等，对应的这个变量的值，就是方案的优劣平衡点。

设有两个互斥方案，它们的成本函数决定于一个共同的变量 Q 时，有

$C_1=f_1（Q）$；$C_2=f_2（Q）$

令 $C_1=C_2$，即 $f_1（Q）=f_2（Q）$

由此可求出 Q 值，即两个方案费用平衡时的变量值，据此可判断方案的优劣性。对于两个以上方案的优劣分析，其原理与两个方案的优劣分析相同，仍然先设共同变量，再以共同变量建立每个方案的成本费用函数方程，如

$$C_1=f_1（x）；$$
$$C_2=f_2（x）；$$
$$C_3=f_3（x）；$$
$$\vdots$$

不同之处是在求优劣平衡点时，要对每两个方案进行求解，分别求出两个方案的平衡点，然后两两比较，选择其中最经济的方案。

【例 4.26】　现有一挖土工程，有两个挖土方案：一是人力挖土，单价为 3.5 元 /m³；另一是机械挖土，单价为 2 元 /m³，但需购置机械花费 15000 元，问在什么情况下（土方量为多少时），应采用人工挖土？

【解】　设土方量为 Q，则

人工挖土费用：$C_1=3.5Q$

机械挖土费用：$C_2=2Q+15000$

令 $C_1=C_2$，可得 $Q=10000\text{m}^3$

所以，当土方量小于 10000m³ 时，应采用人工挖土。

4.5.2　敏感性分析

在项目评估中，不确定因素的存在会影响到项目评估指标的可靠性和准确性，而不同因素的影响结果不同。敏感性分析又叫灵敏度分析，它主要研究不确定性因素的变化大小对项目经济效益的影响程度，通过敏感性分析，找出影响项目经济效益最关键的主要因素，并确定项目可行区间，对项目提出合理的控制与改善措施，扬长避短，以便达到最佳经济效益。

所谓敏感性大小，是指经济效益评价值对不确定性因素变化的敏感程度。通常把对经济效益评价值产生强烈影响的不确定性因素叫作敏感因素，而把相对较弱者叫作不敏感因素。

敏感性分析的方法主要是因素替换法，又叫逐项替换法。做法是：将方案中的变动因素每次替换其中的一个，只变动某个因素而令其他因素固定不变，观察其变动的因素对方案经济效果的影响程度，从而确定其是否为敏感因素；然后逐次替换其他因

素，计算出其他影响因素的敏感性，直到得出方案全部影响因素的敏感性为止。敏感性分析的具体步骤如下。

1）确定敏感性分析指标。

2）选择影响项目指标的不确定性因素。

3）按照预先给定的变化幅度（如 ±10%、±15%、±20% 等），先改变一个变量因素，而其他因素不变，计算该因素的变化对经济效益指标的影响程度。逐一进行，对所有变量因素进行考察。

4）在逐步计算的基础上，将结果加以整理，可绘制敏感性分析图进行分析，选择其中变化幅度大的因素为敏感因素，变化幅度小的因素为不敏感因素。

5）综合分析，采取对策。

【例 4.27】　某工程项目的全部投资为 100 万元，设计年生产能力为 10 万件。预计每件产品的售价为 12 元，单位产品经营成本为 8 元，项目寿命期为 10 年，期末可获残值 5 万元。若基准折现率为 10%，试根据项目特点选择总投资、单位产品经营成本、售价和年产量四个不确定因素，均按 ±10% 和 ±20% 的幅度变动，对该工程项目的净现值作敏感性分析。

【解】　$NPV =$ − 投资 +（价格 − 经营成本）× 年产量 ×（P/A，10%，10）+ 残值 ×（P/F，10%，10），敏感性分析结果见表 4.9。

表 4.9　敏感性分析表

项目		总投资 /万元	年产量 /万件	售价 /（元/件）	单位产品经营成本 /（元/件）	期末残值 /万元	项目寿命期 /年	基准折现率 /%	净现值 /万元
基本方案		100	10	12	8	5	10	10	147.71
总投资变动	−20%	80	10	12	8	5	10	10	167.71
	−10%	90	10	12	8	5	10	10	157.71
	+10%	110	10	12	8	5	10	10	137.71
	+20%	120	10	12	8	5	10	10	127.71
单位产品经营成本变动	−20%	100	10	12	6.4	5	10	10	246.02
	−10%	100	10	12	7.2	5	10	10	196.87
	+10%	100	10	12	8.8	5	10	10	98.55
	+20%	100	10	12	9.6	5	10	10	49.40
售价变动	−20%	100	10	9.6	8	5	10	10	0.24
	−10%	100	10	10.8	8	5	10	10	73.98
	+10%	100	10	13.2	8	5	10	10	221.45
	+20%	100	10	14.4	8	5	10	10	295.18
年产量变动	−20%	100	8	12	8	5	10	10	98.55
	−10%	100	9	12	8	5	10	10	123.13
	+10%	100	11	12	8	5	10	10	172.29
	+20%	100	12	12	8	5	10	10	196.87

根据表 4.9 计算结果绘制敏感性分析图，如图 4.9 所示。从图表中可以看到，产品销售价格是影响该工程项目净现值的最敏感因素，而最不敏感因素是总投资额。决策人可以根据上述分析，对该工程项目方案作出合理的判断。

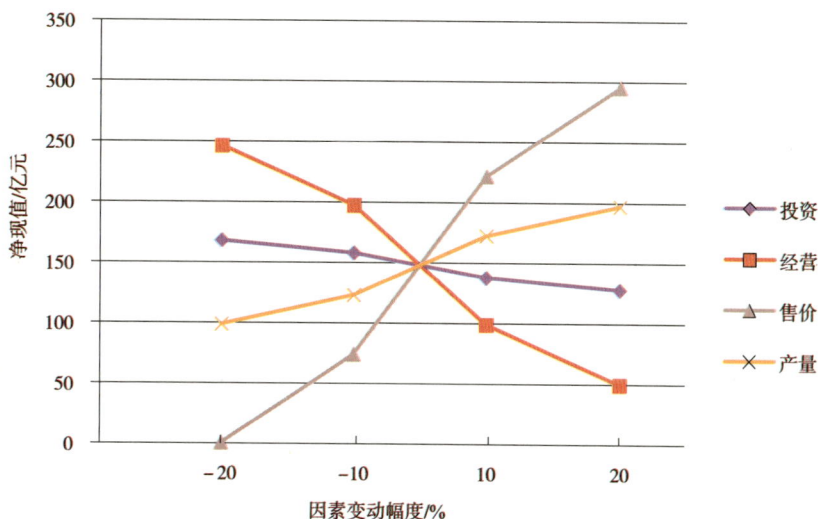

图 4.9　敏感性分析图

4.5.3　概率分析

概率分析又叫风险分析，是根据随机事件出现的概率来研究不确定性因素对项目评价指标的影响程度的一种定量分析方法。它通过计算项目经济寿命周期内现金流量的期望值和经济效益评价指标的期望值来判断项目的风险程度。一般是计算项目净现值的期望值及净现值大于或等于零时的累计概率值，累计概率值越大，项目亏损的概率越小，承担的风险也越小。

期望值计算公式如式（4.40）所示。

$$E_{(X)} = \sum_{i=1}^{n} X_i P_i \tag{4.40}$$

式中：$E_{(X)}$——不确定性因素 X 的期望值；

X_i——不确定性因素 X 的取值；

P_i——不确定性因素 X 取值为 X_i 时的概率。

【例 4.28】　施工管理人员需要决定某项工程下个月是否开工。若开工后不下雨，则可按期完工，获利润 50000 元；如遇下雨天气，则会造成 10000 元的损失；假如不开工，无论何种天气都要付窝工费 1000 元。据气象预测，下月不下雨的概率为 0.2，下雨的概率为 0.8，试利用期望值的大小为管理人员作出决策。

【解】　开工方案的期望值为

$E_1 = 50000 \times 0.2 + (-10000) \times 0.8 = 2000$（元）

不开工方案的期望值为

E_2=-1000×0.2+（-1000）×0.8=-1000（元）

所以，应选择开工方案。

🕐 **链 接**

蝴蝶效应

一只南美洲亚马孙河流域热带雨林中的蝴蝶，偶尔扇动几下翅膀，可以在2周以后引起美国得克萨斯州的一场龙卷风。其原因就是蝴蝶扇动翅膀的运动，导致其身边的空气系统发生变化，并产生微弱的气流，而微弱气流的产生又会引起四周空气或其他系统产生相应的变化，由此引起一个连锁反应，最终导致其他系统的极大变化。当然，"蝴蝶效应"主要还是关于混沌学的一个比喻，表示不起眼的一个小动作却能引起一连串的巨大反应。古语有云"风起于青蘋之末"，就是典型的蝴蝶效应。

4.6 价值工程

知识导入

假如有两支笔，其使用功能和美观的得分见表4.10，问：应买哪支笔？

表4.10　甲、乙两支笔的指标

类别	使用功能	美观	功能总分	售价	功能／售价
甲	50	45	95	100	0.95
乙	40	40	80	50	1.6

在生活中，人们总是希望购买的商品能够"价廉物美"，那么，如何使产品或者方案达到相应的性价比要求呢？这就需要我们认真学习本节的知识内容，从中来获得答案。

趣 闻 📝

头脑风暴

头脑风暴法（brain storming），出自"头脑风暴"一词，由美国BBDO广告公司的奥斯本首创。所谓头脑风暴，最早是精神病理学上的用语，指精神病患者的精神错乱状态，如今转而为无限制地自由联想和讨论，其目的在于产生新观念或激发创新设想。

在群体决策中，群体成员由于心理相互作用影响，易屈于权威或大多数人意见，形成所谓的"群体思维"。群体思维削弱了群体的批判精神和创造力，损害了决策的质量。为了保证群体决策的创造性，提高决策质量，管理上发展了一系列改善群体决策的方法，头脑风暴法就是较为典型的一个。

教学内容

4.6.1　价值工程的概念

1. 价值、功能和成本

价值工程中的"价值"是指对象所具备的功能与获得该功能的全部费用之比。计算式见式（4.41）。

$$V=F/C \tag{4.41}$$

式中：V——价值（value）；

　　　F——功能（function）；

　　　C——成本（cost）。

这里的价值是对象的比较价值，大小取决于功能和成本。产品的价值高低表明产品合理有效利用资源的程度和产品物美价廉的程度。产品价值高，其资源利用程度就高；价值低的产品表明其资源没有得到有效利用，应设法改进和提高。这个价值是把功能与成本、技术与经济结合起来进行评价的一个指标。

价值工程中的功能是对象满足某种需求的一种属性，是商品使用价值的体现。使用价值是商品的自然属性。衡量价值的大小主要看功能与成本的比值如何。人们一般对商品有"物美价廉"的要求，"物美"实际上就是反映商品的性能、质量水平，"价廉"就是反映商品的成本水平。

2. 价值工程的特点

价值工程具有以下特点。

1）价值工程以功能分析为核心。价值工程中的功能是研究对象满足某种需求的一种属性，是产品使用价值的体现。价值工程要研究并切实保证用户要求的功能。由于设计制造等方面的原因，产品在具备满足用户基本需求的特有功能的同时，可能存在一些多余的功能，从而产生一些不必要的成本。因此，价值工程通过功能分析，确定哪些功能是产品的必要功能，哪些是需要削弱甚至去除的多余功能，从而加以改进，降低成本。

2）价值工程的目标，是寻求以最低的寿命周期成本，可靠实现产品或作业的必要功能。建筑产品在整个寿命周期过程中所发生的费用称为寿命周期成本（寿命周期费

用 C），包括建设费用 C_1 和使用费用 C_2 两部分，前者是指建筑产品从筹建直到竣工验收为止的全部费用，后者是指用户在使用过程中所发生的各种费用，即 $C=C_1+C_2$。如图 4.10 所示，随着建筑产品的功能水平提高，建筑产品的使用费用降低，但是建设费用增高；反之，使用费用增高，建设费用降低。最低寿命周期费用 C_{min} 所对应的功能水平 F_0 是从费用方面考虑的最为适宜的功能水平。

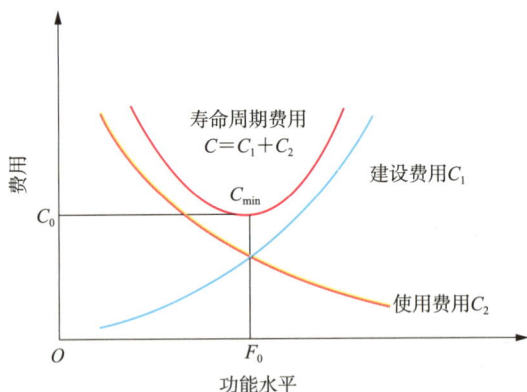

图 4.10　寿命周期费用与功能水平的关系

3）价值工程是有组织的创造性活动。价值工程研究的问题涵盖了建筑产品的整个寿命周期，涉及设计、工艺、采购、加工、管理、销售、用户、财务等各个方面，需要调动各方面的积极性，发挥集体智慧，共同协作，才能达到提高方案价值的目的。同时，价值工程强调不断改革创新，开拓新思路，创造新功能载体，从而提高产品的技术经济效益。所以，价值工程是有组织的创造性活动。

3．提高价值的途径

根据价值工程的基本原理公式 $V=F/C$，可以得到 5 种提高价值的途径。

1）在提高产品功能的同时，降低产品成本，这是提高价值最为理想的途径，也可实现对资源最有效的利用。

2）在产品成本不变的条件下，通过改进设计等途径提高产品的功能，达到提高产品价值的目的。

3）在保持产品功能不变的前提下，通过新设计、新材料、新技术、新工艺以及新型高效管理办法来降低成本，达到提高价值的目的。

4）在适度增大产品成本的同时，使产品功能有较大幅度提高，即功能的提高幅度超过了成本的提高幅度，价值还是提高了。

5）产品功能略有下降，产品成本则大幅度降低，即功能下降的幅度小于成本下降的幅度，这样也可以达到提升产品价值的目的。

总之，在产品形成的各个阶段都可以应用价值工程提高产品价值，但在不同的阶段进行价值工程活动，其经济效果却是大不相同的。对于建设工程而言，价值工程更侧重于建筑产品的规划与设计阶段。当然，在施工阶段也可以开展大量价值工程活动，以寻求技术、经济、管理的突破，获得最佳的综合效果。

4.6.2　开展价值工程的实施步骤

开展价值工程是一个发现问题、解决问题的过程。针对价值工程的研究对象，价值工程的实施步骤可以围绕 7 个基本问题（VE 的提问）的解决而展开，这 7 个问题决定了价值工程的一般工作程序，见表 4.11。

表 4.11　价值工程的一般工作程序

价值工程工作阶段	工作步骤	VE 的提问
准备阶段	对象选择与信息资料收集	VE 的对象是什么
分析问题	功能定义与整理	它是干什么用的
	功能成本分析	其成本是多少
	功能评价	其价值是多少
综合研究	方案创造	有无其他方法实现同样的功能
	方案评价	新方案的成本是多少
实施阶段	试验和提案	新方案能满足要求吗
	评价活动成果	

注：VE，即价值工程（value engineering）的简称。

价值工程的主要工作步骤如下。

1. 对象选择与信息资料收集

选择对象的过程就是缩小研究范围、明确研究对象的过程。选择对象时，应选择那些经营上迫切需要改进的产品、功能和成本降低潜力大的产品。从生产设计方面考虑，应选择结构复杂、质量或尺寸较大、材料贵、性能差、技术水平低的对象；从市场销售角度考虑，应选择用户意见多、系统配套差、维修能力低、产量大、工艺复杂的产品或者配件；从成本方面考虑，则应该选择成本高于同类产品或高于功能相似的产品者作为选择对象。价值工程选择对象常用以下方法。

（1）经验分析法

经验分析法又称因素分析法，是一种定性分析方法，是组织有丰富实践经验人员对已收集的资料进行分析讨论然后选择对象的一种方法。这种方法简便易行，但是缺乏定量数据，不够精确，受人员主观性影响比较大。可用于对象初选阶段，可以考虑从设计、制造、销售和成本等几方面进行综合分析，选择成功概率大、经济效益高的产品和零部件作为价值工程的重点对象。

（2）ABC 分析法

ABC 分析法是一种定量分析方法。做法是将成本百分比标在纵坐标轴上，产品或零部件占有的数量百分比标在横坐标轴上，绘出分配曲线图，从成本和数量占比情况来选择对象。例如，某产品的比重分布曲线图如图 4.11 所示，从图上可以看出，组成产品的零部件有 A、B、C 三大类，A 零件数量占 20%，成本占 80%；B 类零部件数量占 30%（图中横轴 20%～50% 区间段），成本占 10%（图中纵轴 80%～90% 区间段）；C 类零部件数量占 50%（图中横轴 50%～100% 区间段），成本占 10%（图中纵轴 90%～100% 区间段）。A 类零部件数量少，成本占比比较大，应选择 A 类零部件作为 VE 的重点分析对象，B 类可以只作一般分析，而 C 类可以不加分析。

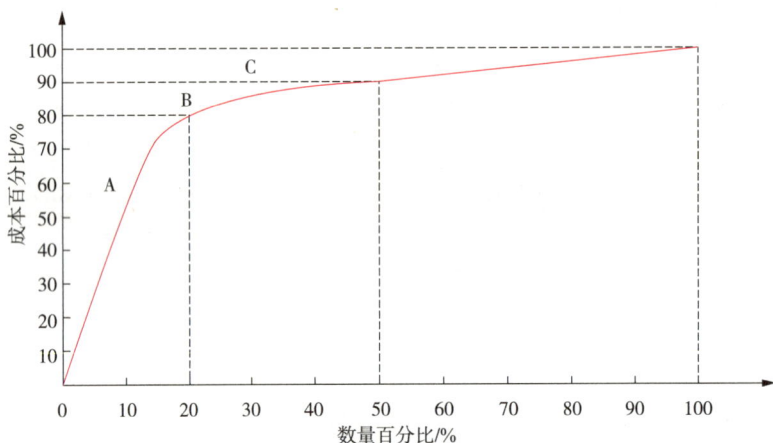

图 4.11　某产品比重分布曲线图

ABC 分析法的优点是能抓住重点，把数量少而成本大的零部件或工序作为 VE 对象，便于重点突破。缺点是对 A 类产品开展 VE 分析时通常所需时间、人力和财力水平较高，并且可能忽略一些有 VE 潜力的零件，需要运用其他方法综合分析。

（3）强制确定法

强制确定法是以功能重要程度作为 VE 对象选择指标的分析方法，该方法在对象选择、功能评价、方案评价中均可使用。通过求功能评价系数、成本系数来计算价值系数，并把价值系数不为 1 的对象作为 VE 对象。产品由若干个零件组成，采用强制确定法确定 VE 对象，其具体做法包括以下几个步骤。

① 求零件的功能评价系数。功能评价系数 $F=$ 各零件累计得分 / 全部零件总分。

② 计算成本系数。成本系数 $C=$ 各零件目前成本 / 产品总成本。

③ 计算零件的价值系数。价值系数 $V=$ 功能评价系数 F / 成本系数 C。

④ 确定 VE 对象。

若价值系数＜1，即功能评价系数小于成本系数，表明评价对象的现实成本偏高，而功能要求不高，应将该评价对象作为 VE 重点分析的对象。另一种可能是功能虽无过剩，但实现功能的条件或方法不佳，以致实现功能的成本大于功能的实际需要。

若价值系数＞1，即功能评价系数大于成本系数，说明该评价对象功能比较重要，但成本偏低，这时可能是存在过剩的功能。是否应将该评价对象作为 VE 对象，提高成本，应视情况而定。

若价值系数 =1，表示功能评价系数等于成本系数，说明评价对象的价值为最佳，一般无需改进。

信息资料是价值工程实施过程中进行价值分析、比较、评价和决策的依据。信息资料包含用户、销售、科学技术、企业生产经营等方面的信息，还包括经济方面、政府和社会有关部门法规条例等方面的信息。收集信息资料时，要遵循目的性、计划性、可靠性、适时性的原则，可以使用询问法、查询法、观察法、购买法、试销试用法等进行收集。

2. 功能分析

功能分析是价值工程活动的核心内容。它通过分析信息资料，正确表达对象功能，明确功能特性要求，绘制功能系统图，在此基础上，依据掌握的用户功能要求，对功能进行定量评价，以确定提高价值的重点改进对象。

（1）功能定义

根据功能的不同特性，可以将功能做以下分类。

1）按功能的重要程度分类，一般可分为基本功能和辅助功能。基本功能是产品必不可少的功能，是产品的主要功能，它决定了产品的性质。辅助功能是为了更有效地实现基本功能而添加的功能。例如，承重外墙的基本功能是承受荷载，非承重墙的基本功能就是围护和分隔空间，而隔声、隔热则是墙体的辅助功能。

2）按功能的性质分类，功能可划分为使用功能和美学功能。建筑产品的使用功能一般包括供人们生活、居住、从事社会性公共活动、工业生产活动等。建筑产品的美学功能一般包括造型、色彩、图案等。

3）按用户的需求分类，功能可分为必要功能和不必要功能。必要功能是指用户所需要的功能以及为满足使用者的需求所必须具备的功能，如使用功能、美学功能、基本功能、辅助功能等。不必要功能是不符合用户需求的功能，或者与满足使用者需求无关的功能，如多余功能、重复功能、过剩功能。

4）按功能的量化标准分类，功能可分为过剩功能与不足功能。过剩功能是指某些虽属必要，但满足需要有余，在数量上超过了用户要求或标准水平的功能。不足功能是相对于过剩功能而言的，表现为产品整体功能或零部件功能水平在数量上低于标准功能水平，不能完全满足用户需要。

功能定义就是根据收集到的信息资料，透过对象产品或部件的物理特征（或现象）找出其效用或功用的本质内容，逐项加以区分并规定效用，以简洁的语言描述出来。

功能定义要求用动词和名词宾语把功能简明扼要地定义出来，主语是被定义的对象。例如，基础的功能是"承受荷载"，这里"基础"是功能承担体。

（2）功能整理

功能整理是用系统的观点将已经定义出的功能加以系统地分析整理，找出各局部功能相互之间的逻辑关系，分清功能类别，建立功能系统图，以明确产品的功能系统，从而为功能评价和方案构思提供依据。

例如，平屋顶的基本功能是遮盖室内空间，为实现该项功能，平屋顶必须具有遮蔽顶部、防水、保温隔热等功能，这些功能是并列关系的，都是实现遮盖室内空间的手段。因此，遮盖室内空间是上位功能，遮蔽顶部、防水、保温隔热等是遮盖室内空间的下位功能，即上位功能是目的，下位功能是手段。

（3）功能评价

功能评价是在功能分析的基础上，应用一定的科学方法，进一步求出实现某种功能的最低成本（或称目标成本），并以此作为功能评价的基准（也称功能评价值）通过与实现该功能的现实成本（或称目前成本）相比较，求得两者的比值即功能价值；两者差值为成本改善期望值，也就是成本降低幅度。

功能评价的基本程序如下。

1）计算功能现实成本 C。

2）计算成本指数。成本指数是指评价对象的现实成本在全部成本中所占的比重。

3）计算功能评价值 F。对象的功能评价值 F 是指可靠地实现用户要求功能的最低成本。求功能评价值的方法较多，常用功能重要性系数评价法，即在确定功能重要性系数之后，将产品的目标成本按功能重要性系数分配给各功能区作为该功能区的目标成本，即功能评价值。

4）计算功能价值。功能价值 V 的计算方法可以分为两大类，即功能成本法与功能指数法。

① 功能成本法。

功能成本法的计算公式见式（4.42）。

$$价值系数\ V = \frac{功能评价值\ F}{功能现实成本\ C} \tag{4.42}$$

根据上述计算公式，功能价值系数的结果包括以下几种。

$V=1$，表示功能评价值等于功能现实成本。这表明评价对象的功能现实成本与实现功能所必需的最低成本大致相当，说明评价对象的价值为最佳，一般无需改进。

$V<1$，此时功能现实成本大于功能评价值。这表明评价对象的现实成本偏高，而功能要求不高，所以可能存在着过剩的功能；也可能功能虽无过剩，但实现功能的条件或方法不佳，致使实现功能的成本大于功能的实际需要。

$V>1$，说明该对象的功能比较重要，但分配的成本较少，即功能现实成本低于功能评价值。应具体分析，可能功能与成本分配已较理想，或者有不必要的功能，或者应该提高成本。

② 功能指数法。

功能指数法的计算公式见式（4.43）。

$$V_i = \frac{F_i}{C_i} \tag{4.43}$$

式中：V_i——第 i 个评价对象的价值系数；

$\quad\quad F_i$——第 i 个评价对象的功能指数；

$\quad\quad C_i$——第 i 个评价对象的成本指数。

其计算结果可以分为 3 种情况。

$V=1$，表示功能比重与成本比重大致平衡，表明评价对象目前的成本比较合理，一般无需改进。

$V<1$，此时功能比重小于成本比重，表明评价对象的成本比重偏高，应列为改进对象。

$V>1$，说明功能比重大于成本比重，表明该功能重要但成本很少，或者有不必要（过剩）的功能，或者应该提高成本。

5）选择价值系数低的功能或功能区域作为重点改进对象。

3. 方案创造与评价

（1）方案创造

方案创造是从提高对象的功能价值出发，在正确的功能分析和评价的基础上，针对应改进的具体目标，通过创造性的思维活动，提出能够可靠实现必要功能的新方案。价值工程能否取得成功，关键在于功能分析评价之后能否构思出可行的方案。常用的方法有头脑风暴法、模糊目标法（哥顿法）和专家函询法（德尔菲法）等。

1）头脑风暴法。头脑风暴法的做法是由提案人在正常融洽和不受任何限制的会议气氛中，积极思考，畅所欲言，抓住瞬间的灵感或意识进行讨论、座谈，充分发表看法。

2）模糊目标法。模糊目标法也称哥顿法。其做法是，主持者不把待解决的问题全部摊开，而只是把问题抽象地介绍给参与人，要求参与人大胆地提出各种设想。此过程主持人要善于引导，等到适当时机再把问题讲明，以做进一步研究。

3）专家函询法。专家函询法也称德尔菲法。这种方式不采用开会的形式，而是由组织者把已构思的方案以信函的方式分发给有关专家。随后将专家意见汇总并进行整理归纳，再匿名反馈给各专家，再次征求意见。如此反复几次，直至得到趋于一致的意见。

（2）方案评价

方案评价是在方案创造的基础上，对新构思方案的技术、经济和社会效果等几方面进行评价，以便于选择最佳方案。方案评价一般分为概略评价、详细评价两种：概略评价可采用定性分析法对方案进行初选，舍弃明显不合理的方案；详细评价要将各提案和原方案放在一起评价经济性、技术特性等的优劣，这是多目标决策问题，常用的方法有打分法、加权打分法等。

（3）价值工程活动成果的总结

企业开展价值工程的目的在于提高产品的价值，取得更好的经济效益。通过功能分析、方案创造和实施等一系列活动，分析实际取得的技术经济效果，必须认真进行总结。

价值工程活动成果的总结，就是将改进方案的各项技术经济指标与原设计进行比较，以考查方案（活动）所取得的综合效益。

价值工程活动评价工作是保证质量、性能，即在保证产品功能的前提下，计算如下几个指标。

$$成本节约率 = \frac{原来成本 - 改进后成本}{原来成本} \times 100\%$$

$$全年节约率 = （原来成本 - 改进后成本）\times 全年产量 - 活动经费$$

$$投资效率 = \frac{全年节约额}{价值工程活动费用} \times 100\%$$

4.6.3 价值工程的应用

【例 4.29】 某单位对拟建的建设工程采用价值工程方法对其方案进行分析，现有 3 个方案，经有关专家论证得出如下资料（表 4.12）。请计算各方案的功能评价系数、成本系数、价值系数，并选择最优方案。

表 4.12 方案分析表

功能	功能重要性系数	方案功能得分		
		A	B	C
F_1	0.4	10	9	8
F_2	0.25	9	9	10
F_3	0.2	9	10	9
F_4	0.15	9	9	8
单方造价 /（元 /m²）		2850	3050	2920

【解】 1）计算功能评价系数。

$W_A=0.4\times10+0.25\times9+0.2\times9+0.15\times9=9.400$

$W_B=0.4\times9+0.25\times9+0.2\times10+0.15\times9=9.200$

$W_C=0.4\times8+0.25\times10+0.2\times9+0.15\times8=8.700$

$W_A+W_B+W_C=9.400+9.200+8.700=27.300$

$F_A=9.400\div27.300=0.344$

$F_B=9.200\div27.300=0.337$

$F_C=8.700\div27.300=0.319$

2）计算成本系数。三方案成本总额为

$2850+3050+2920=8820$（元 /m²）

$C_A=2850\div8820=0.323$

$C_B=3050\div8820=0.346$

$C_C=2920\div8820=0.331$

3）计算各方案的价值系数。

$V_A=0.344\div0.323=1.065$

$V_B=0.337\div0.346=0.974$

$V_C=0.319\div0.331=0.964$

可见，A 方案价值系数最大，方案最优，所以选择 A 方案。

趣　闻

价值工程的起源与发展

美国通用电气公司工程师 L.D. 麦尔斯在第二次世界大战后首先提出了购买的不是产品本身而是产品功能的概念，实现了同功能的不同材料之间的代用，进而研究出在保证产品功能前提下降低成本的技术经济分析方法。1947 年，他出版了《价值分析》一书，标志着这门学科的正式诞生。1954 年，美国海军应用了这一方法，并改称为价值工程。由于它是节约资源、提高效用、降低成本的有效方法，因而引起了世界各国的普遍重视。20 世纪 50 年代，日本和联邦德国学习和引进了该方法。1965 年前后，日本开始广泛应用。中国于 1979 年引进该方法，该方法现已在各行业广泛应用。

价值工程在工程设计和施工、产品研究开发、工业生产、企业管理等方面取得了长足的发展，产生了巨大的经济效益和社会效益。

4.7　工程项目建设的技术经济分析与评价

知识导入

一般来说，建筑工程技术的先进性与其经济的合理性是一致的，但它们之间又存在着一定的矛盾。先进的技术，一般在使用过程中总是有较高的经济效果，但是往往成本较高。因此，综合来看，先进的技术未必都是更经济的。要保证技术较好地服务于生产经济活动，最大限度满足社会需要，就必须依靠经济效果的计算比较，也就是本节要重点介绍的工程项目建设的技术经济分析与评价。

流 水 别 墅

1934 年，德裔富商埃德加·考夫曼在美国宾夕法尼亚州匹兹堡市东南郊的熊跑溪买下一片地产。那里远离公路，高崖林立，草木繁盛，溪流潺潺。考夫曼把著名建筑师赖特请来考察，请他设计一座周末别墅。赖特凭借特有的职业敏感，知道自己难得的机遇到来了。熊跑溪的基址给他留下了难忘的印象，尤其是那条涓涓溪流。他要把别墅与流水的音乐感结合起来，并急切地索要一份标有每一块大石头和横截面直径在6 英寸[①] 以上的树木的地形图。图纸第二年3月就送来了，但是直到8月，赖特仍在冥思苦想，他在耐心地等待灵感到来的那一瞬间。终于，在9月的一天，他快速地在地形图上勾画了第一张草图，别墅轮廓已经在他的头脑中孕育而生。他描述这个别墅是"在山溪旁的一个峭壁的延伸，生存空间靠几层平台而凌空在溪水之上——一位珍爱着这个地方的人就在这平台上，他沉浸于瀑布的响声，享受着生活的乐趣。"他为这座别墅取名为"流水"。按照赖特的想法，"流水别墅"将背靠陡崖，生长在小瀑布之上的巨石之间，水泥的大阳台叠摞在一起，它们宽窄、厚薄、长短各不相同，参差穿插着，好像从别墅中争先恐后地跃出，悬浮在瀑布之上。那些悬挑的大阳台是别墅的高潮。在最下面一层，也是最大和最令人心惊胆战的大阳台上，这里有一个楼梯口，从此处拾级而下，正好接临在小瀑布的上方，溪流带着潮润的清风和淙淙的音响飘入别墅，这是赖特永远令人赞叹的神来之笔。平滑方正的大阳台与纵向的粗石砌成的厚墙穿插交错，宛如蒙德里安高度抽象的绘画作品，在复杂微妙的变化中达到一种诗意的视觉平衡。室内也保持了天然野趣，一些被保留下来的岩石好像是从地面下破土而出，成为壁炉前的天然装饰，一览无余的带形窗使室内与四周浓密的树林相互交融。自然的音容从别墅的每一个角落渗透进来，而别墅又好像是从溪流之上滋生出来的，这一戏剧化的奇妙构想是赖特的浪漫主义宣言（图4.12）。流水别墅建成即名扬四海。

1963 年（赖特去世后的第四年），考夫曼决定将别墅献给当地政府，永远供游人参观。交接仪式上，考夫曼的致辞是对赖特这一杰作的感人总结。他说："流水别墅的美依然像它所配合的自然那样新鲜，它曾是一所绝妙的栖身之处，但又不仅如此，它还是一件艺术品，超越了一般含义，住宅和基地在一起构成了一个人类所希望的与自然结合、对等和融合的形象。这是一件人类为自身所作的作品，不是一个人为另一个人所作的，由于这样一种强烈的含义，它是一笔公众的财富，而不是私人拥有的珍品。"（资料来源于网络）

图4.12 流水别墅四季的景致

---

① 1 英寸 =2.54cm。

教学内容

4.7.1　建设项目可行性研究

1. 可行性研究的概念

可行性研究是运用多种科学手段（包括工程技术科学、社会学、经济学及系统工程等），对某项拟建工程进行技术经济论证的综合科学。其基本任务是通过广泛的调查研究，综合论证一个工程项目在技术上是否先进、实用和可靠，在经济上是否合理，在财务上是否盈利，为投资决策提供科学的依据。同时，可行性研究还能为银行贷款、合作者签约、工程设计等提供依据和基础资料，是科学决策的必要步骤和手段。

通常，建设项目要经历投资前期、建设期及生产经营期 3 个阶段。投资前期是决定建设项目经济效果的关键时期，是研究和控制的重点。如果在项目实施过程中才发现工程费用过高、投资不足或原材料无法保证等问题，将会给投资者造成巨大损失。为了减少投资的盲目性，降低风险，从而在竞争中取得最大利润，进行投资项目的可行性研究是必要的，它可以提高投资获利的可靠程度。

可行性研究的主要作用包括以下几点。

1）作为经济主体投资决策的依据。

2）作为编制和审批设计文件、签订设计合同的依据。

3）作为筹集资金和融资（向银行申请贷款）的依据。

4）作为与建设项目有关的各部门签订协作合同的依据。

5）作为从国外引进技术、引进设备、与国外厂商谈判和签约的依据。

6）作为编制新技术、新设备需用计划和大型专用设备生产预安排的依据。

7）作为施工组织设计、工程进度安排、竣工验收的依据。

8）作为项目后评价的依据。

2. 可行性研究的阶段划分

可行性研究可以分为机会研究、初步可行性研究和详细可行性研究 3 个阶段。

（1）机会研究

在机会研究阶段，政府机构或行业主管部门根据国家、地区、部门的经济发展战略和市场需求提出投资意向。企业根据这种意向，结合企业发展和经营规划，提出具体投资项目的设想。机会研究比较粗略，主要根据积累的已有工程数据和情报资料进行。

（2）初步可行性研究

通过机会研究，认为项目值得继续研究时，进行初步可行性研究。初步可行性研究的主要目的是分析机会研究的结论，并在现有详细资料的基础上作出投资决定；决定是否需要进行下一步的可行性研究；确定哪些关键问题需要进行辅助性的专题研究等。

工程项目的初步可行性研究着重研究以下几个方面。

1）市场研究和对产品的需求研究。

2）原材料及所需资源的供应及价格变动趋势的研究。

3）工艺技术的中间实验情况分析。

4）厂址方案的选择。

5）企业规模的研究。

6）生产设备的选择等。

初步可行性研究结束后，一般要向主管部门提交项目建议书（初步可行性研究报告）。

（3）详细可行性研究

详细可行性研究和初步可行性研究的基本内容相同，只是研究的详细程度、深度与精度不同，中小型项目可将两者合并或省略一个。详细可行性研究完成后，主管部门或银行要组织专家进行评估，以进一步提高决策的科学性。

3．可行性研究的基本内容

（1）可行性研究的基本内容

各类建设项目可行性研究的内容及侧重点因行业特点而差异很大，但一般应包括以下几方面的内容。

1）项目建设的必要性。

2）市场及资源情况、建设规模。

3）最佳厂址位置选择。

4）技术可行性，采用何种工艺技术。

5）所需外部条件情况。

6）建设所需时间、资金，建成后的经济效益和社会效益。

7）资金筹集情况等。

（2）可行性研究报告的编制依据

1）项目建议书（初步可行性研究报告）及其批复文件。

2）国家经济和社会发展的长期规划，部门与地区规划，经济建设的指导方针、任务、产业政策、投资政策和技术经济政策以及国家和地方法规等。

3）包含项目所需全部市场信息的市场调研报告。

4）中外合资、合作项目各方签订的协议书或意向书。

5）进行可行性研究的委托合同。

6）有关机构发布的工程技术经济方面的标准、规范、定额及有关工程经济评价的基本参数、指标和规定。

7）有关工程选址，工程设计的水文、地质、气象、地理条件，市政配套条件的基础资料。

8）其他有关依据资料。

4.7.2　设计方案的技术经济分析

1. 设计方案技术经济分析的注意事项及要求

设计质量，直接决定建设投资和工期以及项目建成以后的使用价值和经济效果。由于建筑产品生产周期长、投资大，建成后又很难改变，因而做好设计方案的技术经济分析，减少方案选择中的盲目性，选择最佳设计方案，可以大大提高项目的经济效益和社会效益。

设计方案的技术经济分析要注意以下几点。

① 凡能进行定量分析的设计内容，均要通过定量计算确定。

② 在设计时应充分考虑施工的可能性和经济性，从项目全寿命周期角度考虑节约成本。

③ 要特别注意所选用的建筑设备和材料的经济性，统筹考虑。

④ 尽量采用标准化设计，提高效率和质量。

同一项目一般应作 2～4 个设计方案，然后进行技术经济分析，用科学的定量数据，论证设计方案在技术上的先进性、经济上的合理性，作为方案决策的依据。设计方案技术经济评价的基本要求包括适用、美观与经济的统一，要有可比性，要突出主要指标。

2. 设计方案技术经济评价的程序

设计方案技术经济评价按以下程序进行。

1）按照使用功能的要求，结合工程项目所在地的客观实际情况，探讨和建立可能的设计方案。

2）从所有可能的设计方案中筛选出 2～4 个各方面均比较满意的方案作为比较方案。

3）根据方案评价的目的，明确评价的任务和范围。

4）确定能反映方案特征并能满足评价目的的指标体系。

5）计算各项指标及对比参数。

6）进行方案分析与评价。根据方案评价的目的，可将方案的指标分为主要指标和辅助指标；确定评价标准，通过评价指标的分析计算，排出方案的优劣次序，并提出推荐方案。

7）综合论证，进行方案选择。

3. 居住建筑设计方案技术经济评价的指标体系

居住建筑设计方案技术经济评价的指标体系的设置包括建筑功能效果和社会劳动

消耗两部分。居住建筑方案技术经济评价指标体系见表4.13。

表 4.13 居住建筑方案技术经济评价指标体系表

序号	指标类型	一级指标	二级指标
1	建筑功能效果	平面空间布置	平均每套卧室、起居室数
2			平均每套良好朝向卧室、起居室面积
3			平面空间布置合理程度
4			家具布置适宜程度
5			储藏设施
6		平面指标	平均每套建筑面积与标准面积之差
7			使用面积系数 K
8			平均每套面宽
9		物理性能	采光
10			通风
11			保温和隔热
12			隔声
13		厨卫	厨房
14			卫生间
15		安全性	安全措施
16			结构安全
17			耐用年限
18		建筑艺术	室内效果
19			外观效果
20			环境效果
21	社会劳动消耗		造价

4. 设计方案技术经济效果的综合评价方法

在确定了设计方案技术经济评价的指标体系及其分值与权重之后，必须对设计方案的技术经济效果进行综合评价，以便最后确定最优方案。方案综合评价的方法较多，尤其是随着计算机技术的发展，模糊数学、灰色系统理论和神经网络理论均可用于综合评判。下面仅介绍常用的一般方法。

（1）综合评分法

综合评分法实际上是一种打分评价法。该法首先是对各评价指标进行打分，然后引入相对权重系数，以考虑各指标在方案评价中的地位和作用，最后把不同计量单位的指标化为无量纲的综合评分，根据综合评分的大小来评价方案的优劣。其计算公式见式（4.44）。

$$C=\sum_{i=1}^{n}C_iW_i \qquad (4.44)$$

式中：C——某方案的综合评分值；

$\quad\quad C_i$——某方案第 i 个评价指标的打分值；

$\quad\quad W_i$——某方案第 i 个评价指标的权重；

$\quad\quad n$——评价指标总数。

（2）功能费用指数评价法

功能费用指数评价法实际上是在综合评分法基础上的一种改进，其基本思路是将评价方案的指标体系，划分为功能性指标和费用性指标两大类；按与综合评分法相同的方法，分别计算功能性指标和费用性指标的总分值；然后将这两类指标的总分值相比，得到方案的功能费用指数。其计算公式见式（4.45）。

$$C_F=\sum_{i=1}^{n}C_{Fi}W_{Fi}, \quad C_L=\sum_{j=1}^{m}C_{Lj}W_{Lj}$$

$$E=\frac{C_F}{C_L} \qquad (4.45)$$

式中：C_F、C_L——满足建筑功能效果和社会劳动消耗指标体系的综合评分值；

$\quad\quad C_{Fi}$、W_{Fi}——满足建筑功能指标体系中第 i 项评价指标的评分值和权重值；

$\quad\quad C_{Lj}$、W_{Lj}——社会劳动消耗指标体系中第 j 项评价指标的评分值和权重值；

$\quad\quad E$——某设计方案的功能费用指数。

4.7.3　施工方案的技术经济分析

施工方案的技术经济评价，就是要从若干可行的施工方案中分析对比，并评价诸方案的经济效益，从中择优选择要实施的施工方案。施工方案的优劣，在很大程度上决定施工组织设计质量的优劣和施工任务完成的好坏。施工方案制订得好，就为施工任务的顺利完成创造了条件，否则会给建筑施工带来损失。因此，施工方案是施工组织的根本。

1. 施工方案技术经济评价的内容和程序

（1）施工方案技术经济评价的内容

施工方案是单位工程或建筑群施工组织设计的核心，是编制施工进度计划、施工平面图的重要依据。施工方案技术经济评价的主要内容包括施工工艺方案的评价和施工组织方案的评价。

1）施工工艺方案。施工工艺方案，指分部（分项）工程和工种工程的施工方案，如主体结构工程、基础工程、安装工程、装饰工程、水平运输、垂直运输、大体积混凝土浇筑、混凝土运送以及模板支撑方案等。

2）施工组织方案。施工组织方案是指单位工程施工或全工程的施工管理方案，如流水施工、平行流水立体交叉作业等组织方法。施工组织方案包括施工组织总设计、单位工程施工组织设计和分部（分项）工程施工组织设计。

（2）施工方案技术经济评价的程序

施工方案技术经济评价的基本步骤如下。

1）明确方案分析的任务和范围，即明确方案是群体工程的施工方案、单项工程的施工方案，还是单位工程的施工方案，收集有关资料。

2）拟订两个以上可行的备选方案。若评价新工艺、新技术方案，应以传统方案作为对比依据。

3）确定反映方案特征的技术经济指标体系。

4）指标的计算。

5）方案的分析、评价与选择。

2. 施工方案技术经济评价的指标

（1）施工工艺方案的评价指标

1）技术性指标。主要反映方案的技术特征或适用条件，可用各种技术性参数表示，如现浇混凝土工程总量、安装构件总量、构件最大尺寸、构件最大重量、最大安装高度、模板型号数、各型号模板的尺寸、模板单位重量等。

2）经济性指标。主要反映为完成工程任务所需要的劳动消耗，包括一系列实物量指标、劳动量指标。主要有：①工程施工成本，包括直接人工费、机械设备使用费、施工设施成本或摊销等；②主要专用机械设备需要量，包括配备台数、使用时间、总台班数等；③施工中主要资源需要量，如施工设施所需的枕木、道轨、道砟、模板材料、工具式支撑、脚手架材料和不同施工工艺方案引起的结构材料消耗的增加量等；④主要工种工人需要量，可用主要工种工人需用总数、需用期、月平均需用数、高峰期需用数来表示；⑤劳动消耗量，可用总劳动消耗量、月平均劳动消耗量、高峰期劳动消耗量来表示。

3）效果指标。主要反映采用该施工工艺方案后所能达到的效果，主要有：①工程效果指标，如工程工期质量等指标；②经济效果指标，如成本降低额或降低率，材料资源节约额或节约率等指标。

4）其他指标。未包括在上述三类中的指标，如额外增加的材料资源、施工安全性、对环境的影响以及施工临时占用的建筑红线以外的场地面积和所需的主要材料资源、专用设备等。

（2）施工组织方案的评价指标

1）技术性指标。包括：①反映工程特征的指标，如建筑面积、结构形式等；②反映施工方案特征的指标，如施工方案有关的指标说明。

2）经济性指标。反映施工单位固定资产和流动资金占用量的指标。主要有：①工程成本，包括直接人工费、机械设备使用费、施工现场管理费等；②主要专用设备需要量；③主要材料资源耗用量；④劳动消耗量等。

3）效果指标。包括：①工程总工期，即从主要项目开工到全部项目投产使用为止的时间；②工程施工成本节约指标。

4）其他指标。如施工临时占地指标等。

3．新结构、新材料的技术经济评价

（1）采用新结构、新材料的技术经济效果

1）改善建筑功能，如改善保温、隔热、隔声等功能，以及扩大房屋的有效使用面积等。

2）减轻建筑物自重，节约运输能力，降低工程造价。

3）有利于缩短施工工期，加快施工机械化、装配化、工厂化，加快施工速度。

4）有利于利用废渣、废料，节约能源。

5）减轻施工劳动强度，改善施工作业条件，提高机械化程度，实现文明施工。

（2）新结构、新材料的评价指标

1）工程造价，反映方案经济性的综合指标，一般用预算价格计算。

2）主要材料消耗量，指钢材、水泥、木材、黏土砖等消耗量。

3）施工工期，指从开工到竣工的全部日历时间。

4）劳动消耗量，反映活劳动消耗量，现场用工与预制用工应分别计算。

5）一次性投资额，指为了采用某种新结构、新材料而须建立的相应的材料加工厂、制品厂等的基建投资。

（3）辅助指标

辅助指标有建筑物自重、能源消耗量、工业废料利用量、经常使用费等。

1）建筑物自重（kg/m^2），指采用新结构、新材料后，单位建筑面积建筑物自重。

2）能源消耗量，指采用新结构、新材料后，在生产制造、运输、施工、安装、使用过程中的年能源消耗量。

3）工业废料利用量，指采用新结构、新材料后，每平方米建筑面积可利用工业废料的数量。

4）经常使用费，指采用新结构、新材料后每年的日常使用费及维护修理费等。

在进行方案评价时，应以主要指标作为基本依据。在主要指标间发生矛盾时，应着重考虑造价和主要材料消耗量指标。当主要指标相差不大时，则须分析辅助指标，作为方案评价的补充论证。

🕐 链　接

功能重要性系数评价法

功能重要性系数评价法是把功能划分为几个功能区，并根据各功能区的重要程度和复杂程度，确定各功能区在总功能中所占的比重，即功能重要性系数。确定功能重要性系数的关键是对功能进行打分，常用的打分方法有强制打分法、多比例评分法、逻辑评分法、环比评分法等。以下主要介绍强制打分法和环比评分法。

1. 强制打分法

强制打分法是指用功能单元之间的对比打分求出功能单元功能评价系数的方法。

1）0-1 评分法。此种方法功能评价系数的分值只有 2 个，用功能单元两两比较，取 0 分或 1 分的办法求功能单元的功能评价系数，重要者得 1 分，不重要者得 0 分，指标与自身比较不得分，用"×"表示，再将功能单元得分累计，用各功能单元的得分除以所有得分之和即得该功能单元的权重值。

2）0-4 评分法。0-4 评分法与 0-1 评分法相似，但其评分标准不同，更能反映功能之间的真实差别。评分标准：用功能单元两两比较，非常重要的一方得 4 分，另一方得 0 分，比较重要的一方得 3 分，另一方得 1 分，两个功能重要程度相同各得 2 分，自身对比不得分，用"×"表示，用各功能单元的得分除以所有得分之和即得该功能单元的权重值。如果是多人评价打分，用各功能单元的得分平均值除以所有得分之和即得该功能单元的权重值。

2. 环比评分法

环比评分法又称 DARE（decision alternative ratia evaluation system）法，是一种通过确定各因素的重要性系数来评价和选择创新方案的方法。指从上至下依次比较相邻两个指标的重要程度，给出功能重要度值，然后取最后一个被比较的指标的重要度值为 1，作为基数，依次修正重要度比值，以排列在下面的指标的修正重要度比值乘以与其相邻的上一个指标的重要度比值，得出上一指标修正重要度比值。用各指标修正重要度比值除以功能修正值总和，即得各指标权重。环比评分法适用于各个评价对象之间有明显的可比关系，能直接对比，并能准确地评定功能重要度比值的情况。在运用时每个要素只与上下要素进行对比，不与全部的要素进行对比。

如表 4.14 所示，各功能指标之间的对比关系：$A=2.0B$，$B=2.0C$，$C=1.5D$，环比评分法的步骤如下。

1）将评分对象按照功能相近、重要性或实现困难度相近的原则，顺序记入第（1）栏。

2）由上而下对相邻两个要素的功能对比评分，将结果作为暂定系数，记入第（2）栏。

3）对暂定系数进行修正。D 的修正系数定为 1，则 C 的修正系数为 1.5，B 的修正系数为 3，A 的修正系数为 6，记入第（3）栏。

4）再根据各功能修正系数求出功能评价系数。

表 4.14　环比评分法的步骤

功能名称	暂定系数	修正系数	功能评价系数
（1）	（2）	（3）	（4）
A	2.0	6.0	0.52
B	2.0	3.0	0.26
C	1.5	1.5	0.13
D	—	1.0	0.09
合计		11.5	1.00

复习思考题

1. 什么是现金流量图？现金流量图的三个构成要素是什么？分别代表什么意义？在现金流量图上怎么表示？

2. 关于现金流量，哪些是流入？哪些是流出？

3. 企业常用的计算、提取折旧的方法有哪些？

4. 什么是资金的时间价值？资金的时间价值有哪些表现形式？

5. 什么是单利计息？什么是复利计息？

6. 什么是有效利率？有效利率怎么计算？

7. 什么是资金等值？资金等值计算的方法是什么？

8. 试写出资金等值计算的基本公式，并写出公式中各个字母的含义。

9. 技术经济分析的原则和程序是什么？

10. 技术经济分析的静态评价方法有哪些？动态评价方法有哪些？

11. 什么是动态投资回收期？如何计算动态投资回收期？

12. 什么是财务净现值？财务净现值如何计算？

13. 内部收益率如何计算？如何用内部收益率判断方案在经济上是否可行？

14. 不确定性分析内容包括哪些？

15. 试写出盈亏平衡状态的公式。

16. 什么是价值工程？价值工程的核心是什么？

17. 可行性研究有哪几个工作阶段？各自对应什么工作内容？

18. 某工厂计划在年初投资建一生产车间，需金额100万元；从第2年年末开始的5年中，每年可获利30万元，年利率为10%，试绘制现金流量图。

19. 有一笔20万元的借款，借期为3年，按每年5%的单利率计算，试求到期应归还的本利和。若年利率仍为5%，按复利计息，则到期应归还的本利和是多少？

20. 某建筑公司进行技术改造，2017年年初贷款100万元，2018年年初贷款200万元，年利率为8%，2020年年末一次偿还，计算应该还款多少元。

21. 某工程项目预计初始投资额为2000万元，从第2年开始投产后每年销售收入抵销经营成本后为200万元，第5年追加投资额1000万元，每年的净收益为800万元，该项目的经济寿命为10年，项目残值为100万元，试绘制该项目的现金流量图。

22. 某公共事业拟定一个15年规划，分三期建成，开始投资6000万元，5年后投资5000万元，10年后再投资4000万元。每年的保养费：前5年每年150万元，次5年每年250万元，最后5年每年350万元。15年年末残值为800万元，试：

1）画出现金流量图；

2）用10%的折现率计算该规划的费用现值。

23. 年初借入1000元，年利率为12%，半年复利计息一次，则年末应计利息多少？如果每月复利计息一次，则年末应计利息多少？

24. 如果年利率为12%，则在按月计息的情况下，每季度的实际利率为多少？每年的实际年利率又是多少？

25．某项目现金流量为第 1 年年末支付 100 元，第 2 年年末、第 3 年年末、第 4 年年末各收入 80 元，第 5 年年末、第 6 年年末各收入 60 元，如果年复利率为 10%，计算与此等值的现金流量的现值 P 为多少。

26．某项目有 3 个备选方案，已知 3 个方案的寿命都是 10 年，行业基准收益率为 10%，A 方案初始投资额为 30 万元，年收益为 50 万元；B 方案初始投资额为 35 万元，年收益为 70 万元；C 方案初始投资额为 50 万元，年收益为 90 万元，试用财务净现值指标判断应该选择哪个方案？

27．某建设项目当折现率为 20% 时净现值为 120 万元，当折现率为 25% 时净现值为 -40 万元，试求该项目财务内部收益率。

28．某投资项目其主要经济参数估计值为：初始投资 1500 万元，寿命 10 年，残值为 0，投产后年收入为 350 万元，年支出为 100 万元。已知该类投资的基准收益率为 15%，试根据该项目的内部收益率分析该项目在经济上是否可行。

29．已知某生产项目年总固定成本为 160 万元，单位产品生产可变成本为 50 元，售价为 100 元，销售税金及费用为 10 元，则该生产项目的盈亏平衡点是多少个单位？

30．某开发项目占地面积 4000m²，规划许可建筑面积为 16000m²，建造费用（含利息和税金等）为 4800 元 /m²，预计销售价格为 12500 元 /m²，则地价低于多少时，该项目可以开发？

31．某预制构件厂设计生产能力为 1 万件。已知该企业年固定成本为 50 万元，单位产品变动成本为 180 元，每件产品售价 300 元，单位产品税金为 20 元。试计算：

1）该企业盈亏平衡点产量、销售额和生产能力利用率各为多少？

2）为使该企业年利润达到 40 万元，年产量应为多少？

本章测验

学习小结

　　要求：写出资金等值计算的几个公式，在公式下面画出对应的现金流量图，并熟记公式及图示。

第五章　经营预测与决策

学习目标

掌握定性和定量预测方法的应用、决策技术的应用。

理解预测的概念、决策的概念和类型。

了解预测和决策的分类。

课程思政

通过学习经营预测与决策的相关知识，正确地认识预测、决策的重要作用，进一步树立进行科学决策的意识。通过对定性预测法、定量预测法的学习，正确认识经验分析与定量分析的特点，力争以科学决策指导个人的学习、工作、生活的方方面面，同时深刻认识我国在全面深化改革过程中进行科学决策的重要意义和必要性。

思维导图

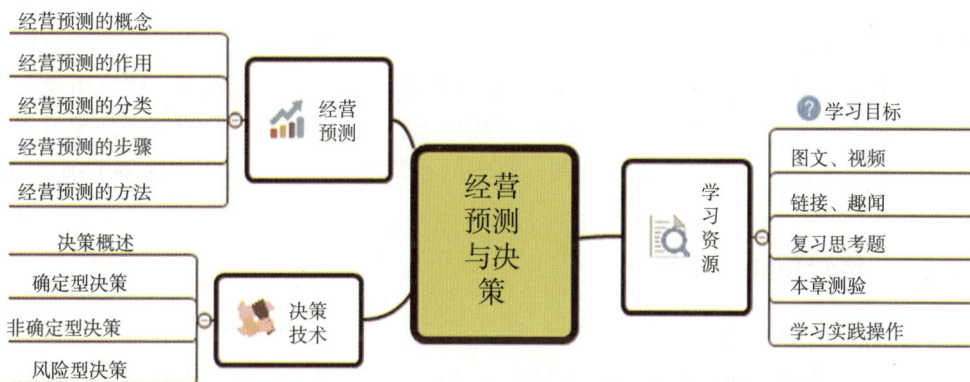

知识导入

　　一般来说，建筑企业进行生产经营，需要对未来的生产经营情况作出预测，从而保证决策的科学性，即根据企业现有的经济条件和掌握的历史资料以及客观事物的内在联系，对企业生产经营活动的未来发展趋势及其状况所进行的预计和推算。预测有哪些类别？如何进行预测？本节将一一进行学习。

趣　闻

德尔菲法的得名

　　德尔菲是古希腊地名。相传，太阳神阿波罗（Apollo）在德尔菲杀死了一条巨蟒，成了德尔菲主人。后来德尔菲建了一座阿波罗神殿，是一个预卜未来的神谕之地，于是人们就借用此名，作为预测方法的名字。

教学内容

5.1 经营预测

5.1.1 经营预测的概念

　　预测是根据过去资料和现实情况，运用已有的科学方法和手段，来估计客观事物未来的发展，并作出定性或定量的估计和评价，以指导和调节人们的行动。预测研究的对象是未来，立足的是过去和现在，它是以变化、联系的辩证观点，研究事物的今天，预测它的明天。经营预测是对与企业的生产经营活动密切相关的经济现象或者经济变量的未来发展趋势作出预计和推测。科学的经营预测，是企业正确决策的前提。

5.1.2 经营预测的作用

　　经营预测主要作用如下。

　　1）经营预测是企业进行经营决策的前提。在社会主义市场经济条件下，企业的生存和发展与市场情况息息相关。市场瞬息万变，只有通过科学的预测，掌握建筑及关联市场发展的数据资料，才能正确把握发展趋势，作出正确决策。

　　2）经营预测是制订企业经营计划和发展规划的依据。企业根据销售、利润、成本、资金预测等，制订生产经营计划，编制企业短期、中长期发展规划。

3）经营预测有助于提高企业的竞争能力。通过经营预测活动，企业对市场的发展、自身的优劣势、竞争对手的情况进行分析预测，做到知己知彼，更容易在投标竞争中胜出，可以提高企业的竞争能力。

4）经营预测能增强企业的应变能力。通过经营预测活动，企业管理层可以对市场发展趋势、企业面临的机会和挑战等问题有更清晰的认识，针对不同的情况，做好各种准备，从而提高企业在市场上的应变能力。

5.1.3　经营预测的分类

1. 按范围划分

按范围划分，经营预测可分为宏观预测和微观预测（图 5.1）。

1）宏观预测。宏观预测是指对整个国家或一个地区、一个部门技术经济发展前景的预测。它以整个社会经济发展作为考察对象，研究社会经济发展中各项有关指标的发展水平、发展速度、增长速度以及相

图 5.1　经营预测按范围分类

互间结构、比例和影响的关系。例如，对全国和地区社会再生产各环节的发展速度、规模和结构的预测，以及对社会商品总供给、总需求的规模、结构、发展速度和平衡关系的预测等。

2）微观预测。微观预测是指某一部门、某一企业对某一地区的市场商品供需情况或对某一种商品供需变化情况进行的预测。主要任务是为某地区或企业确定经营方向，以便合理安排生产和组织市场商品供需平衡。这种预测是侧重某一方面的，是以宏观预测为指导进行的，又是宏观预测的基础。

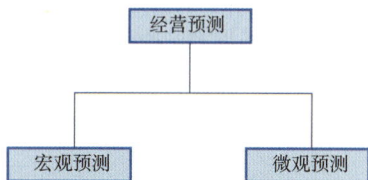

图 5.2　经营预测按方法分类

2. 按方法划分

按方法划分，经营预测可以分为定性预测和定量预测（图 5.2）。

1）定性预测。定性预测是指预测者依靠熟悉业务知识、具有丰富经验和综合分析能力的人员与专家，根据已掌握的历史资料和直观材料，运用个人的经验和分析判断能力，对事物的未来发展作出性质和程度上的判断，然后，通过一定形式综合各方面的意见，将其作为预测未来的主要依据。

2）定量预测。定量预测是使用历史数据或因素变量来预测需求的数学模型，是根据已掌握的比较完备的历史统计数据，运用一定的数学方法进行科学的加工整理，借以揭示有关变量之间的规律性联系，用于预测和推测未来发展变化情况的预测方法。

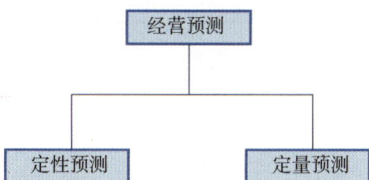

图 5.3　经营预测按时间分类

3．按时间划分

按时间划分，经营预测可以分为短期预测、中期预测和长期预测（图 5.3）。

1）短期预测。短期预测是指预测的目标距现在的时间比较近，而且经历的时间比较短的预测活动。短期预测的预测期限因预测对象的不同而长短不一，一般在 1 年或者 1 年以下，如产品销售预测，一般时间在 1 ～ 6 个月。这类预测活动在企业经营活动中是大量的、频繁的。企业通过短期预测，有助于及时了解市场动态，掌握市场行情变化的有利时机，提高经营决策水平。

2）中期预测。中期预测一般是指对 1 ～ 5 年间各种因素变化的预测。其主要用于生产周期较长的产品设备及原材料的采购，为产品、工厂、工序的管理决策提供支持，企业经营应作的改进预测。例如，房地产企业对两三年内的房地产市场各类物业的需求量进行预测，从而为房地产企业投资何种类型的物业提供决策依据。

3）长期预测。长期预测一般是指 5 年以上的预测，它是为企业制订长期规划服务的，着重于研究市场要素的长期发展趋势，为确定企业长期发展方向提供决策依据。

5.1.4　经营预测的步骤

经营预测的步骤如图 5.4 所示，主要包括确定预测目标和要求、收集资料、选择预测方法、进行预测、分析预测结果、提出预测报告、追踪和反馈等。

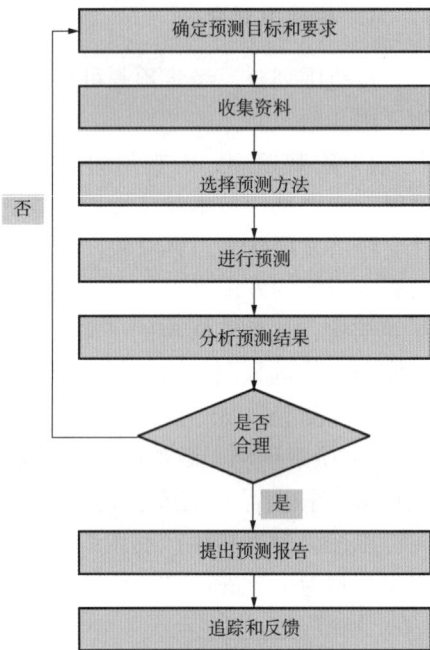

图 5.4　经营预测的步骤

5.1.5　经营预测的方法

1．定性预测方法

定性预测方法又称为主观预测方法，优点是简单明了，不需要数学公式；缺点是容易带有主观片面性。定性预测方法有专家预测法、德尔菲法和头脑风暴法 3 种。

（1）专家预测法

专家预测法是利用专家的知识经验，并结合有关背景统计资料进行预测的一类定性预测方法。在这种预测法中，对预测对象的调查研究是由专家而非预测者本身来完成的，预测者只是起到一个组织作用，其任务是将专家的意见综合整理归纳，最后作出预测。

专家预测法的优点是在缺乏历史数据和没有先例可借鉴时，也能有效推测预测对象的未来状态。专家预测法具有以下特点：具有一套选择和组织专家、充分利用专家创造性思维的基本理论和方法；主要依靠专家（包括相关领域的专家）作预测。

专家是指在本专业中有较高理论水平、远见卓识或有丰富实践经验的人。专家人选的产生通常采用如下途径：从组织者熟悉的专家中挑选，专家之间相互推荐，通过有关组织推荐等。预测小组的专家人数一般以 10～50 人为宜，具体要视预测问题的规模来定。

专家预测法又可分为专家个人预测法和专家会议预测法两种。

1）专家个人预测法。专家个人预测法是由专家提出个人意见，再由组织者将各专家的意见收集起来归纳整理形成预测结论的方法。专家个人预测法能独立发挥专家的个人能力，不受到外界的影响，但这种方法容易受到专家知识面、了解资料情况以及对预测问题的兴趣、态度等因素的制约，难免存在片面性。

2）专家会议预测法。专家会议预测法是预先向专家们提供预测问题及信息，然后在确定的时间召开专家会议，由专家各自提出预测意见，相互讨论，最后得出预测结论的方法。专家会议预测法的优点是由专家作出判断和估计，同时，这种方法可以使与会专家畅所欲言，自由辩论，集思广益，因而可提高预测的准确性；缺点是可能会受专家个性和心理因素或其他专家意见的影响，同时受参加人数和讨论时间的限制，预测的科学性和准确性会受影响。

（2）德尔菲法

德尔菲法是组织者就预测的问题，采用"背靠背"匿名的方式，书面征询有关专家的看法和意见，然后将所得的各种意见加以综合、归纳和整理，再反馈给各个专家，进一步征询意见，经过多次这样的反复和循环，直到预测的问题得到较为满意的结果。德尔菲法的步骤如图 5.5 所示。

德尔菲法组织预测应注意以下几点：对德尔菲法作出充分说明；预测的问题要集中；避免组合事件；用词确切，调查表简明；领导小组意见不应强加于调查表中；问题的数量要适当限制；支付专家适当的报酬等。

德尔菲法的优点是专家互不见面，可以消除相互间心理上的影响，做到自由充分地发表意见；且通过反馈，使每个专家都知道持有的不同意见及原因，有机会修改自己的意见。缺点是若意见难以一致，将反复征询修改意见，可能会占用较长时间。德尔菲法的适用范围：预测事件缺乏足够的资料；作长远规划或大趋势预测；预测事件的影响因素很多；主观因素对预测事件的影响较大。

（3）头脑风暴法

头脑风暴法是通过组织一组专家共同开会讨论，进行信息交流和互相启发，从而激发出专家们的创造性思维，以达到互相补充的目的，并产生"组合效应"的预测方法。头脑风暴法遵循以下原则：专家的选择应与预测的对象相一致；会议的领导工作最好由预测专家负责；被挑选的专家最好彼此不认识，如果彼此认识，应从同一级别中挑选；要创造良好的环境条件；鼓励参加者对已经提出的设想进行改进和综合。头脑风暴法的优点是成果迅速，获得大量信息，考虑因素多，提供的方案全面广泛；缺点是易受权威的影响，易受表达能力的影响，易受心理因素的影响，实施成本较高。

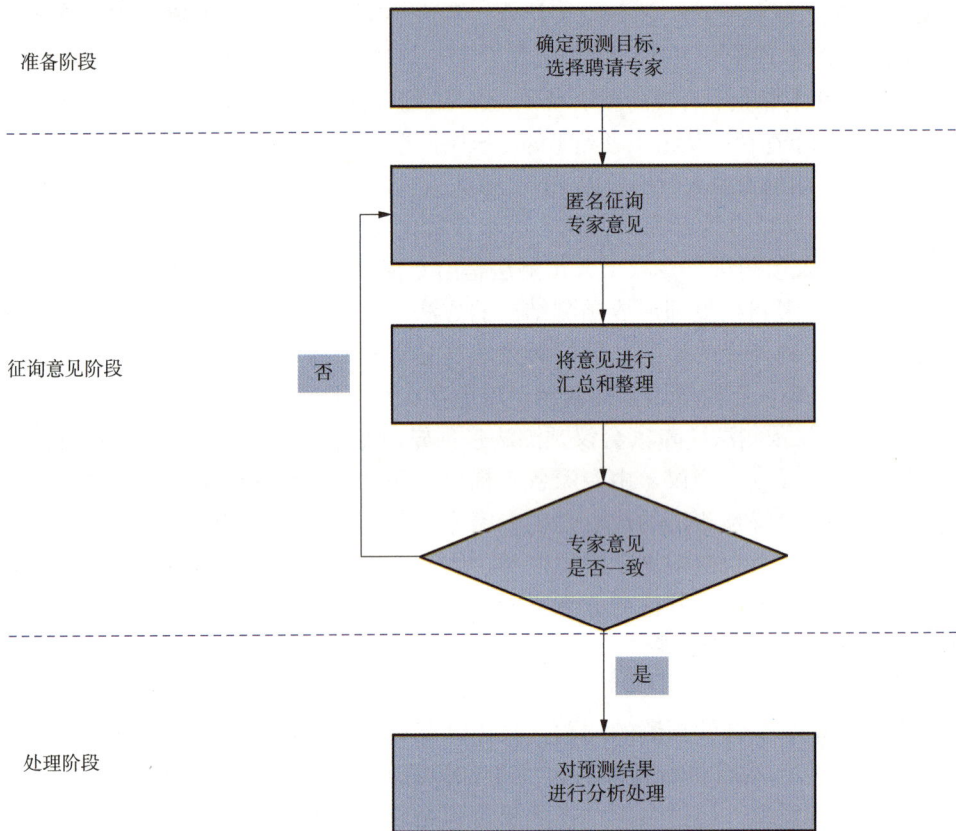

图 5.5　德尔菲法的步骤

2. 定量预测方法

定量预测方法分为时间序列分析法和因果分析法。

（1）时间序列分析法

时间序列分析法又称为趋势预测法。该方法是将历史资料和数据，按时间顺序排成一序列，根据时间序列所反映的经济现象的发展过程、方向和趋势，将时间序列外推或延伸，以预测经济现象未来可能达到的水平。时间序列分析法常用的有简单平均法、移动平均法、指数平滑法等。

1）简单平均法。简单平均法通过一定观察期的数据，以平均数确定预测值，简单易行，又分为算术平均法［式（5.1）］和加权平均法［式（5.2）］。算术平均法适用于预测对象变化不大的情况。加权平均法每期数据的重要程度不同，各期数据要给予不同的权数，再加以平均。一般来说，距离预测期越近的数据对预测值的影响越大，应给予较大的权数。

$$X = \frac{\sum_{t=1}^{n} X_t}{n} = \frac{X_1 + X_2 + X_3 + \cdots + X_n}{n} \tag{5.1}$$

式中：X——预测值的算术平均值；

X_t——第 t 期的数据；

n——资料数或期数。

$$Y=\frac{\sum_{t=1}^{n}W_t X_t}{\sum_{t=1}^{n}W_t}=\frac{\sum WX}{\sum W} \tag{5.2}$$

式中：Y——预测值的加权平均值；

W_t——第 t 期数据 X_t 的权重；

X_t——第 t 期的数据；

n——资料数或期数。

2）移动平均法。移动平均法是把已知统计数据按数据点划分为若干段，按数据点的顺序逐点推移，逐点求其平均值得出预测值的方法。这种方法能够有效地消除预测中的随机波动，适用于长期趋势变化和季节性变化的预测。计算公式如式（5.3）所示。

$$M_{t+1}=\frac{X_t+X_{t-1}+\cdots+X_{t-n+1}}{n} \tag{5.3}$$

式中：M_{t+1}——第 $t+1$ 期的移动平均值；

X_t——已知第 t 期的实际值；

n——每段内的数据个数。

3）指数平滑法。指数平滑法是对移动平均法的改进，它引入一个平滑系数 α，预测值 F_{t+1} 是当期的实际值 X_t 和上期预测值 F_t 不同比例之和。当历史数据比较多（50 个以上）时，数据初始值可用第一期观察值代替，即 $F_1=X_1$。α 越小，F_t 所占的比重越大，所得预测值越平滑。观察值呈较稳定水平发展时，α 建议取值为 [0.1，0.3]；观察值波动较大时，α 建议取值为 [0.3，0.5]；观察值波动很大时，α 建议取值为 [0.5，0.8]。

$$F_{t+1}=\alpha X_t+（1-\alpha）F_t \tag{5.4}$$

式中：F_{t+1}——第 $t+1$ 期的预测值；

α——平滑系数，$0<\alpha<1$；

X_t——第 t 期的实际值；

F_t——第 t 期的预测值。

【例 5.1】 某企业连续 12 个月的实际销售额见表 5.1，试用时间序列分析法进行预测，填入表中。（四舍五入，保留一位小数）

表 5.1　某企业连续 12 个月的实际销售额及预测值

月份	实际产值／万元	三个月移动平均值 M_{t+1}（$n=3$）	四个月移动平均值 M_{t+1}（$n=4$）
1	18		
2	20		
3	22		
4	24	（18+20+22）÷3=20	
5	26	（20+22+24）÷3=22	（18+20+22+24）÷4=21
6	25	（22+24+26）÷3=24	（20+22+24+26）÷4=23

续表

月份	实际产值/万元	三个月移动平均值 M_{t+1}（$n=3$）	四个月移动平均值 M_{t+1}（$n=4$）
7	27	（24+26+25）÷3=25	（22+24+26+25）÷4=24.3
8	26	（26+25+27）÷3=26	（24+26+25+27）÷4=25.5
9	27	（25+27+26）÷3=26	（26+25+27+26）÷4=26
10	28	（27+26+27）÷3=26.7	（25+27+26+27）÷4=26.3
11	29	（26+27+28）÷3=27	（27+26+27+28）÷4=27
12	30	（27+28+29）÷3=28	（26+27+28+29）÷4=27.5
		（28+29+30）÷3=29	（27+28+29+30）÷4=28.5

【解】 绘制预测情况，如图5.6所示。

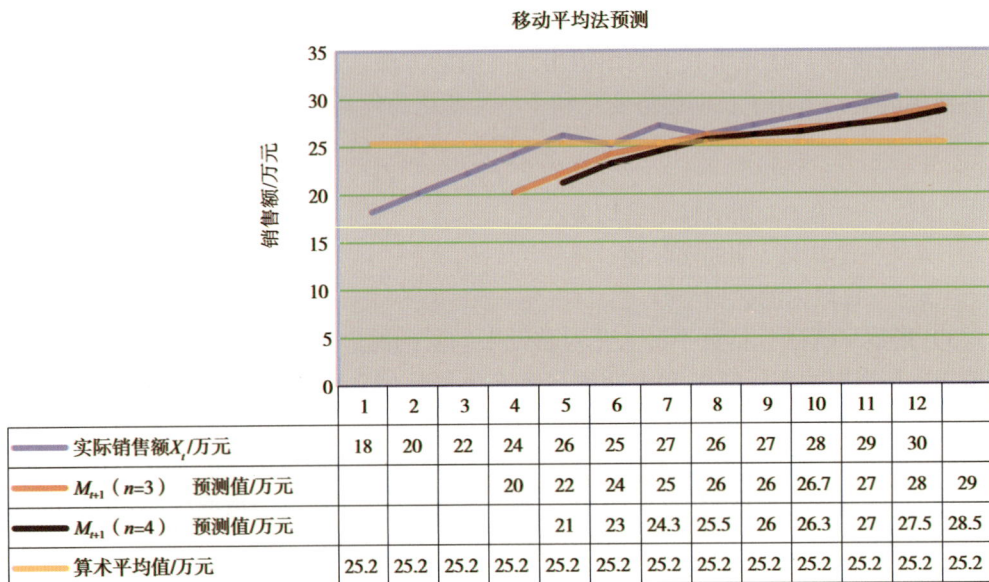

移动平均法预测

	1	2	3	4	5	6	7	8	9	10	11	12	
实际销售额 X_t/万元	18	20	22	24	26	25	27	26	27	28	29	30	
M_{t+1}（$n=3$） 预测值/万元				20	22	24	25	26	26	26.7	27	28	29
M_{t+1}（$n=4$） 预测值/万元					21	23	24.3	25.5	26	26.3	27	27.5	28.5
算术平均值/万元	25.2	25.2	25.2	25.2	25.2	25.2	25.2	25.2	25.2	25.2	25.2	25.2	25.2

图5.6 某企业销售额及预测情况图

（2）因果分析法

因果分析法即根据事物内在的因果关系来预测事物发展趋向的方法。回归分析法是因果分析法中很重要的一种，回归分析法是利用数据统计原理，对统计数据进行数学处理，并确定因变量与某些自变量的相关关系，建立一个相关性较好的回归方程，用于预测变量未来值的方法。根据因变量和自变量的个数，回归分析法可以分为一元回归分析法和多元回归分析法；根据因变量和自变量的函数表达式，回归分析法可以分为线性回归分析法和非线性回归分析法。这里只介绍一元回归分析法。

一元回归分析法只涉及一个自变量和一个因变量，导出的数学关系式是线性关系，表示在图上是直线，故又称为直线回归分析法。根据自变量 x 与因变量 y 的若干组数据，把各组数据的散点图绘制在直角坐标系中，求出各点距离最小的直线，即预测值的回归直线，方程式见式（5.5）。

$$y=a+bx \tag{5.5}$$

式中：x——自变量；

　　　y——因变量；

　　　a、b——回归系数。

用最小二乘法求得

$$b=\frac{\sum\limits_{i=1}^{n}x_iy_i-\overline{x}\sum\limits_{i=1}^{n}y_i}{\sum\limits_{i=1}^{n}x_i{}^2-\overline{x}\sum\limits_{i=1}^{n}x_i} \tag{5.6}$$

$$a=\frac{\sum\limits_{i=1}^{n}y_i-b\sum\limits_{i=1}^{n}x_i}{n}=\overline{y}-b\overline{x} \tag{5.7}$$

其中：

$$\overline{x}=\frac{1}{n}\sum\limits_{i=1}^{n}x_i,\ \overline{y}=\frac{1}{n}\sum\limits_{i=1}^{n}y_i$$

回归直线的拟合程度，可以用相关系数 r 来检验，计算公式见式（5.8）。

$$r=\frac{\sum\limits_{i=1}^{n}x_iy_i-n\overline{x}\overline{y}}{\sqrt{\sum\limits_{i=1}^{n}x_i{}^2-n\overline{x}^2}\ \sqrt{\sum\limits_{i=1}^{n}y_i{}^2-n\overline{y}^2}} \tag{5.8}$$

根据式（5.6）和式（5.8），可以推出

$$b=r\frac{\sqrt{\sum\limits_{i=1}^{n}y_i{}^2-n\overline{y}^2}}{\sqrt{\sum\limits_{i=1}^{n}x_i{}^2-n\overline{x}^2}} \tag{5.9}$$

当 $r=0$ 时，回归直线是一条与 x 轴平行的直线，说明 y 与 x 无关，两者之间无线性关系；当 $r=1$ 时，回归直线是一条斜率等于 1 的直线，说明 y 与 x 正相关；当 $r=-1$ 时，回归直线斜率等于 -1，说明 y 与 x 负相关。使用一元回归分析法要注意数据不能太少，并且要通过 | r | 的大小判断回归方程有无使用价值。

定性预测和定量预测各有优缺点，实际运用中常常将两者结合，以提高预测的科学性。

🕐 链　接

德尔菲法的由来

德尔菲法是 20 世纪 40 年代由赫尔默和戈登首创。1946 年，美国兰德公司为避免集体讨论存在的屈从于权威或盲目服从多数的缺陷，首次用这种方法进行定性预测，后来该方法迅速被广泛采用。20 世纪中期，当美国政府执意发动朝鲜战争的时候，兰德公司提交了一份预测报告，预告这场战争必败。政府完全没有采纳，结果一败涂地。从此以后，德尔菲法得到广泛认可。

5.2 决策技术

知识导入

　　朴素的决策思想古而有之，历史上不乏经典案例。在落后的生产方式下，决策主要凭借个人知识、智慧和经验。但在当代技术经济高度发展的条件下，问题越来越复杂，单靠人们的经验判断，已经很难作出十分准确的决策。所以，必须应用数学分析的方法进行定量和定性结合的分析，以提高决策的科学性。科学决策主张"目标导向""多方案决策"，并遵循"满意决策"原则。

趣 闻

囚徒困境 - 博弈论

　　囚徒困境，是博弈论中非零和博弈的代表性例子，反映个人最佳选择并非团体最佳选择，或者说在一个群体中，个人做出理性选择有可能导致集体的非理性。虽然困境本身只属模型性质，但现实中的价格竞争、环境保护等方面，也会频繁出现类似情况。

　　1950 年，美国兰德公司的梅里尔·弗勒德和梅尔文·德雷希尔拟定出相关困境的理论，后来由顾问艾伯特·塔克以囚徒方式阐述，并命名为"囚徒困境"。两个共谋犯罪的人被关入监狱，不能互相沟通情况。如果两个人都不揭发对方，则由于证据不确定，每个人都判刑一年；若一人揭发，而另一人沉默，则揭发者因为立功而立即获释，沉默者因不合作而判刑十年；若互相揭发，则因证据确凿，两者都判刑八年。于是，每个囚徒都面临两种选择：坦白或抵赖。不管同伙选择什么，每个囚徒的最优选择是坦白，因为，如果同伙抵赖、自己坦白的话自己被放出去，抵赖的话自己被判一年，坦白比不坦白好；如果同伙坦白、自己坦白的话被判八年，比起抵赖判十年还是更好。结果，两个犯罪嫌疑人都倾向于选择坦白，各判刑八年。但如果两人都抵赖，则各判一年，显然这个结果好。囚徒困境所反映出的深刻问题是，人类的个人理性有时能导致集体的非理性。

教学内容

5.2.1　决策概述

1. 决策的概念和作用

决策是指为实现一定的目标，在一定的约束条件下，对多个可实施方案进行比较分析，从中选择一个最佳方案的过程。

决策的概念包括 5 层含义：决策是个动态过程；决策的目的是为了实现一定的目标，或解决某一问题；决策的核心问题是如何进行多方案的选择；决策要有科学的标准和依据；决策选择的一般应是最优化的方案。

建筑企业经营决策主要包括经营战略方面的决策、招揽工程任务的决策、生产技术管理方面的决策、财务管理方面的决策和劳动人事方面的决策。

2. 决策的分类

（1）按决策时间分类

按决策时间分类，决策可以分为短期决策和长期决策（图 5.7）。

1）短期决策。短期决策也称为短期经营决策，一般一年或一年以下的决策为短期决策，指根据决策结果制订短期经营计划。短期决策通常只涉及一年以内的业务，一般不涉及新的固定资产投资以及企业发展战略等远景规划类决策。例如，施工企业的短期决策，一般是指年度承包总额、项目选择及是否投标、投标报价策略、中标后选择分包并签订合同、材料供应及是否租赁建筑机械等具体的问题。对于这些决策，主要应考虑怎样使现有资源得到最合理、最充分的利用，以取得最佳的经济效益。

2）长期决策。长期决策是企业最重要的决策，是指与企业战略目标和发展方向有关的重大安排，它涉及的时间长、投资大、风险大，对企业未来的长期盈利能力有着决定性的影响，方案一旦确定实施就难以更改，因此，长期决策必须兼顾技术上的先进性和经济上的合理性，充分考虑各种因素，进行科学的测算和缜密的比较分析，从而挑选出最切实可行的方案。

（2）按决策性质分类

按决策性质分类，决策可以分为战略决策和战术决策（图 5.8）。

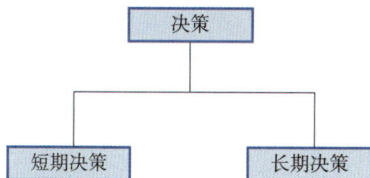

图 5.7　决策按时间分类　　　　　　　图 5.8　决策按性质分类

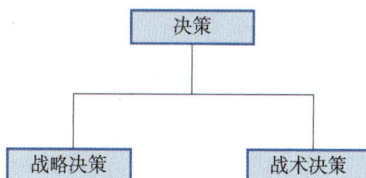

1）战略决策。战略决策又称为经营决策，是关系企业全局和长远发展的重大问题的决策，是非程序化的、带有风险性的决策，如涉及企业发展方向、经营方针、经营目标等事关企业生存的重大问题。在决策中要注意依靠集体的智慧，充分考虑企业的经营环境因素，结合企业内部条件进行认真分析研究。

2）战术决策。战术决策与战略决策相对，又称为管理决策，是指企业内部在未来短时期内关于局部问题的决策，是在既定方向和内容下对活动方式进行的执行性决策。

（3）按决策目标数量分类

按决策目标数量分类，决策可以分为单目标决策和多目标决策（图 5.9）。单目标决策是指决策时只考虑一个单一的指标，多目标决策是指同时满足多项指标进行的决策。

（4）按决策形态分类

按决策形态分类，决策可以分为程序化决策和非程序化决策（图 5.10）。

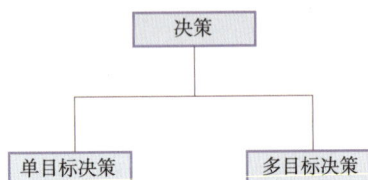

图 5.9　决策按目标数量分类　　　图 5.10　决策按形态分类

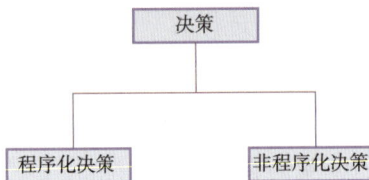

1）程序化决策。程序化决策是指对企业经营管理中经常重复发生的问题，拟定一套常规的处理方法，或制定规则、程序而做出的决策。再次出现这类问题进行决策时便有章可循，不必重新实施新的决策。

程序化决策是可以运用运筹学技术来完成的，决策所需要的信息都可以通过计量和统计调查得到，它的约束条件也是明确而具体的，并且都是能够量化的，运用计算机信息技术可以取得非常好的效果。

2）非程序化决策。非程序化决策是指对那些不经常重复出现，不能以现成的程序来表达的问题作出的决策，决策一般由上层管理人员作出。非程序化决策所赖以进行的信息不完全，变量与变量之间的关系模糊、不确定，无法通过建立数学模型来为决策人制定决策，提供优化方案。除适当的定量分析外，主要采用定性分析的方法。战略决策多属于非程序化决策。

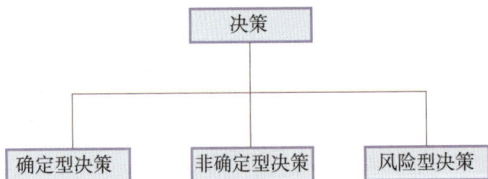

图 5.11　决策按确定程度分类

（5）按决策确定程度分类

按决策确定程度分类，决策可以分为确定型决策、非确定型决策和风险型决策（图 5.11）。

1）确定型决策。确定型决策指影响决策的因素明确、肯定、容易判断，决策方案的结果可以预期达到的决策。

2）非确定型决策。非确定型决策是指在未来发生的情况存在 2 种以上已知的自然状态，但其发生的概率无法确定的条件下所作出的决策，决策的有效性取决于决策者的知识与经验。

3）风险型决策。风险型决策又称为随机型决策，面临至少2个发生概率为已知的随机自然状态，但出现哪种自然状态不能确定。

除了以上分类方法外，按照管理层级分，决策还可以分为最高管理层的管理决策、中间管理层的管理决策、基层管理层的业务决策。

3．决策的步骤

决策是一个动态的过程，决策的步骤如图 5.12 所示。

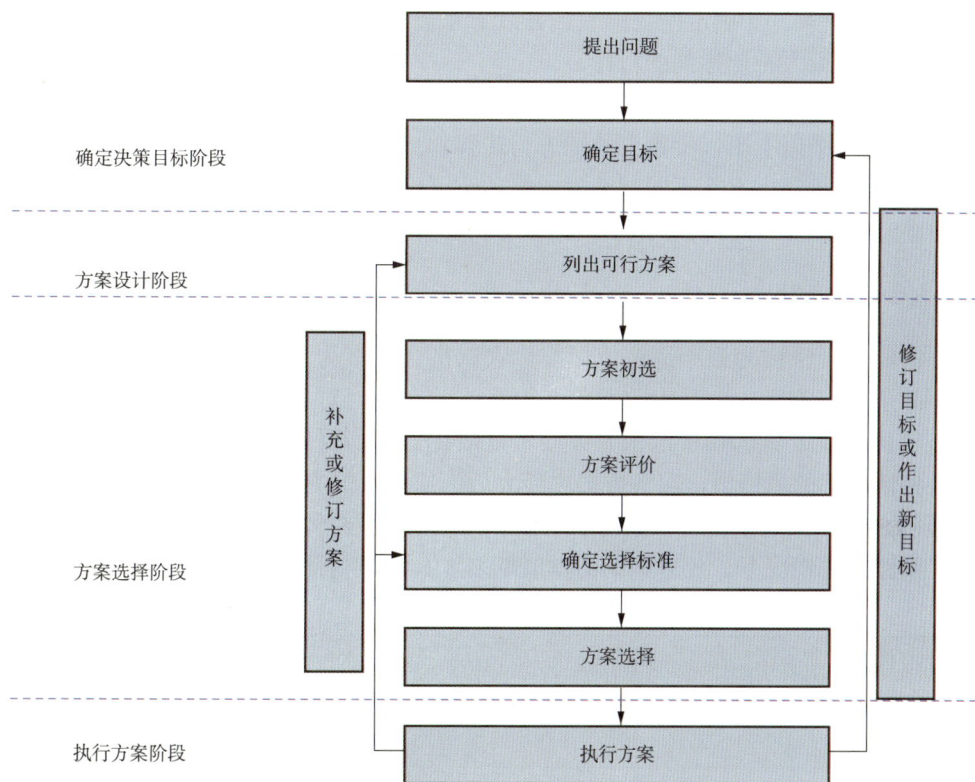

图 5.12　决策的步骤

5.2.2　确定型决策

确定型决策是指决策环境是完全确定的，作出的选择结果也是确定的，即不包含有随机因素的决策问题，每个决策都会得到一个唯一事先可知的结果。

确定型决策的特点有以下 4 点。

第一，决策者有期望实现的明确目标。

第二，决策面临的自然状态只有一种。

第三，存在 2 种或 2 种以上可供选择的方案。

第四，每种方案在确定的自然下的损益值可以计算。

确定型决策可以采用线性规划法、量本利分析法等数学方法，并借助计算机按照程序进行操作，通过计算选择较优方案。

5.2.3　非确定型决策

非确定型决策是指决策者对将发生的决策结果的概率一无所知，只能凭决策者的主观倾向进行决策。非确定型决策须具备以下 4 个条件。

1）存在决策人希望达到的目标。

2）存在 2 种以上的行动方案可供决策人选择，最后选择一个。

3）存在 2 个以上不以决策人的意志为转移的自然状态（情况）。

4）不同的行动方案在不同状态下的损益值可以计算出来。

非确定型决策，可以采用后悔值准则、等概率准则、保守准则、冒险准则进行决策。

1．后悔值准则

后悔值准则也称为最小遗憾值标准，它以机会成本为基础，将每种情况（或称自然状态）下所有方案中的最大收益值与方案收益值进行对比的差额称为遗憾值或后悔值，该值代表决策者选择了这个方案而不是最优方案所受的损失，决策者先计算各方案在各种情况下的后悔值，取各方案中最大后悔值最小的方案作为最终方案。

【例 5.2】　某建筑构件厂有甲、乙、丙 3 种产品方案，在产品市场销路好、销路一般、销路差的情况下，各方案的损益值见表 5.2。试用后悔值准则进行决策。

表 5.2　各方案的损益值　　　　　　　　单位：万元

状态	甲产品	乙产品	丙产品
销路好	40	90	30
销路一般	20	40	20
销路差	-10	-50	-4

【解】　各方案的后悔值计算见表 5.3。

表 5.3　各方案后悔值计算表　　　　　　　　单位：万元

自然状态	后悔值		
	甲	乙	丙
销路好	90-40=50	0	90-30=60
销路一般	40-20=20	0	40-20=20
销路差	-4-（-10）=6	-4-（-50）=46	0
各方案最大后悔值	50	46	60

从表 5.3 可以看出，各方案中最大后悔值最小的是乙方案 46 万元，所以采用后悔值准则进行决策，应选择方案乙。

2. 等概率准则

决策者不知道每种情况出现的概率，于是就按等概率原则，假定每种情况出现的概率相等，来估算各方案的期望净现值，以期望净现值最大者为优选方案。

【例 5.3】　某建筑构件厂有甲、乙、丙 3 种产品方案，在产品市场销路好、销路一般、销路差的情况下，各方案的损益值见表 5.2。试用等概率准则进行决策。

【解】　计算各方案的期望值得

甲方案：$E（甲）=40×\dfrac{1}{3}+20×\dfrac{1}{3}+（-10）×\dfrac{1}{3}=16.67$（万元）

乙方案：$E（乙）=90×\dfrac{1}{3}+40×\dfrac{1}{3}+（-50）×\dfrac{1}{3}=26.67$（万元）

丙方案：$E（丙）=30×\dfrac{1}{3}+20×\dfrac{1}{3}+（-4）×\dfrac{1}{3}=15.33$（万元）

因为方案乙的期望值最大，根据等概率准则进行决策，应选方案乙。

3. 保守准则

保守准则又称为最小收益值最大准则或小中取大法，找出每个方案在各种状态下的最小损益值，取其中最大者所对应的方案为优选方案。保守准则对未来持悲观或者保守的态度，是适合保守型投资者决策时的行为依据。表 5.2 所示的决策问题，如果采用保守准则决策，应选择方案丙，因为甲、乙、丙方案的最小收益值分别为 -10 万元、-50 万元、-4 万元，丙方案的最小收益值为最大。

4. 冒险准则

冒险准则又称为最大收益值最大准则或大中取大法，找出每个方案在各种状态下的最大损益值，取其中最大者所对应的方案为优选方案。冒险准则是风险偏好者进行投资决策的选择依据。这种方法风险性大，而一旦实际出现了选择方案的情况，获得的收益也是最大的。一般来说，这种方法适合资金雄厚的企业采用，因为即使没有出现选择方案的情况，其损失对这种类型的企业影响也不算大。表 5.2 所示决策问题，如果采用冒险准则决策，应该选择方案乙，因为甲、乙、丙方案的最大收益值分别为 40 万元、90 万元、30 万元，乙方案的最大收益值为最大。

5.2.4　风险型决策

风险型决策根据预测的各种事件可能发生的概率，采用期望效果最好的方案作为最优决策方案。风险型决策除了具备非确定型决策的 4 个条件外，还具有 1 个条件：决策人不能肯定会出现哪种自然状态，但各种自然状态出现的概率，决策人可以预先估计或者计算出来。风险型决策可用最大期望益损值法、最大可能法、决策树法以及敏感度分析法来进行决策。这里主要讲述前 3 种。

1. 最大期望损益值法

最大期望损益值法是找出每个方案在各种状态下的最大损益值，取其中最大者所对应的方案为优选方案。

【例 5.4】 某地区投资建厂有 4 个方案可供选择，并有 2 种自然状态，其损益值见表 5.4，假设盈利的概率均为 0.8，亏损的概率均为 0.2，试按最大期望益损值法进行决策。

表 5.4　某地区投资建厂方案损益值　　　　单位：万元

方案	自然状态	
	盈利	亏损
甲	80	−40
乙	50	−20
丙	30	−15
丁	20	−5

【解】

甲方案：E（甲）=80×0.8+（−40）×0.2=56（万元）
乙方案：E（乙）=50×0.8+（−20）×0.2=36（万元）
丙方案：E（丙）=30×0.8+（−15）×0.2=21（万元）
丁方案：E（丁）=20×0.8+（−5）×0.2=15（万元）

因为方案甲的期望值最大，所以应选方案甲。

2. 最大可能法

最大可能法取概率最大自然状态下的最大损益值对应的方案为优选方案。表 5.4 对应的决策问题，按照最大可能法来决策，盈利的概率最大，其发生的可能性最大，盈利的状态下，方案甲损益值最大，所以方案甲为优选方案。

3. 决策树法

决策树法是解决风险型决策的一种主要方法，将决策过程中各种可供选择的方案，可能出现的自然状态即概率和产生的结果，用一个树枝的图形表示出来，把一个复杂的多层次决策问题形象化，以便于决策者分析、对比和选择，如图 5.13 所示。决策树的绘制步骤如下。

第一步，绘出决策点和方案枝，在方案枝上标出对应的备选方案。

第二步，绘出机会点和概率枝，在概率枝上标出对应自然状态出现的概率值。

第三步，在概率枝的末端标出对应的损益值，这样就得出一个完整的决策树。

【例 5.5】 某企业有 3 种产量方案可以选择，方案在不同产量情况下损益值见表 5.5，出现每种产量情况的概率相等，试运用决策树法进行决策。

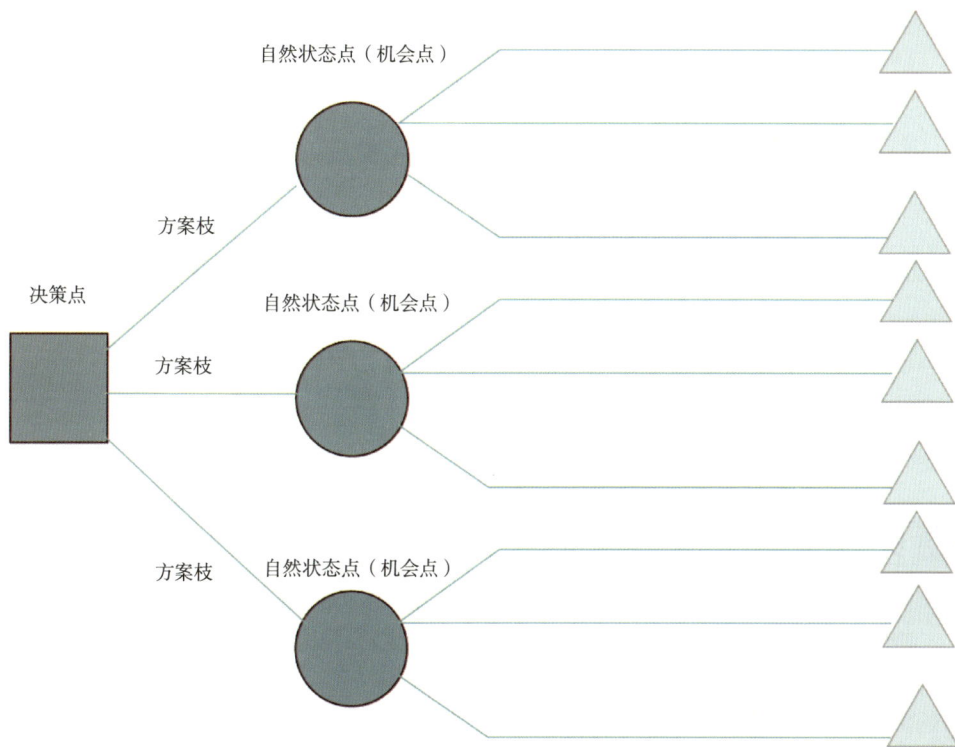

图 5.13　决策树示意图

表 5.5　某企业产量方案损益值　　　　　　　　　单位：万元

产量方案	自然状态			
	销路好	销路一般	销路差	销路很差
I	450	400	-80	-100
II	320	240	-30	-50
III	280	230	-20	-30

【解】 先绘制决策点和 I、II、III 三个方案枝，在每条直线上标明方案名称；再绘制自然状态点（机会点）圆圈，绘制概率枝（状态枝），从状态点再引出若干直线，表示可能发生的各种自然状态，并标明出现的概率；然后绘制结果点三角形，写上各方案在每种自然状态下的收益值或损失值；接下来计算各方案的期望收益值，并写在自然状态点（机会点）圆圈中，有

E（I）=450×0.25+400×0.25+（-80）×0.25+（-100）×0.25=167.5（万元）

E（II）=320×0.25+240×0.25+（-30）×0.25+（-50）×0.25=120（万元）

E（III）=280×0.25+230×0.25+（-20）×0.25+（-30）×0.25=115（万元）

根据期望收益值最大的原则，选择方案 I，剪除另外两个方案，如图 5.14 所示。

需要注意的是，决策树绘制的顺序是从左到右，而决策的过程是从右到左。

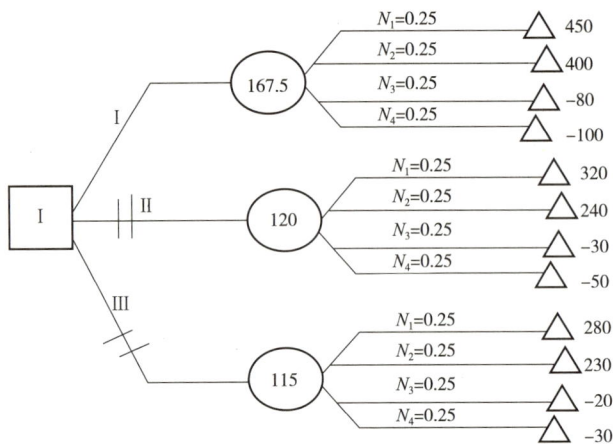

图 5.14　决策树法作决策示意图

复习思考题

　　1. 什么是预测？什么是经营预测？经营预测的分类有哪些？经营预测有何作用？

　　2. 定性预测方法有哪些？定量预测方法有哪些？

　　3. 专家预测法的优点、缺点分别是什么？专家预测法具体分为哪些？怎么组织？

　　4. 德尔菲法的优点、缺点分别是什么？德尔菲法的主要程序是什么？它和专家预测法相比有什么优点？

　　5. 何谓决策技术？决策的分类有哪些？

　　6. 非确定型决策有哪些方法？风险型决策有哪些方法？决策树方法的步骤是什么？

本章测验

学习小结

谈一谈

三至五个同学为一组，各自分享一下在学习、生活的决策中有哪些难忘的事情，谈谈你认为学习了预测、决策知识后对你有哪些影响？简短记录分享情况。通过自身的学习和经历，体会科学预测、决策的重要性，进一步树立科学决策的观念。

第六章 工程项目招标与投标

学习目标

掌握工程招标程序、工程投标程序、投标报价策略和投标技巧、标函编制。

理解招标投标的概念、工程招标的方式和方法、招标文件及主要内容。

了解建筑企业经营方式、国际工程招标与投标。

课程思政

招标投标制度在建筑工程中具有举足轻重的作用，工程招标投标已成为工程建设管理的重要方式，不仅有利于提高工程建设质量，降低工程成本，而且能有效地防止招标投标活动中的腐败行为及其他一些弊端。在整个招标投标过程中，评标是关键环节。思想素质是影响评标专家评标活动的先导，保持公平、公正的评标过程才有利于市场经济的健康发展，有利于创造良好的经济效益，维护合法权益，提高工程质量，降低工程成本，服务国家，造福国民。国务院分别于 2018 年 1 月 3 日和 1 月 17 日召开的两次常务会议，都聚焦了同一个议题——进一步优化营商环境。通过本章学习，培养良好的思想道德和遵纪守法的习惯；要充分认识到，优化营商环境，实施制度创新，加快政府职能转变，创造公平竞争、平等准入的市场环境，是推动中国经济高质量发展的重要举措。

思维导图

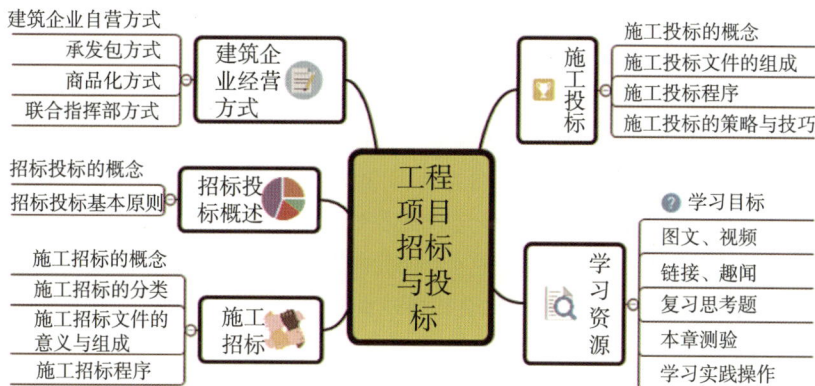

6.1 建筑企业经营方式

知识导入

　　1880年，杨斯盛在上海创办了"杨瑞泰营造厂"。随后，国人自营或与外资合营的营造厂在各大城市相继成立，逐渐形成管理模式更加现代化的建筑承包业。目前的建筑企业的经营管理方式有哪些？各有什么特点？本节将一一进行学习。

趣闻

"杨瑞泰营造厂"——杨斯盛

　　杨斯盛（1851—1908），字锦春，小名阿毛，上海浦东蔡路青墩人。父母早亡，13岁去浦西谋生，学做泥水匠，勤奋好学，为人正直，清光绪六年（公元1880年），杨斯盛在上海开设了第一家由中国人办的营造厂——杨瑞泰营造厂，成为近代建筑史上的一个创举。清光绪年间，杨斯盛承建外滩江海关北楼，一举成名，时称工界伟人、营造泰斗、上海水木业公所领袖董事。杨斯盛被人称为"近代建筑营造业的一代宗师"。

　　杨斯盛幼年遭失学之痛，壮年以琅琅诵读为乐，晚年则立"捐产兴学"之志。为了兴学，1904年，杨斯盛先在宗祠设义塾，将上海一所别墅改为广明小学，翌年，增设广明师范讲习所，并在浦东六里桥购地40余亩，兴建浦东中学。1906年正月开工，由黄炎培设计，亲自监督，同年十二月，校舍竣工，教学设施堪称沪一流，所聘办学人才亦是一流，李平书、黄炎培、秦锡田、陆家骧、张伯初等出任校董。杨斯盛提出"勤朴"校训作为办学宗旨，他说："第一是勤，学生是中国的主人翁，担当中国未来的一切事业，要有精神和体魄上的担当，全看我们能不能勤，不勤就永远没有希望。第二是朴，繁华奢侈，是朴的反面，凡是贪享受、爱繁华的人，永远没有希望。人心不能两用，自古成就事业者，不管做学问，还是从事实业的，无不专心致志。"杨斯盛一生劳累，身体多病，于1908年5月29日在校内住所长逝，病重时还谆谆叮嘱要设法改善教学设备，要创造条件，让更多的浦东子弟来校读书。著名学者胡适，对杨斯盛的人格和"毁家兴学"之举，十分赞赏，曾应邀为浦东中学题词：杨公发愿为国家造人材，诸位同学应该发愿把自己铸造成器。

建筑企业的经营方式是指建筑企业向用户或服务对象提供产品或服务的方式，也是组织建筑生产活动所采取的管理方式。建筑企业的经营方式主要包括自营方式、承发包方式、商品化方式和联合指挥部方式。

6.1.1　建筑企业自营方式

建筑企业自营方式是指业主自己组织力量来完成项目的经营方式。建设工程的计划编制、设计委托、地点选择、土地征用到施工组织，都由业主自行完成。这种方式有利于业主对工程全过程的统一管理，可以调动业主的主动性和积极性；缺点是组织机构不稳定、技术力量弱、管理水平低、经济效益差。

6.1.2　承发包方式

承发包方式是指业主（建设单位称甲方）将建设工程项目发包给建筑承包企业（称乙方），并由承包企业按期优质、全面完成建设施工任务的经营方式。这种承发包经营方式，由于企业自身和外部条件的不同，分为以下几种具体的经营方式。

1. 总、分包方式

这种方式是指由一个建筑承包企业作为总包，并与业主直接签订工程合同，然后根据企业自身与外部环境等条件，将部分工程分包给分包企业完成，通过分包合同的形式明确双方的经济责任。即分包对总包负责，总包对业主全面负责。

2. 联合承包方式

这种方式是指由 2 家或者 2 家以上的建筑承包企业向业主承包共同完成工程施工任务，并按各自的人、财、物等约定分享利润与承担风险。

3. 设计-施工联合承包方式

设计-施工联合承包（design-build，DB）方式是方式指由设计院所和建筑施工企业联合承包，共同负责完成工程项目的设计和施工任务，如图 6.1 所示。由于设计和施工一体化，可以减少中间合同的签订与变更，能提前开工日期，加快工程进度，经济效益较好，因而国内采用面日益增大，美国、日本等国家的建筑企业也都在采用这种经营方式。

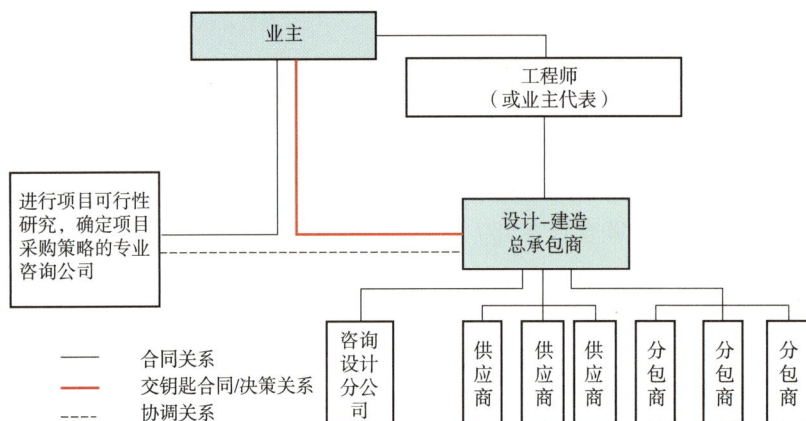

图 6.1　设计 - 施工联合承包方式

6.1.3　商品化方式

商品化方式（engineering procurement construction，EPC）又称一揽子承包、交钥匙方式，属于开发式经营，也称一体化经营方式，尽管名称不同，但都是指将建设项目发包给一个建筑企业（如开发公司），由建筑企业负责全部建设工作，包括从计划、设计、施工到交钥匙供用户使用，实行一体化经营，如图 6.2 所示。这种方式在民用建筑中广泛应用，其优点是加强了建筑企业的自主权和责任心，减轻了业主负担，减少了单位间的矛盾，节省了人力、物力，有利于加快建设速度，提高经济效益。

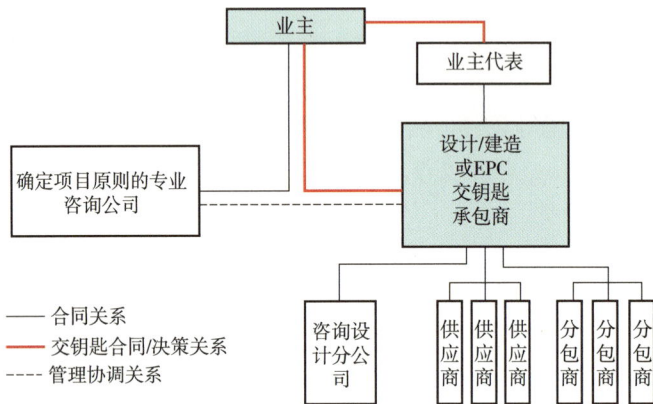

图 6.2　商品化方式

6.1.4　联合指挥部方式

联合指挥部方式一般是在一些大的、工艺复杂的重要工业建设项目中采用，由项目主管部门、建设单位、设计单位、建筑安装企业等共同派人组成联合（现场）指挥部，并全面负责该工程的建设任务。

国内承发包业务的形成与发展

1. 鸦片战争至新中国成立

1880 年，杨斯盛在上海创办"杨瑞泰营造厂"。

2. 新中国成立后分三个阶段

1）1949—1957 年，推行承发包制度，以行政手段分配工程施工任务。

2）1958—1977 年，国家将建筑产品从商品的概念里去除，由此取消了承包制度。

3）1978 年至今：

① 颁布和实施了《中华人民共和国建筑法》《中华人民共和国招标投标法》《中华人民共和国合同法》等法律法规，为建筑的发展提供了法治基础。

② 制定和完善《建设工程合同（示范文本）》，贯彻合同管理制。

③ 推行招标投标制，把竞争机制引入建筑市场。

④ 创建了建设监理制，改革建设工程的管理体制。

6.2　招标投标概述

知识导入

我国招标投标制度的发展历史：

1）1949 年新中国成立以来，我国大型水电工程建设一直采用自营制方式。

2）20 世纪 80 年代初，经济建设成为发展重点，水电建设形成高潮。

3）明确利用外资（世界银行贷款和政府贷款），借款人必须履行的承诺和条件，以此来解决国内资金不足的问题，以开放促改革。

4）体制和管理方式的改变。

5）随着外资的引入，国际建筑市场通行规则逐渐运用于国内市场，如招标投标制度。

趣　闻

中国近代"招标"第一人——张之洞

据史料记载，我国最早采用招商比价（招标投标）方式承包工程的是 1902 年张之洞创办的湖北制革厂，5 家营造商参加开价比价，结果张同升以 1270.1 两白银的开价中标，并签订了以质量保证、施工工期、付款方法为主要内容的承包合同。1918年，汉阳铁厂的2项扩建工程曾在汉口《新闻报》刊登广告，公开招标。1929年，当时的武汉市采办委员会曾公布招标规则，规定公有建筑或一次采购物料大于3000元以上者，均须通过招标决定承办厂商。

张之洞是中国重工业的开拓者，是中国率先引进外国机器铸造银圆的人，是中国近代新式军队的开创者之一。张之洞一生中有许多大手笔：创建了汉阳铁厂，那是当时亚洲第一家现代化钢铁联合企业，连毛泽东都曾经说"讲到重工业，不能忘记张之洞"；他开办的汉阳枪炮厂，一直到民国时期都是中国最大规模的陆军兵器制造中心；他主持制定的学堂章程结束了几千年的科举制度，他还是晚清留学生运动最重要的提倡者；他创建的湖北新军，成为辛亥武昌起义的发起者。他不仅是一个洋务的实践家，还是洋务运动最大的思想家，以"中学为体，西学为用"为核心观点的《劝学篇》是对洋务运动在理论层面的高度概括。他"开新"不忘"卫道"。有人说，曾是一介书生的张之洞就像一个老中医，用中体西用的方子，医治着已经病入膏肓的晚清。

"中学为体，西学为用"是张之洞办企业教育的中心思想。张之洞是"洋务运动"的倡导人之一。外国人说他是"一个稳健的、非常稳健的主张欧化的人"。结合他的言论看，他的中学为体"虽然封建但求改革"，他的西学为用是师西方之长技以制敌、治国。

中国历史上，第一个关于提倡"招标"的文件是1980年10月17日国务院常务会议通过的《国务院关于开展和保护社会主义竞争的暂行规定》（以下简称《规定》）。《规定》指出："对一些适宜于承包的生产建设项目和经营项目，可试行招标、投标的办法。"

1979年，我国土木建筑企业最先参与国际市场竞争，以投标方式在中东、亚洲、非洲等国家和地区开展国际承包工程业务，取得了国际工程投标的经验与信誉。（资料来源于网络）

教学内容

6.2.1 招标投标的概念

招标投标是指招标人对工程建设、货物买卖、劳务承担等交易业务，事先公布选择采购的条件和要求，招引他人承接，若干或众多投标人作出愿意参加业务承接竞争的意思表示，招标人按照规定的程序和办法择优选定中标人的活动。招标投标是在市场经济条件下进行工程建设、货物买卖、财产出租、中介服务等经济活动的一种竞争形式和交易方式，是引入竞争机制订立合同（契约）的一种法律形式。

6.2.2　招标投标基本原则

招标投标活动应遵循公开、公平、公正、诚实信用等原则。

1）公开原则。即要求招标投标活动必须保证充分的透明度，招标投标程序、投标人的资格条件、评标标准和方法、评标和中标结果等信息要公开，保证每个投标人能够获得相同信息，公平参与投标竞争并依法维护自身的合法权益。

2）公平原则。即要求招标人在招标投标各程序环节中给予潜在投标人或者投标人平等竞争的机会，并使其享有同等的权利和义务。例如，资格预审文件和招标文件中不得含有倾向性内容，招标人不得以不合理的条件限制和排斥潜在投标人；不得对潜在投标人或者投标人采取不同的资格审查或者评标标准，依法必须进行招标的项目不得以特定行政区域或者特定行业的业绩、奖项作为评标加分条件或者中标条件等。

3）公正原则。即要求招标人必须依法设定科学、合理和统一的程序、方法和标准，并严格据此接受和客观评审投标文件，真正择优确定中标人，不倾向、不歧视、不排斥，保证各投标人的合法平等权益。例如，评标委员会必须按照招标文件事先确定并公开的评标标准和方法客观评审投标文件和推荐中标候选人，并明确否决投标的法定情形等。

4）诚实信用原则。即要求招标投标各方当事人在招标投标活动和履行合同中应当以守法、诚实、守信、善意的意识和态度行使权利和履行义务，不得故意隐瞒真相或者弄虚作假，不得串标、围标和恶意竞争，在追求自己合法利益的同时不得损害他人的合法利益和社会利益，依法维护双方利益以及与社会利益的平衡。

> **链　接**
>
> **国际招标工程——鲁布革水电站工程**
>
> 鲁布革水电站是我国第一个利用世界银行贷款的基本建设项目。根据协议，工程三大部分之一的引水隧洞工程必须进行国际招标。这吸引了8个国家的承包商来竞标。结果，日本大成公司中标。
>
> 至完工后，日本大成公司共制造出至少三大冲击波：第一波，价格，中标价仅为标底的56.58%；第二波，队伍，日本大成公司派到现场的是一支只有30人的管理队伍，作业工人全部由中国承包公司委派；第三波，结果，完工决算的工程造价为标底的60%、工期提前156天、质量达到合同规定的要求。
>
> 这令人咋舌的低成本、高质量、高速度和高效益，让当时中国建筑界的从业者叹为观止。

6.3 施工招标

知识导入

　　某建设单位经相关主管部门批准，组织某项目的地下工程公开招标工作。根据实际情况和建设单位要求，该工程工期定为2年，考虑到各种因素的影响，确定该工程在基本方案后即开始招标，确定的招标投标程序如下。

　　1）成立该工程招标领导机构。

　　2）委托招标代理机构代理招标。

　　3）发出投标邀请书。

　　4）对报名参加投标者进行资格预审，并将结果通知合格的申请投标者。

　　5）向所有投标者发售招标文件。

　　6）召开投标预备会。

　　7）招标文件的澄清与修改。

　　8）建立评标组织，制定标底和评标、定标办法。

　　9）公开开标会议，审查投标书。

　　10）组织评标。

　　11）与潜在中标单位进行谈判。

　　12）决定中标单位。

　　13）发出中标通知书。

　　14）建设单位与中标单位签订承发包合同。

　　上述招标程序中存在哪些不妥和不完善之处，应如何修改？

趣　闻

微电影《木马择匠》——讲述中国首次招标投标的故事

　　木马择匠，古刹传奇；招标文化，青史留名。

　　古装廉政历史微电影《木马择匠》讲述了一个发生在全国唯一的畲族自治县——浙江省丽水市景宁畲族自治县大漈乡的民间故事，该片已由景宁畲族自治县纪委监察局、景宁畲族自治县风景旅游局、景宁畲族自治县大漈省级风景名胜区管委会联合出品，浙江创博文化传播有限公司完成制作，并在各大视频网站公映。

　　浙南景宁有个大漈村，南宋绍兴年间，有个叫梅元屃的6岁孩童为祖父守孝3年，在当地传为美谈。南宋绍兴十年（公元1140年），高宗皇帝赵构降旨敕封梅元屃为"孝童"，赏赐银两布帛，并准许梅氏家族建造时思寺，意为时时思念祖先。梅太公为弘扬孝道精神，更为了感谢皇上的圣恩，决定召集族人筹措银两建造寺庙。万事俱备，梅太公却在建造时思寺主事木匠的人选上犯了愁。因为有皇帝的敕封，建造时思寺既可以青史留名，又可以赚钱，梅太公的亲戚朋友和本村里长、县令都想托关系让自己的亲戚朋友当主事木匠。最后，梅太公召集族人，力排众议，公平、公正、公开地通过榫卯工艺比武挑选出主事木匠，建造了屹立800多年的江南名楼时思寺，这里也成为我国最早的招标文化遗址。

为了深入贯彻落实习近平总书记在中央政治局第五次集体学习会上的讲话精神，积极借鉴我国历史上的优秀廉政文化，景宁县委县政府决定将这个流传千年的民间故事搬上银幕，并拨出专项资金成立了电影创作拍摄工作小组，从剧本创作、剧组成立、影片取景到制作成片全程参与。与此同时，中共景宁畲族自治县纪委监察局在我国最早的招标文化遗址时思寺建立了吃住在农家、培训在基层、实践在田头，接地气访民情的没有围墙的廉政教育培训中心；设立了中央纪委监察部（现指中共中央纪律检查委员会、中华人民共和国国家监察委员会）杭州培训中心教学实践基地及丽水市廉政文化教育基地，吸引了全国各地游客纷至沓来。（资料来源于网络）

教学内容

6.3.1　施工招标的概念

建设工程招标是指招标人在发包建设项目之前，公开招标或邀请投标人，根据招标人的意图和要求提出报价，在规定的地点和时间当场开标，进行评标，从中择优选定中标人的一种经济活动。

施工招标是指招标人将施工任务发包，通过招标方式鼓励施工企业投标竞争，从中选出技术能力强、管理水平高、信誉可靠且报价合理的承建单位，并以签订合同的方式约束双方在施工过程中的行为的经济活动。

6.3.2　施工招标的分类

施工招标按不同的标准可以分为不同的类别。

1. 按竞争程度划分

（1）公开招标

公开招标是指招标人通过报刊、广播、电视、信息网络或其他媒介，公开发布招标广告，招揽不特定的法人或其他组织参加投标的招标方式。公开招标形式一般对投标人的数量不予限制，故也称"无限竞争性招标"。

（2）邀请招标

邀请招标是指招标人以投标邀请书的方式直接邀请若干家（不少于 3 家）特定的法人或其他组织参加投标的招标形式。由于投标人的数量是招标人确定的，是有限制的，所以又称为"有限竞争性招标"。在大多数国家（包括我国），都只适用于私人投资建设的项目，中、小型建设工程项目。邀请招标所需的时间较短，且招标费用较少。招标人在选择邀请对象前获取已知投标人信息的局限性，有可能会使其得不到最合适的投标人和获得最佳效益。

以邀请招标形式选择承包商可以依据以下条件：该单位近期内成功地承包过与招标工程类似的项目，有较丰富的经验；该单位的技术装备、劳动力素质、管理水平等均符合招标工程的要求；该单位在施工期内有足够力量承担招标工程的任务。

（3）议标

议标也称谈判（协商）招标、非竞争性招标、限制性招标，是建设单位邀请承包商，通过直接协商谈判选择承包商的招标方式。

议标适用于不宜公开招标或邀请招标的特殊工程。其最大优点在于节省时间，可以很快达成协议开展工作。由于议标的中标者是通过谈判产生的，不便于公众监督，容易导致幕后交易，滋生腐败。《招标投标法》明确提出，招标分为公开招标和邀请招标。依照规定，凡属《招标投标法》第三条规定必须招标的项目，以及按照《招标投标法》第二条规定自愿采用招标方式进行采购的项目，都不得采用议标的方式。

2．按招标阶段划分

（1）一阶段招标

一阶段招标法又称为施工图阶段招标法，是指在完成了项目的施工图设计、施工文件，并计算出了工程量之后进行的招标。签约后，即可进行施工。

优点是有利于招标人获取合理的报价，前提是设计文件齐全，工程量计算的准确性较高，价格、工程质量和工期容易控制等；缺点是设计过程耽误的时间过长，不利于招标人尽早发挥其投资的经济效益。

（2）两阶段招标

在程序上先进行技术招标，而后进行商务招标。只有通过了技术招标的投标商，才有资格进入商务标投标。此招标方式适用于以下情况：一是招标内容尚处在发展过程中，招标人需经过第一阶段招标以评选出最优方案；二是招标人对工程项目缺乏见解，可在第一阶段向投标人提出要求，就其最熟悉的方案进行投标，经过评价，再进入第二阶段的招标。

第一阶段：技术建议。招标人根据投标人提交的技术建议确定技术标准和要求，编制招标文件。

第二阶段：商务投标。投标人按照招标文件的要求提交包括最终技术方案和投标报价的投标文件。

6.3.3　施工招标文件的意义与组成

建设工程招标文件，是建设工程招标人单方面阐述自己的招标条件和具体要求的意思表示，是招标人确定、修改和解释有关招标事项的各种书面表达形式的统称。

1．施工招标文件的意义

建设工程招标文件，由招标单位或其委托的咨询机构编制发布，招标文件的重要意义有以下几点。

1）招标文件是招投标过程中最重要的文件之一。

2）招标文件是投标单位编制投标文件的主要依据。

3）招标文件是招标单位确定中标单位的依据。

4）招标文件是招标单位与将来中标单位签订工程承包合同的基础。

5）招标文件是招标投标管理部门实施监督的依据。

2．施工招标文件的组成

按工程性质（国内或国际）、工程规模、招标方式、合同种类的不同，招标文件内容会有差异。招标文件应包含的内容通常有3类。

1）关于编写和提交投标书的规定，包括招标公告、投标须知、投标书的形式和签字方法等。

2）合同条款和条件，包括一般条款和特殊条款、技术规格和图纸、货物清单和工程量的清单、交货时间和完工时间表以及必要的附件，比如各种保证金的方式等。

3）评标和选择最优投标的依据，通常在投标须知和技术规格中明确规定。

建设工程招标文件一般必须包括下列文件和资料：投标人须知、合同条款、合同文件格式、工程建设标准、图纸等设计资料、工程量清单及报价表、投标函及其附件格式、投标文件商务部分格式、投标文件技术部分格式。

6.3.4　施工招标程序

施工招标程序如图6.3所示。主要步骤如下。

1．招标人准备工作

（1）项目立项

1）提交项目建议书，主要内容有投资项目提出的必要性，拟建规模和建设地点的初步设想，资源情况、建设条件、协作关系的初步分析，投资估算和资金筹措设想，项目大体进度安排，经济效益和社会效益的初步评价等。

2）编制项目预可行性研究、可行性研究报告并提交，主要内容有国家、地方相应政策，单位的现有建设条件及建设需求，项目实施的可行性及必要性，市场发展前景，技术上的可行性，财务分析的可行性，效益分析（经济、社会、环境）等。

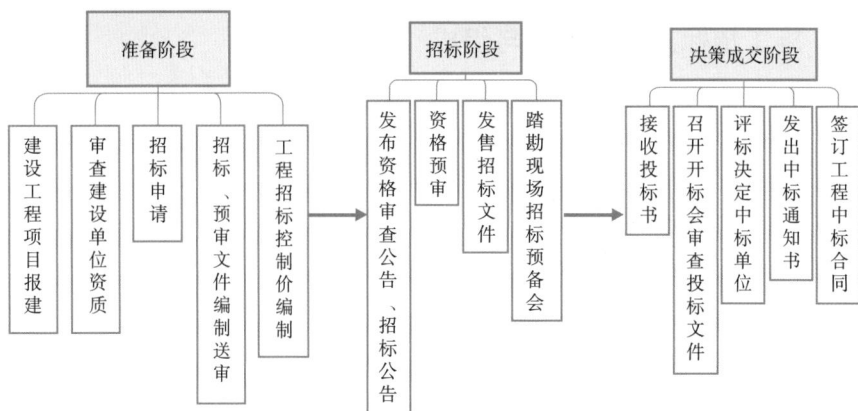

图 6.3　施工招标程序示意图

（2）建设工程项目报建

建设工程项目的立项批准文件或年度投资计划下达后，须向建设行政主管部门报建备案。招标人持立项等批文向建设工程交易中心的建设行政主管部门报建备案。

1）建设工程项目的报建范围：各类房屋建设（包括新建、改建、扩建、翻建、大修等）、土木工程（包括道路、桥梁、房屋基础打桩等）、设备安装、管道线路敷设、装饰装修等建设工程。

2）建设工程项目报建内容：工程名称、建设地点、投资规模、资金来源、当年投资额、工程规模、结构类型、发包方式、计划竣工日期、工程筹建情况等。

3）办理工程报建时应交验的文件资料：立项批准文件或年度投资计划、固定资产投资许可证、建设工程规划许可证、资金证明。

4）工程报建程序：建设单位填写统一格式的工程建设项目报建登记表，有上级主管部门的须经其批准同意后，连同应交验的文件资料一并报建设行政主管部门。

（3）建设单位招标资格

1）有从事招标业务的营业场所和相应资金。

2）有能够编制招标文件和组织评标的相应专业力量。

3）如果没有资格自行组织招标的，招标人有权自行选择招标代理机构，委托其办理招标事宜。任何单位和个人不得以任何方式为招标人指定招标代理机构。

（4）办理交易证

招标人持工程建设项目报建登记表在工程交易中心办理交易登记。

2．编制资格预审文件、招标文件

资格预审文件和招标文件须报招标管理机构审查，审查同意后可刊登资格预审公告、招标公告。

（1）编制资格预审文件

资格预审文件内容：资格预审申请函、法定代表人身份证明、授权委托书、申请人基本情况表、近年财务状况表、近年完成的类似项目情况表、正在施工的和新承接的项目情况表、近年发生的诉讼及仲裁情况。

（2）编制招标文件

1）招标文件内容：招标公告、投标邀请书、投标人须知、评标办法、合同条款及格式、工程量清单、图纸、技术标准及要求、投标文件格式。

2）编制招标文件注意事项。

① 明确文件编号、项目名称及性质。

② 明确投标人资格要求。

③ 明确发售文件时间。

④ 明确提交投标文件方式、地点和截止时间。招标文件应明确投标文件的提交方式，能否邮寄，能否电传，投标文件应在什么时间前交到什么地方。

（3）投标文件的编制要求

投标文件的编制要求内容包括投标函及投标函附录、法定代表人身份证明或授权委托书、投标保证金、已标价工程量清单、施工组织设计、项目管理机构、其他材料、资格审查资料。

（4）投标有效期

招标文件应当根据项目的情况明确投标有效期，不宜过长或过短。如遇特殊情况，即开标后由于种种原因无法定标，执行机构和采购人必须在原投标有效期截止前要求投标人延长有效期。这种要求与答复必须以书面的形式提交。投标人可拒绝执行机构的这种要求，其保证金不会被没收。

（5）投标文件的密封和递交

1）投标人应按招标文件的要求进行密封和递交。譬如有时执行机构要求投标人将所有的文件包括价格文件、技术和服务文件、商务和资质证明文件密封在一起，有时根据需要也会要求其分别单独密封，自行递交，这要根据实际情况而定，但必须在招标文件中明确指出。

2）投标人应保证投标文件密封完好并加盖投标人单位印章及法人代表印章，以便开标前对文件密封情况进行检查。

（6）废标

属以下情形者作废标处理。

① 投标文件送达时间已超过规定投标截止时间的（公平、公正性）。

② 投标文件未按要求装订、密封的。

③ 未加盖投标人公章及法人代表、授权代表印章，未提供法人代表授权书的。

④ 未提交投标保证金或金额不足，投标保证金形式不符合招标文件要求及保证金汇出行与投标人开户行不一致的。

⑤ 投标有效期不足的。

⑥ 资格证明文件不全的。

⑦ 超出经营范围投标的。

⑧ 投标货物不是投标人自己生产的且未提供制造厂家的授权和证明文件的。

⑨ 采用联合投标时，未提供联合各方的责任的义务证明文件的。

⑩ 不满足招标公告公布的技术规程中主要参数和超出偏差范围的。

3．发布资格预审公告

1）编制资格预审公告。内容包括招标条件、项目概况与招标范围、资格预审、投标文件的递交、招标文件的获取、投标人资格要求等。

2）发布媒介在建设工程交易中心的网站发布招标公告。招标公告应当载明招标人的名称和地址，招标项目的性质、数量、实施地点和时间以及获取招标文件的办法等事项。

4．资格预审

（1）资格预审的概念与要求

资格预审是投标人在发出投标邀请之前，对投标申请人的资格进行的评审。投标申请人只有通过资格预审，才可取得投标资格。

（2）资格预审的目的（作用）

1）确保参加投标的单位均有承包能力而且有一定信誉，同时谢绝一批不合格的投标人。

2）可以加快评标进程，减小评标工作量。

3）可以避免一些不合格的投标人浪费人力、物力、财力参加投标。

（3）资格预审的程序

1）出售资格预审文件。

2）接受投标单位资格预审申请。

3）对潜在投标人进行资格预审，具体包括接受资格预审文件；由招标人组建包括财务、技术方面的专门人员组成的评审小组，进行评审。

评审程序如下。

① 初步审查。对资格预审文件进行完整性、有效性及正确性的资格预审。

② 详细审查。审查营业执照、企业资质等级等。财务方面：是否有足够的资金承担本工程，投标人必须有一定数量的流动资金。施工经验：是否承担过类似本工程的项目，特别是具有特别要求的施工项目，近年来施工的工程数量、规模。人员：投标人所具有的工程技术和管理人员的数量、工作经验、能力是否满足本工程的要求。

③ 审查设备情况。投标人所拥有的施工设备是否能满足本工程的要求。

④ 澄清。审查委员会要求申请人以书面形式对资格预审文件中的不明确的地方给予解释说明。范围：申请文件中不明确的内容进行书面澄清或说明，申请人的澄清或说明不得改变申请文件的实质性内容并作为其组成部分。

⑤ 确定方法。一般在公告中会载明评审方法，评审方法一般有合格制和有限数量制。

⑥ 提交审查报告。审查委员会完成审查后，确定通过资格预审的申请人名单，并向招标人提交书面审查报告。通过详细审查申请人的数量不足 3 个的，招标人重新组

织资格预审或不再组织资格预审而采用资格后审方式直接招标。

⑦ 评审的申请人名单确定。一般由招标人根据审查报告和资格评审文件规定确定。

5．发售招标文件及答疑、补遗

1）出售招标文件。向资格审查合格的投标人出售招标文件、图纸、工程量清单等材料，自出售招标文件、图纸、工程量清单等资料之日起至停止出售之日止为5个工作日。招标人应当给予投标人编制投标文件所需的合理时间，最短不得少于20日，一般为了保险，自招标文件发出之日起至提交投标文件截止之日止为25日。

2）开标前工程项目现场勘察和标前会议。

① 踏勘。组织各投标单位现场踏勘，不得单独或分别组织一个投标人进行现场踏勘。

② 标前会议。所有投标人对招标文件中以及在现场踏勘的过程中存在的疑问在标前会议中进行答疑。

3）补遗。招标人对正发出的招标文件进行必要的澄清或者修改的，应当在招标文件要求提交投标文件截止时间至少15日前，以书面形式通知投标人，解答的内容为招标文件组成部分。

6．接收投标文件及投标保证金

接收投标人的投标文件及投标保证金，保证投标文件的密封性。

7．成立专家库

开标前在相应的专业专家库中随机抽取评标专家，另招标人派出代表（具有中级以上相应的专业职称）。建筑工程项目招标中，评标委员会成员人数为5人以上单数，且技术经济方面的专家不得少于成员总数的2/3。

8．开标

1）时间、地点。时间为招标文件中载明的时间，地点为建设工程交易中心。

2）参会人员签到。招标人、投标人、公证处、监督单位、纪检部门等与会人员签到。

3）投标文件密封性检查。开标时，由投标人或者其推选的代表检查投标文件的密封情况，也可以由招标人委托的公证机构检查并公证。

4）主持唱标。

5）开标过程记录，并存档备查。

9．投标文件评审

（1）评标委员会组建

评标委员会由专家和招标人代表组成，一般由招标人代表担任委员会主任，专家在开标前由招标人在专家库随机抽取，且专家信息须保密，专家遵循"回避原则"。

（2）评标准备

1）工作人员及评委准备工作人员向评委发放招标文件和评标有关表格，评委熟悉招标项目概况、招标文件主要内容和评标办法及标准等内容，并明确招标目的、项目范围和性质以及招标文件中的主要技术要求、标准和商务条款等。

2）根据招标文件对投标文件做系统的评审和比较。

（3）初步评审

1）投标文件的符合性鉴定。

① 投标文件的有效性。

② 投标文件的完整性。

③ 与招标文件的一致性。

2）对投标文件的质疑，以书面方式要求投标人给予解释、澄清。

3）废标的有关情况须与招标文件和国家有关规定相符合。

（4）详细评审

1）评标辅助工作人员的工作。评标辅助工作人员协助做好评委对各投标书评标得分的计算、复核、汇总工作。

2）评审程序。

① 技术评估主要内容有施工方案的可行性、施工进度计划的可靠性、施工质量的保证、工程材料和机械设备供应是否符合设计技术要求，对投标文件中按照招标文件规定提交的建议方案作出技术评审。

② 商务评估主要内容有审查全部报价数据计算的正确性、分析报价数据的合理性和对建议方案的商务评估。

③ 投标文件的澄清。评标委员会可以约见投标人对其投标文件予以澄清，以口头或书面形式提出问题，要求投标人回答，随后投标人应在规定的时间内以书面形式正式答复，澄清和确认的问题必须由授权代表正式签字，并作为投标文件的组成部分。

（5）提交评标报告

1）报告内容主要有基本情况和数据表、评标委员会成员名单、开标记录、符合要求的投标一览表、废标情况说明、评标标准、评标方法或者评标因素一览表、评分比较一览表、经评审的投标人排序以及澄清说明补正事项纪要等。

2）评标报告由评标委员会成员签字。

3）提交书面评标报告，评标委员会解散。

（6）举荐中标候选人

评标委员会推荐的中标候选人应当限定在 1～3 人，并标明排序。

10．定标

对评标结果在市工程交易中心网站进行公示，公示时间不得少于 3 个工作日。

11．发出建设工程中标通知书

1）发出中标通知书。

2）谈判准备。

①谈判人员的组成。

②注重相关项目的资料收集工作。

③对谈判主体及其情况的具体分析。明确谈判的内容，对于合同中既定的，没有争议、歧义、漏洞和有关缺陷的条款任何一方没有讨价还价的余地。

④拟订谈判方案。

12．签约前合同谈判及签约

（1）签约前合同谈判

在约定地点进行谈判，在谈判过程中要把主动权争取过来，不要过于保守或激进，要注意肢体语言和语音、语调，正确驾驭谈判议程。

（2）签约

招标人与中标人在中标通知书发出30个工作日之内签订合同。

13．退还投标保证金

投标保证金可以采用现金支票、银行汇票、银行保函等形式交纳。招标人最迟应当在书面合同签订后5日内向中标人和未中标的投标人退还投标保证金及银行同期存款利息。

> **链　接**
>
> ### 浙江等三省取消投标保证金
>
> 为切实减轻企业负担，降低制度性交易成本，加快推动企业诚信体系建设，创造良好的营商环境，浙江省财政厅发布《关于明确政府采购保证金管理工作的通知》（浙财采监〔2019〕5号）（以下简称《通知》），《通知》要求，自2019年6月1日起，浙江全省政府采购货物和服务招标投标活动不得向供应商收取投标保证金，非招标采购方式采购货物、工程和服务亦同。《通知》指出，鼓励采购人根据项目特点、供应商诚信等情况免收履约保证金或降低缴纳比例，并在采购文件中明确；采购人不得以供应商事先提交履约保证金作为签订合同的条件，并应在供应商履行完合同约定义务事项后及时退还；供应商以银行、保险公司出具保函形式提交履约保证金的，采购人不得拒收；采购代理机构不得收取履约保证金。同时，供应商在政府采购活动中违反政府采购相关规定给采购组织机构造成损失的，采购组织机构可按照采购文件约定要求供应商承担赔偿责任。《通知》明确指出，各有关单位应严格按照规定做好已收取保证金的自查清退工作。
>
> 2019年6月28日，山东省财政厅发布《山东省财政厅关于取消政府采购投标保证金等有关事项的通知》（鲁财采〔2019〕40号），取消政府采购投标保证金等有关事项，自2019年7月1日起，山东省全省政府采购活动不得向诚信记录良好的供应商收取投标保证金。对于满足《中华人民共和国政府采购法》第22条有关规定，但

存在一般失信行为的供应商，采购人、采购代理机构可以按规定收取投标保证金。

2018 年 12 月，湖北省财政厅印发《湖北省财政厅关于停止收取政府采购投标保证金有关事项的通知》（鄂财采发〔2018〕10 号），要求在政府采购活动中，采购人、采购代理机构不得收取投标保证金，并要求相关单位严格执行，不得变通和变相收取其他没有法律依据的任何费用，一旦发现有违规收取相关费用的行为，严肃查处。

6.4 施工投标

知识导入

参加投标获得工程施工任务，是目前建筑施工企业获得工程任务的一个重要渠道。施工企业作为投标人应具备什么条件？如何进行投标？投标文件由哪些部分组成？施工投标有着怎样的程序？投标的策略和技巧有哪些？本节将一一进行介绍。

趣 闻

招标投标故事——滥用现成标书的后果

一家酒店工程的投标书中这样写着：我公司一定认真组织施工……将本工程建设成××市一流的污水处理厂……其结果可想而知。

标书是投标成败与否的关键，因此，在标书上容不得一点马虎。但重新起草一份标书需要花费投标人大量的时间，因此投标人经常会套用以前的标书，在其基础上进行修改，"复制""粘贴"起草标书。但在滥用现成标书的过程中，很容易出现上面的情况，而且投标人也会为此受到损失。

投标人在编制投标文件的时候，为了节约时间可以套用以前的标书，但一定要注意做好标书后进行仔细检查，毕竟很多时候细节决定成败。

教学内容

6.4.1 施工投标的概念

1. 施工投标的概念

施工投标是指承包商根据业主的要求或以招标文件为依据，在规定期限内向招标单位递交投标文件及报价，争取工程承包权的活动。

投标是施工企业取得工程施工合同的主要途径，也是施工企业经营决策的重要组成部分，它是针对招标的工程项目，力求实现决策最优化的活动。

2. 投标人应具备的条件

投标人应具备的条件如下。

1）投标人应具备承担招标项目的能力。

2）投标人应当按照招标文件的要求编制投标文件。

3）投标文件的内容应当包括拟派出的项目负责人与主要技术人员的简历、业绩和拟用于完成招标项目的机械设备等。

施工项目投标
（微课）

4）投标人应当在招标文件所要求提交投标文件的截止时间前，将投标文件送达投标地点。

5）投标人在招标文件要求提交投标文件的截止时间前，可以补充、修改或者撤回已提交的投标文件，并书面通知招标人。

6）投标人根据招标文件载明的项目实际情况，拟在中标后将中标项目的部分非主体、非关键性工作交由他人完成的，应当在投标文件中载明。

7）两个以上法人或者其他组织可以组成一个联合体，以一个投标人的身份共同投标。

8）投标人不得相互串通投标报价，不得排挤其他投标人的公平竞争，不得损害招标人或者他人的合法权益。

9）投标人不得以低于合理预算价格的报价竞标，也不得以他人名义投标或者以其他方式弄虚作假，骗取中标。

6.4.2　施工投标文件的组成

投标人应按招标文件的要求编写投标文件，提交包括证明其有资格进行投标和有能力履行合同的文件。投标文件的组成主要包括以下几个方面。

1. 资格、资质证明文件

1）法定代表人或其委托代理人签署的投标函。

2）企业简介。

3）营业执照副本、税务登记证副本复印件加盖公章。

4）法定代表人授权委托书及委托代理人的身份证复印件。

5）企业资质证书。

6）联合体投标，除上述文件，还应出具双方联合投标的正式协议文本。

7）投标人认为需要提交的其他文件。

2．报价文件

1）一览表。

2）投标人根据所报工程的详细材料自行列出分项报价表。

3）投标报价应包含各项措施费，主要材料的产地、品牌、价格、总数量，措施费结算时不得调整。

4）投标单位依据招标人提供的工程承包范围项目内容，结合本工程特点制定的施工方案进行报价，一次性固定，中标后不得调整。

5）所列工程内容，投标人均应填报，未填报的视为此项费用已包含在工程报价的单价和合价中。如果报价中未列出，招标人将认为投标人不收取这方面费用或在其他费用项目上综合计算。

6）各投标人报价即综合各种优惠让利的最终报价。

3．技术文件

1）材料型号（规格）、制造商（原产地）、环保等级。

2）材料配置。

3）材料价格。

4）施工工艺、施工标准。

5）确保本工程施工安全的技术、文明施工、工期的组织措施。

6）工程进度计划。

7）人员配备、机械使用与根据工程进度进场的设备等。

4．商务文件

1）投标人提供的最快竣工时间。

2）竣工后服务条款。

3）投标人在投标文件中说明中标后的服务条款。

4）设计变更。

5）工程质量及验收标准。

6）投标人认为需要加以说明的其他内容。

5．投标文件的装订

投标人必须将投标文件（正本、副本）中的有关文件按上述顺序排列装订成册，并在首页按照本招标文件目录的格式编制投标文件目录。

6.4.3　施工投标程序

施工投标程序如图 6.4 所示。

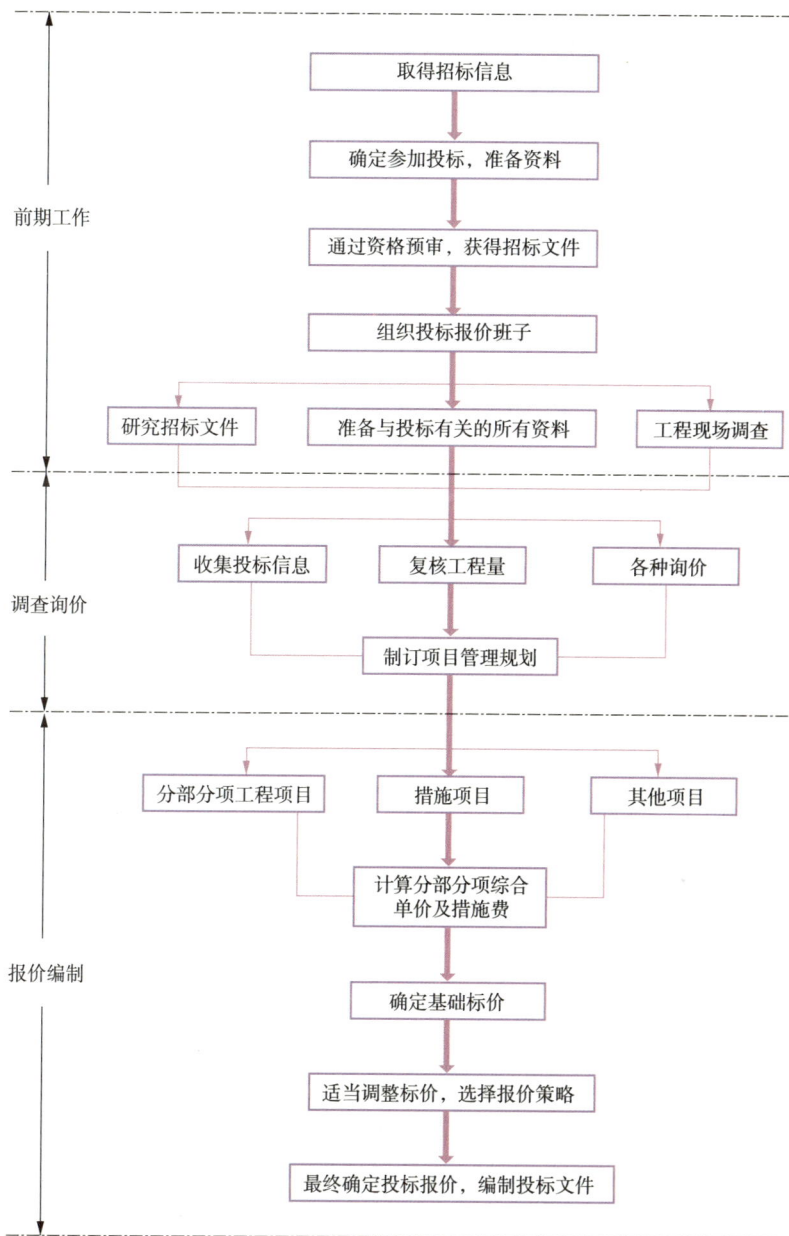

图 6.4　施工投标程序

施工投标的主要步骤如下：

1. 投标的前期工作

投标的前期工作包括获取招标信息与前期投标决策。工作中应注意的问题主要包括获取信息并确定信息的可靠性、对业主进行必要的调查分析。

2. 申请投标和递交资格预审申请书

申请投标和争取获得投标资格的关键是通过资格预审。资格预审主要审查潜在投标人是否符合下列条件：具有独立订立合同的权利，具有圆满履行合同的能力。

资格预审申请书必须在招标人规定的截止时间之前递交到招标人指定的地点，资格预审申请书一般递交一份原件和若干份副本（资格预审文件规定），并分别装入信封密封，信封上写明资格预审的工程名称、申请人的名称和住址。

3. 接受投标邀请书和购买招标文件

通过招标人的资格预审后，接受招标人发出的投标邀请书。《招标投标法》《政府采购货物和服务招标投标管理办法》规定，开标前招标采购单位和有关工作人员不得向他人透露已获取招标文件的潜在投标人的名称、数量以及可能影响公平竞争的有关招标投标的其他情况。按照上述规定，已获取招标文件的潜在投标人信息属于应当依法保密的内容。因此，潜在投标人只能从招标公告所规定的正当途径购买获取招标文件，这样可以有效地防止泄露已获取招标文件的潜在投标人信息。

4. 研究招标文件

招标文件是投标和报价的主要依据，也是承包商正确分析判断是否进行投标和获得成功的重要依据。招标文件主要包括投标人须知、合同条件或条款、设计图纸、工程范围、工程量清单、技术规范和特殊要求等。

研究招标文件需要重视现场踏勘。踏勘现场之前，通过仔细研究招标文件，对招标文件中的工作范围、专用条款，以及设计图纸和说明拟定提纲，确定重点要解决的问题。

5. 编制施工组织设计

标价计算与施工方案和施工组织密切相关，主要包括核实工程量和编制施工组织设计。

施工组织设计包括施工方案和施工方法、施工进度计划、施工机械计划、材料设备计划和劳动力计划，以及临时生产、生活设施等。

编制依据：设计图纸、规范，经复核的工程量，招标文件要求的开工、竣工日期，对市场材料、设备、劳动力价格的调查。

编制原则：在保证工期和质量的前提下使成本最低、利润最大。

6. 确定投标报价

投标报价有模式投标报价、工程量清单计价模式投标报价两种。

7. 编制投标文件

投标文件的组成必须与招标文件的规定一致，不能带有任何附加条件，否则可能导致被否定和作废。

8．递送投标文件

递送投标文件也称递标，是指投标人在规定的截止日期之前，将准备好的所有投标文件密封递送到招标人的行为。全部投标文件编制好后，按招标文件的要求加盖投标人印章并经法定代表人或委托代理人签字，密封后送达指定地点，逾期作废。

递交投标文件不宜太早，因市场情况在不断变化，投标人需要根据市场行情及自身情况对投标文件进行修改。

9．参加开标会、中标与签约

投标人应按规定的日期参加开标会。收到中标通知书后，应在招标单位规定的时间内与其谈判，并签订承包合同，同时提交履约保函或保证金。

如果投标人中标后不愿承包该工程而逃避签约，招标单位按规定没收其投标保证金作为补偿。

6.4.4　施工投标的策略与技巧

1．投标决策的概念

决策是为实现某一目标，运用科学的理论和方法，系统地分析客观条件，提出各种方案，从中选择一个最佳实现特定目标的最优方案，以达到最佳的经济效果和社会效果的过程。

投标决策是承包商选择和确定投标项目和制定投标行动方案的过程。

1）投标机会选择——针对项目招标是否投标。

2）投标项目选择决策——倘若去投标，投什么性质的标。

3）投标报价及策略——投标中如何采用以长制短、以优胜劣的技巧。

2．投标决策阶段的划分

（1）投标的前期阶段——前期投标机会决策阶段

1）进行招标项目的调查。收集和掌握有关招标项目的情报或信息，如项目地点、建设规模、工程背景和条件、资金来源、建设要求、招标时间等各种与投标密切相关的信息，以便对招标项目进行早期跟踪，做好准备工作。

2）进行招标项目的选择。选择招标项目时，主要考虑的因素有工程的性质、特征，工程社会环境的特征，工程的自然环境，工程的经济环境，本企业对该工程的承担能力，对后续工程的考虑等因素。

一般来说，下列招标项目应放弃投标。

① 工程规模、技术要求超过本企业技术等级的项目。

② 本企业业务范围和经营能力之外的项目。

③ 本企业在建承包任务比较饱满，而招标工程的盈利水平较低或风险较大的项目。

④ 本企业技术等级、经营、施工水平明显不如竞争对手的项目。

（2）投标的后期决策阶段

从申报资格预审到封送投标书前，需要决定投什么性质的标以及投标策略。认真研究招标文件，根据自己的实力、信誉、技术、管理、质量水平等各方面作出正确评估后，再决定投标的性质，在投标中采取什么策略的问题。

3．影响投标决策的因素

（1）主观因素

投标人自身的条件是投标决策的决定性因素。主要从技术、经济、管理、信誉等方面分析是否达到招标的要求，能否在竞争中取胜。

（2）客观因素

1）项目的难易程度。

2）业主的支付能力、履约能力以及对工程的要求。

3）业主和监理的因素。

4）竞争对手和竞争形势。

5）风险因素。

4．投标机会决策分析

无论是针对一个项目是否投标的选择问题，还是针对多个项目进行择优的问题，都应遵循以下原则。

1）集中优势力量在一个市场承包一个大项目，比利用同样的资源分散承包几个小项目更有利。

2）项目的获取和实施是投标人市场目标和经营宗旨的体现。

3）充分衡量投标人实施项目的能力。

4）项目的可靠性。

5）竞争激烈程度。

链　接

政府采购开标会纪律

1．一般纪律

1）遵循国家有关法律法规。

2）保护采购单位和投标人的合法权益。

3）客观、公正、平等地对待所有投标人。

2．廉洁纪律

1）秉公办事，不徇私情，不得以权谋私。

2）不得接受投标人的礼金、礼品、礼券和其他有价值的物资。

3）不得接受供应商的宴请和消费。

4）与会人员包括工作人员、监察委员会。如发现投标人中有与本人有利害关系的，应主动提出回避。

3．开标纪律

1）与会人员包括监察委员会、采购人代表、代理机构人员、投标人代表等。与本次会议无直接关系的人员不得进入会场。

2）会议应按规定的时间进行，确因特殊情况需要推迟时，应在开标前向监察委员会和投标人说明。

3）开标会场禁止使用通信工具。

4）会议开始后，与会人员不得随意走动和进出会场。

5）与会人员不得在会场大声喧哗或做其他妨碍开标的事情。

复习思考题

1．建筑企业的经营方式有哪些？

2．承发包方式有哪几种？

3．查阅《中华人民共和国建筑法》等法规，明确分包、转包的区别以及属于违法分包的情况。

4．什么是招标？

5．招标有哪些分类方法？

6．邀请招标和公开招标各有何特点？

7．施工招标的基本程序是什么？

8．开标有哪些具体要求？

9．招标过程中，进行资格预审有什么作用？

10．什么是施工投标？施工投标文件由哪些部分组成？

11．施工投标出现哪些情况要作为废标处理？

本章测验

做一做

结合所学知识，并查阅资料，试以招标代理机构的名义，就某学校教学楼项目编制一个公开招标公告。招标公告包括但不限于以下主要内容：①招标文件编号；②招标内容（要求标明具体项目名称、用途、实际采购数量、简要技术要求或招标项目性质）；③供应商资格要求；④获取招标文件的时间、地点、方式及招标文件售价；⑤投标截止时间、开标时间及地点；⑥采购项目联系人姓名及电话。学校名称、招标代理机构名称、时间、联系人等均自拟。

02

第二篇

建筑工程管理

第七章　建设工程合同

学习目标

掌握合同的概念和分类。

理解合同的签订与管理。

了解工程合同的主要内容。

课程思政

通过对合同管理和《中华人民共和国合同法》基本原则的学习，了解我国法律平等和公平的原则，在建筑工程活动中会涉及各种各样的合同，从业人员和企业在建筑活动中应以合同为准则自我约束，使建筑活动的各参与方能遵纪守法，相互尊重，从而使建筑工程各项活动能够顺利进行，达到良好的经济、社会效益。在学习过程中，更深刻认识全面依法治国的重要性和建筑业领域贯彻落实依法治国的必要性，树立在工作、生活中遵纪守法的观念。

思维导图

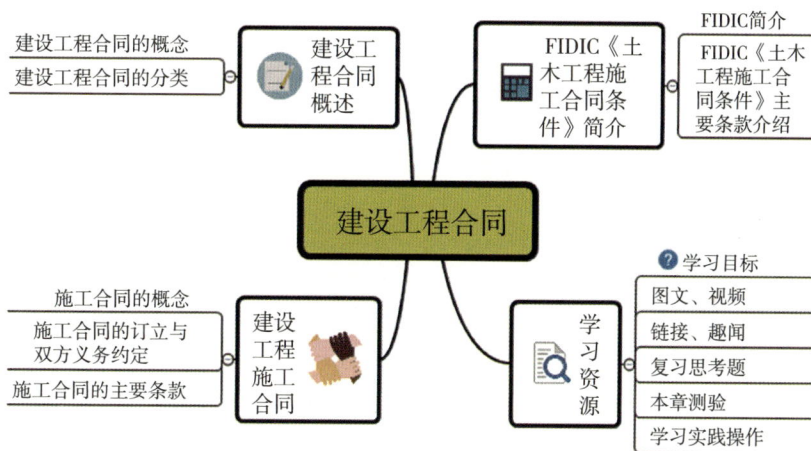

7.1 建设工程合同概述

知识导入

　　某建筑公司业务员郭某，与某建材公司经理匡某及其秘书李某在火车上相遇，并一起到酒店里进行谈判。郭某拿出已经盖好合同专用章的合同文本，填写了有关事项、签名，然后递给匡某签名，匡某让秘书李某签名。李某签完名才想到没有合同专用章。郭某就提出等匡某和李某回到公司后再盖章、发传真，作为合同最后文件，匡某同意。匡某与李某回到公司后把与郭某的合同一事忘记了。而郭某如期发货到建筑公司，建筑公司却拒绝收货。建筑公司说他们签的只是合同草稿，没有盖章，且该草稿是李某签的，李某不是法定代表人，又不是业务员，所以签字无效。请问双方签订的合同是否有效？

趣　闻

三　纸　无　驴

　　《颜氏家训·勉学》有语："邺下谚云：'博士买驴，书券三纸，未有驴字。'"这是一则关于合同的笑话：从前有一个自以为是的文人被人戏称为"博士"，他上街买了一头驴，按当时的习惯，买家要给卖家写一份"合同"。"博士"铺开白纸，下笔千言，足足写了三大张跟驴无关的废话。卖驴人等得不耐烦就催他快点，他忙说，不急，还没写到"驴"字呢。后人以成语"三纸无驴"讽刺那些笔下文辞烦冗、连篇累牍却不得要领的人。

教学内容

7.1.1　建设工程合同的概念

1. 合同的概念与原则

（1）合同的概念

合同又称契约，合同的概念有广义和狭义之分。

广义的合同泛指发生一定权利义务关系的协议。狭义的合同专指双方或多方当事人关于设立、变更、终止民事法律关系的协议。

合同的法律关系由三部分组成，即主体、客体和内容。主体是指签订及履行合同的双方或多方当事人，又称民事权利义务主体；客体是指主体享有的权利和承担义务所共同指向的对象，包括物、行为和智力成果；内容是指合同约定和法律规定的权利和义务，是合同的具体要求。

（2）合同应遵循的基本原则

1）平等原则。

2）自愿原则。当事人有订立或不订立合同的自由，当事人有权选择合同相对人，当事人有权决定合同的内容，当事人有权决定合同的形式。

3）公平原则。

4）诚实信用原则。

5）遵守法律法规和公序良俗的原则。

2. 建设工程合同的定义

建设工程合同也称建设工程承发包合同，是指由承包人进行工程建设，发包人支付价款的合同。建设工程合同是以完成特定的工程建设为主要内容的合同。建设工程合同与承揽合同一样，在性质上属于以完成特定工作任务为目的的合同，但其工作任务是工程建设，不是一般的任务承揽，当事人权利义务所指向的对象是建设工程项目，包括工程项目的勘察、设计和施工成果。这也是我国建设工程合同不同于承揽合同的主要特征。从这方面而言，也可以说建设工程合同就是以建设工程的勘察、设计或施工为内容的承揽合同。从双方权利义务的内容来看，承包人主要提供的是专业的建设工程勘察、设计及施工等任务，而不同于买卖合同出卖人的转移特定标的物的所有权，这也是承揽合同与买卖合同的主要区别。

建设工程合同是指在工程建设过程中发包人与承包人依法订立的、明确双方权利义务关系的协议。在建设工程合同中，承包人的主要义务是进行工程建设，权利是得到工程价款；发包人的主要义务是支付工程价款，权利是得到完整、符合约定的建筑产品。在建设工程中，主要的建设工程合同关系如图7.1所示。

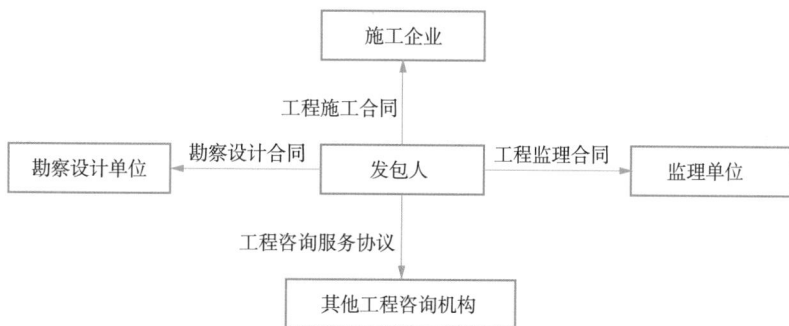

图 7.1　建设工程合同关系

7.1.2　建设工程合同的分类

1. 按工程建设阶段分类

按工程建设阶段，建设工程合同包括工程勘察合同、设计合同和施工合同。

1）勘察合同。勘察合同指发包方与勘察方就完成建设工程地理、地质状况的调查研究工作达成的协议。

2）设计合同。设计合同包括初步设计合同和施工设计合同。初步设计合同即建设工程立项阶段承包方为项目决策提供可行性资料的设计而与发包方达成的协议。施工设计合同指承包方与发包方就具体施工设计达成的协议。

3）施工合同。施工合同指承包方完成工程的建筑安装工作，发包方验收后接受该工程并支付价款的合同。

2. 按承发包方式分类

按承发包方式，建设工程合同可以分为勘察设计或施工总承包合同、单位工程承包合同、工程项目总承包合同、BOT①合同（特许权协议）。

3. 按承包工程计价方式分类

按承包工程计价方式，建设工程合同可以分为总价合同、单价合同、成本加酬金合同。

1）总价合同。总价合同可分为固定总价合同和调价总价合同。

2）单价合同。单价合同是合同期内执行同一个单价的合同类型，工程量按实际数量计算，适用于施工图不完整或工程项目的内容、技术经济指标不明确的情况。

3）成本加酬金合同。成本加酬金合同是发包方向承包方支付工程项目的实际成本的合同类型，并按事先约定的某一种方式支付酬金的合同类型，常见的有成本加固定百分比酬金合同、成本加固定金额酬金合同、成本加奖罚合同、最高限额成本加固定最大酬金合同等。

与建设工程有关的其他合同，主要有建设工程委托监理合同、建设工程物资采购合同、建设工程保险合同、建设工程担保合同。

🕐 **链　接**

要约邀请、要约、承诺

要约是当事人希望和他人订立合同的意思表示，以订立合同为直接目的；要约邀请是希望对方向自己发出要约的意思表示。

---

① BOT 为 build-operate-transfer 的简写，译为"建设－经营－转让"。

　　要约大多数是针对特定的相对人的，往往采用对话和信函的方式；而要约邀请一般是针对不特定的相对人的，故往往通过电视、报刊等媒介手段。

　　要约的内容必须具备足以使合同成立的主要条件，如明确的标的额、标的物数量、质量、价款报酬、履行期限等；而要约邀请则不具备这些条件。

　　承诺，是受要约人同意接受要约的全部条件并缔结合同的意思表示，承诺一经作出，并送达要约人，合同即告成立，要约人不得加以拒绝。

　　在招标投标中，招标书为要约邀请，投标书为要约，中标书为承诺。

7.2　建设工程施工合同

知识导入

　　签订施工合同，必须遵守国家法律，符合国家政策，并具备经批准的承包工程的初步设计和总概算，承包工程所需的投资和统配物资已经列入国家计划，当事人双方均有履行合同的能力等基本条件，以保证施工合同切实可行。《中华人民共和国合同法》已由中华人民共和国第九届全国人民代表大会第二次会议于1999年3月15日通过，自1999年10月1日起施行。《中华人民共和国合同法》的施行，是为了保障合同双方或几方的合法利益，明确通过合同这种书面约定建立起来的民事关系方是平等的民事主体，各方应该是自愿建立起合同关系的，这个关系应该是公平、互利、自愿的，且不得损害第三方以及社会、国家的利益。建筑市场的恶性竞争导致施工企业工程利润长期在低水平运行，且发包人拖欠工程款的情况相当严重，而由于施工企业项目现场管理不到位、签证资料不完善导致工期延误或者出现工程质量问题而引发业主提出高额索赔、最终导致施工单位作出赔偿的案例也是屡见不鲜。施工企业作为承包人能否进一步加强施工合同管理，有效规避合同履行的法律风险，已成为当务之急。

趣　闻

书面合同古今对比

　　古时的"合同"要求白纸黑字作证明，如今电子邮件也可起到这个作用。古代的书面合同不是刻在竹片或木牍，就是写在纸上，大多要求白纸黑字。现在，一切可以证明双方当事人有协议的都可以叫作合同。《中华人民共和国合同法》规定，合同的"书面形式"是指合同书、信件和数据电文（包括电报、电传、传真、电子数据交换和电子邮件）等可以有形地表现所载内容的形式。

7.2.1 施工合同的概念

施工合同也称为工程合同或包工合同，指发包方（建设单位）和承包方（施工单位）为完成商定的建筑安装工程施工任务，明确相互之间权利、义务关系的书面协议。签订施工合同，必须遵守国家法律，符合国家政策，并具备经批准的初步设计和总概算，承包工程所需的投资已经列入计划，当事人双方均有履行合同的能力等基本条件，以保证施工合同切实可行。在施工合同中明确发包方和承包方在施工中的权利和义务，有利于对工程施工的管理，是进行工程监理的依据和需要。

1．按施工的种类进行分类

根据建筑工程种类不同，施工合同一般可以分为建筑施工合同、设备安装施工合同、装饰装修及房屋修缮施工合同等。

2．按承包单位的数量不同进行分类

根据承包单位数量的不同，可以将施工合同分为总承包施工合同、分别承包施工合同和分包施工合同。

3．按合同价的计价方式进行分类

按合同价的计价方式进行分类，合同可以分为固定价格合同、可调整价格合同和成本加酬金合同。

7.2.2 施工合同的订立与双方义务约定

1．施工合同的订立

（1）订立施工合同具备的条件

1）初步设计已经批准。

2）工程项目已列入年度建设计划。

3）有能满足施工需要的设计文件和有关技术资料。

4）建设资金和建筑材料、设备来源已经落实。

5）中标通知书已经下达。

（2）施工合同的订立要经过要约和承诺阶段

要约是希望和他人订立合同的意思表示，承诺则指按照所指定的方式，对要约的内容表示同意的一种意思表示。

（3）施工合同履行

施工合同履行是指施工合同双方根据合同规定的各项条款，实现各自的权利，履行各自义务的行为。施工合同一旦生效，对当事人双方均有法律约束力，双方当事人应严格履行。

（4）施工合同履行的原则

施工合同履行应遵守全面履行和实际履行的原则。

1）施工合同的全面履行，要求合同当事人双方必须按照施工合同规定的全部内容履行合同，包括履行的地点、方式、期限、合同价款、工程建设的数量和质量等。

2）施工合同的实际履行，要求合同双方当事人必须按合同的标的履行合同。由于建设工程项目具有不可替代性和建设标准的强制性，所以，合同当事人不能以支付违约金来替代施工合同的标的履行。

（5）施工合同履行的基本步骤

施工合同的工程竣工、验收和竣工结算是施工合同履行的基本步骤。

2. 施工合同关于双方义务的约定

施工合同中双方义务一般有如下约定。

（1）发包人所应承担的工作义务

发包人所应承担的工作义务主要包括以下几个方面，发包人可委托这些工作中的部分，但需支付费用。

1）办理土地征用、拆迁、平整场地。

2）通水、通电、通电信。

3）开通施工场地与城乡通道、施工场地内主要干道。

4）提供地质、地下管线等资料。

5）办理施工所需证件。

6）提供水准点、坐标控制点。

7）组织图纸会审、设计交底。

8）协调处理施工场地管线、文物等保护工作、费用。

9）其他。

（2）承包人所应承担的工作义务

1）就委托设计资质范围内的任务进行设计。

2）提供进度计划等。

3）提供和维修非夜间施工用照明。

4）向发包人提供在施工场地办公、生活的条件。

5）遵守有关管理规定、手续、费用划分。

6）工程未交付前保护。

7）做好地下管线、文物、古树名木保护。

8）保证文明施工、交工前清理现场。

9）其他。

7.2.3 施工合同的主要条款

为了指导建设工程施工合同当事人的签约行为，维护合同当事人的合法权益，依据《中华人民共和国合同法》《中华人民共和国建筑法》《中华人民共和国招标投标法》以及相关法律法规，住房和城乡建设部、国家工商行政管理总局（现为国家市场监督管理总局）对《建设工程施工合同（示范文本）》（GF—2013-0201）进行了修订，制定了《建设工程施工合同（示范文本）》（GF—2017-0201）（以下简称《示范文本》）。

《建设工程施工合同（示范文本）》（GF—2017-0201）（文本）

《示范文本》由合同协议书、通用合同条款和专用合同条款三部分组成。

1. 合同协议书

《示范文本》合同协议书共计13条，主要包括工程概况、合同工期、质量标准、签约合同价和合同价格形式、项目经理、合同文件构成、承诺以及合同生效条件等重要内容，集中约定了合同当事人基本的合同权利义务。

2. 通用合同条款

通用合同条款是合同当事人根据《中华人民共和国建筑法》《中华人民共和国合同法》等法律法规的规定，就工程建设的实施及相关事项，对合同当事人的权利义务作出的原则性约定。

通用合同条款共计20条，具体条款分别为一般约定、发包人、承包人、监理人、工程质量、安全文明施工与环境保护、工期和进度、材料与设备、试验与检验、变更、价格调整、合同价格、计量与支付、验收和工程试车、竣工结算、缺陷责任与保修、违约、不可抗力、保险、索赔和争议解决。前述条款安排既考虑了现行法律法规对工程建设的有关要求，也考虑了建设工程施工管理的特殊需要。

3. 专用合同条款

专用合同条款是对通用合同条款原则性约定的细化、完善、补充、修改或另行约定的条款。合同当事人可以根据不同建设工程的特点及具体情况，通过双方的谈判、协商对相应的专用合同条款进行修改补充。在使用专用合同条款时，应注意以下事项。

1）专用合同条款的编号应与相应的通用合同条款的编号一致。

2）合同当事人可以通过对专用合同条款的修改，满足具体建设工程的特殊要求，避免直接修改通用合同条款。

3）在专用合同条款中有横道线的地方，合同当事人可针对相应的通用合同条款进行细化、完善、补充、修改或另行约定；如无细化、完善、补充、修改或另行约定，则填写"无"或画"/"。

《示范文本》为非强制性使用文本。《示范文本》适用于房屋建筑工程、土木工程、线路管道和设备安装工程、装修工程等建设工程的施工承发包活动，合同当事人可结合建设工程具体情况，根据《示范文本》订立合同，并按照法律法规规定和合同约定承担相应的法律责任及合同权利义务。

一般来说，施工合同的组成及解释顺序为：①施工合同协议书；②中标通知书；③投标书及其附件；④施工合同专用条款；⑤施工合同通用条款；⑥标准、规范及有关技术文件；⑦图纸；⑧工程量清单；⑨工程报价单或预算书。

施工合同的主要内容一般包括以下内容：施工合同双方的一般权利和义务、施工组织设计和工期、施工质量和检验、合同价款与支付、竣工验收与结算、其他内容、合同解除、施工合同的违约责任、争议的解决。

链 接

施工合同新增内容——扬尘管控

施工合同的条款，除了以上文中所讲的以外，新增了施工扬尘污染防治责任的条款。2019年4月9日，住房和城乡建设部办公厅发布《关于进一步加强施工工地和道路扬尘管控工作的通知》（建办质〔2019〕23号）（以下简称《通知》）。《通知》明确要求，建设单位应将防治扬尘污染的费用列入工程造价，并在施工承包合同中明确施工单位扬尘污染防治责任，施工单位应制订具体的施工扬尘污染防治实施方案。《通知》还提出，建立施工工地管理清单，将扬尘管理工作不到位的不良信息纳入建筑市场信用管理体系，情节严重的，列入建筑市场"黑名单"。这是贯彻生态文明思想、落实《中共中央 国务院关于全面加强生态环境保护坚决打好污染防治攻坚战的意见》《国务院关于印发打赢蓝天保卫战三年行动计划的通知》（国发〔2018〕22号）等文件的具体举措。

7.3 FIDIC《土木工程施工合同条件》简介

知识导入

曾经，在国际上对咨询工程师有针对性的培训和专业认证基本处于空白。同时，在项目管理中居于核心地位的合同管理也没有在PMP、IPMP、RICS等[1]国际认证的知识体系中得到足够重视。因此，非常有必要建立一套以合同管理为中心的项目全寿命期管理的知识体系，并且在国际上能够得到广泛认可的认证体系。正是认识到建立这套体系的重要性，FIDIC-清华大学-中咨协会培训中心（FTCTC）经过两年多时间的研究和调研，在2004年FIDIC年会期间率先提出建立FIDIC国际咨询工程师认证体系的设想，建立FIDIC针对工程咨询业的共性知识，在全球范围内建立标准的知识体系和考核标准，形成人才培养和效果验收的机制。

---

[1] PMP、IPMP、RICS分别指美国项目管理资格认证、国际项目管理专业资质认证和皇家特许测量师学会认证。

工程咨询助中国工程扬名海外、大项目屡获国际奖

菲迪克是国际咨询工程师联合会的简称，是全球工程咨询行业权威性的国际非政府组织。自 2013 年菲迪克成立百年之际起，该组织每年评选一次全世界工程建设领域的杰出项目，用以表彰这些项目的幕后英雄——工程咨询机构。

2017 年 10 月 1～3 日，菲迪克年会在印度尼西亚雅加达召开，在 21 个获奖项目中，中国占了 11 个。其中，兰州至新疆高速铁路、凤凰中心荣获杰出奖，嘉绍大桥和汉江中下游水资源调控工程项目荣获特别优秀奖，广深港高铁福田站及相关工程、杭州至长沙铁路客运专线项目、澜沧江糯扎渡水电站项目等 7 个项目荣获优秀奖。我国获奖总数连续五年第一。

中国工程咨询协会会长肖凤桐表示，这意味着伴随我国综合国力的不断增强，中国项目、中国标准、中国方案已经走向海外，中国质量也得到了国际认可，我国逐步成为名副其实的世界工程建设强国。

菲迪克执行委员会委员只有 9 名，2016 年年会期间，由中国工程咨询协会推荐的上海投资咨询公司副总工程师刘罗炳，成功当选菲迪克执行委员会委员。

审视此次菲迪克的获奖名单，可以看出，我国获奖的 11 个项目对社会经济发展具有重大影响，很多都是造福百姓的民生工程，反映了我国近年来基础设施建设发展的水平。

据肖凤桐介绍，2017 年我国菲迪克获奖项目主要有以下 4 个特点。

一是获奖项目面广，不仅有兰州至新疆高速铁路、嘉绍大桥、广深港高铁福田站及相关工程，杭州至长沙铁路客运专线等交通基础设施项目，也有澜沧江糯扎渡水电站、汉江中下游水资源调控工程等水利水电项目，还有凤凰中心等社会事业项目。

二是在理论、技术和方法等方面均有重大创新和突破，比如兰新铁路，是世界上第一条在戈壁沙漠地区通车的高速铁路，创造了世界第一，代表着我国在高铁等基础设施领域的领先水平。

三是体现了可持续、尊重环境的精神，为促进自然环境和人文环境协调发展产生了积极影响，在环境保护方面取得了突出成就，工程质量优异，经得起时间和自然灾害的考验。

四是工程质量获得了国际评委的高度评价，部分评委参观过评选项目后，比如凤凰中心，都对项目的品质和效果点赞。（资料来源于网络）

教学内容

7.3.1 FIDIC 简介

FIDIC 是国际咨询工程师联合会法文名称的缩写。1913 年，欧洲 4 个国家的咨询

工程师协会组成了FIDIC。从1945年第二次世界大战结束后至今，FIDIC已拥有来自全球各地60多个成员国，因此，它是国际上权威的咨询工程师组织。FIDIC专业委员会编制了许多规范性的合同文件，这些文件不仅被FIDIC成员国广泛采用，而且世界银行、亚洲开发银行等金融机构也要求在其贷款建设的土木工程项目实施过程中使用以该文本为基础编制的合同条件。FIDIC出版的标准化合同格式有《土木工程施工合同条件》（国际上通称FIDIC"红皮书"）、《电气和机械工程合同条件》（"黄皮书"）、《业主／咨询工程师标准服务协议书》（"白皮书"）及《设计／建造与交钥匙工程合同条件》（"橘皮书"）等。本节所提及的FIDIC合同条件是指《土木工程施工合同条件》。在经济全球化的大背景下，我国经济迅猛发展，随着"一带一路"倡议的提出，大批建筑企业走出去，迫切地需要与国际建筑接轨，对FIDIC合同条件的运用是一种必然的趋势。

FIDIC合同条件具有明确性、完整性、严密性、公正性、合同履行过程中建立以工程师为核心的管理模式等特点。

对工程的类别而言，FIDIC合同条件适用于一般的土木工程，包括市政道路工程、工业与民用建筑工程及土壤改善工程。工程承包施工合同的种类很多，如固定总价合同、成本加酬金合同、单价合同等。FIDIC合同条件主要适用于单价合同。所谓单价合同，是指按工程量清单的单价和实际完成工程数量结算工程价款的合同。

7.3.2　FIDIC《土木工程施工合同条件》主要条款介绍

FIDIC《土木工程施工合同条件》，主要由通用条件和专用条件两部分组成合同文本，另有标准化投标书和协议书等文件。

1．通用条件

所谓通用，是指工程建设项目只要是属于土木工程类施工，不管是工业与民用建筑，还是水电工程，或是公路、铁路交通等各建筑行业均可适用。

通用条件共72条194款，内容分为定义与解释，工程师及工程师代表，转让与分包，合同文件，劳务，材料，工程设备与工艺，暂时停工，开工和延误，缺陷责任，变更、增添和省略，索赔程序，承包商的设备、临时工程和材料，计量，暂定金额，指定分包商，证书与支付，补救措施，特殊风险，解除履约合同，争议的解决，通知，业主的违约，费用和法规的变更，货币和汇率共25节。

通用条件按照条款的内容，大致可分为权义性条款、管理性条款、经济性条款、技术性条款和法规性条款等方面。条款的内容涉及工程项目施工阶段业主和承包商各方的权利和义务、工程师的权利和责任、各种可能预见的事件发生后的责任界限、合同正常履行过程中各方应遵循的工作程序、因意外事件而使合同被迫解除时各方应遵循的工作原则。

2. 专用条件

专用条件是相对于通用条件而言的，通用条件的条款是根据不同地区、不同行业的土建类工程施工的共性条件而编写的，但有些条款还必须考虑工程的具体特点和所在地区情况予以必要的变动。针对通用条件中条款的规定加以具体化，进行相应的补充完善、修订，或取代其中的某些内容，增补通用条件中没有规定的条款。

3. 标准化投标书和协议书文件

（1）标准化投标书

FIDIC 编制了标准的投标书及其附件格式。投标书的格式文件只有 1 页内容，只需投标人在投标书中空格内填写投标报价并签字后，投标书即可与其他材料一起构成有法律效力的投标文件。投标书附件是针对通用条件和专用条件内涉及工期和费用的内容作出明确的条件和具体的数值，与专用条件中的条款序号和具体要求相一致，以使承包商在投标时予以考虑，并在合同履行过程中作为双方遵照执行的依据的文件。

如果合同文件出现矛盾和歧义，应由监理工程师负责解释。对文件中矛盾或歧义解释的原则是，前面序号的文件内容优先。

1）合同中工期的含义。通用条件中规定，承包商对合同工程负有实际责任的期限分为工程施工期和缺陷责任期两大阶段。为了正确划清合同责任，应当明确"合同工期""施工期""缺陷责任期"的不同含义。

① 合同工期。合同工期指所签订合同内注明的全部工程或分步移交工程应完成的施工时间，加上因非承包商应负责任的原因而导致工程变更或索赔事件发生后，经监理工程师批准展延工期之和。

② 施工期。施工期指从监理工程师发布"开工令"之日起至发布"工程移交证书"中指明的实际竣工日为止，这一时间段内的实际施工时间。

③ 缺陷责任期。即通常所说的工程保修期，其设立目的是要在工程建设项目运行条件下考验工程质量是否达到了合同中技术规范所要求的标准。

2）合同价格。合同价格，是指中标通知书中写明的，按照合同规定的工程实施、完成和其他任何缺陷的修补应付给承包商的金额，但并非承包商应该得到的结算价款。

3）合同的转让和分包。合同条件规定，没有取得业主的事先书面同意，承包商不得将合同或任何部分转让给承包商开户的银行和保险公司以外的任何第三方，否则可视为承包商严重违约，业主有权和他解除合同关系。

通用条件中对某一特殊情况下的合同转让也做了明确的说明，即当承包商负责实施的工程部分缺陷责任期满，并已通过了最终检验准备撤离施工现场，而分包商负责的工程部分还没有通过最终验收时，在取得了业主同意并愿意承担有关费用的前提下，可以将未完成任务的分包商与承包商所签订的分包合同中的权利和义务转让给分包商，由分包商直接对业主负责。

合同条件将分包的批准权赋予了工程师，由工程师来审查分包工程的内容是否符合合同规定，分包商的资质是否与所承担工程的等级相适应，以及现场实施协调管理的条件，还要考虑何时批准开始分包工程施工等。

（2）合同协议书

合同协议书应作为专用条款的附件编入招标文件中。合同协议书范例如下：

合同协议书

本协议书于＿＿年＿＿月＿＿日由＿＿＿（以下简称"雇主"）为一方与＿＿（以下简称"承包商"）为另一方签订。

鉴于雇主欲使承包商实施一项名为＿＿的工程，并已接受了承包商提出的承担该工程的实施、完成以及修补其任何缺陷的投标文件，雇主与承包商协议如下：

1. 本协议书中的措辞和用语具有的含义应与下文提及的合同条件中分别赋予它们的含义相同。

2. 下列文件应被认为是组成本协议书的一部分，并应被作为其一部分阅读和理解。

（a）＿＿＿日的中标函；

（b）＿＿＿日的投标文件；

（c）编号＿＿＿的补遗；

（d）合同条件；

（e）规范；

（f）图纸；

（g）已完成的资料表。

3. 考虑到下文提及的雇主付给承包商的各项款额，承包商特此立约向雇主保证遵守合同的各项规定，恰当地实施和完成工程，并修补其任何缺陷。

4. 雇主特此立约，保证在合同规定的时间内并以合同规定的方式向承包商支付合同价格，以作为本工程实施、竣工及修补其任何缺陷的报酬。

特此立据。本协议书于上面所定的日期，由合同双方根据各自的法律签署订立，开始执行。

由＿＿＿签名　　　　　　　　　由＿＿＿签名

作为或代表雇主　　　　　　　　作为或代表承包商

证明人：　　　　　　　　　　　证明人：

姓名：　　　　　　　　　　　　姓名：

地址：　　　　　　　　　　　　地址：

日期：　　　　　　　　　　　　日期：

不同国家和地区通用的合同条件

FIDIC 组织编写的规范性的合同条件，是在国际上土木工程施工承包合同所使用的众多合同条件中的一种，除 FIDIC 合同条件外，常见的有如下几种。

1. ICE 合同条件

ICE 合同条件由英国土木工程师学会（the Institution of Civil Engineers，ICE）依据英国法律编写。英国土木工程师学会是设于英国的国际性组织，创于 1818 年，在传统上使用英国法律的国家中，具有较高的权威性。此合同条件适用于道路、桥梁、水利工程和大型土木工程构筑物。

2. AIA 合同条件

AIA 合同条件由美国建筑师学会（the American Institute of Architects，AIA）编写，在美洲地区有较高的权威性，特别适用于私营房屋建筑工程。

3. EDF 合同条件

EDF 合同是欧洲发展基金会（European Development Fund，EDF）针对接受欧洲发展基金会贷款的项目编写的，对不属于欧洲发展基金会贷款的项目，很难使用 EDF 合同条件。后来，英国加入欧洲共同体后，基于法国行政传统建立起来的 EDF 合同条件，与依据英国法律建立起来的 ICE 合同条件在欧洲发展基金会内部如何协调，成了欧洲共同体的一个难题。

4. 中国香港地区的标准合同条件

中国香港地区的合同条件主要是按照 FIDIC 合同条件编写的地区性合同条件，但是考虑了香港地区的具体情况，香港地区的合同条件主要有两种：《建筑工程合同标准格式》，适应于土木和房屋建筑工程；《香港房屋署建筑工程协议书及其合同条件》，适用于房屋建筑工程。

5. 德国《建筑工程招标承包条例》

德国的合同法没有对建筑合同作出规定，而是使用《建筑工程招标承包条例》（VOB），该条例在德国不属于法律，但在原联邦德国部分提到，一切国家投资的工程项目都必须严格遵守，至于私人兴建的房屋或工厂则由私人商定是否使用。VOB 由以下三部分组成：VOB 的 A 部分《建筑工程招标一般规定，DIN 1960》；VOB 的 B 部分《建筑工程招标一般合同条件，DIN 1961》；VOB 的 C 部分《建筑工程一般技术规范，DIN 1962》。

复习思考题

1. 什么是合同？合同应遵循哪些原则？什么是建设工程合同？建设工程合同有哪些分类？

2. 什么是施工合同？施工合同的主要条款有哪些？施工合同对于合同双方的义务做了哪些方面的规定？

3. 什么是 FIDIC？FIDIC《土木工程施工合同条件》包括哪些主要内容？

本章测验

学习小结

🔍 找一找

学习研读《建设工程施工合同（示范文本）》（GF—2017-0201），找一找《建设工程施工合同（示范文本）》（GF—2017-0201）中哪些条款和规定体现了社会主义核心价值观，并把它列出来。

_____

_____

_____

_____

_____

_____

_____

_____

_____

_____

_____

_____

_____

_____

_____

_____

_____

_____

_____

_____

_____

_____

_____

_____

_____

第八章 施 工 索 赔

学习目标

了解施工索赔的概念，索赔的分类及产生的原因。

掌握施工索赔的处理过程。

能初步运用法律法规进行索赔费用及工期的计算。

课程思政

施工索赔是一项涉及面广、学问颇深的工作，参与索赔工作的人员必须具有丰富的管理经验，熟悉施工中的各个环节，通晓各种建筑法规，并具有一定的财务知识。因此，本章的学习不仅可以使学生了解施工索赔相关的内容和知识，还将进一步促使学生培育和践行个人层面"爱国、敬业、诚信、友善"和社会层面"自由、平等、公正、法治"的社会主义核心价值观基本理念，树立尊重法律的理念。

思维导图

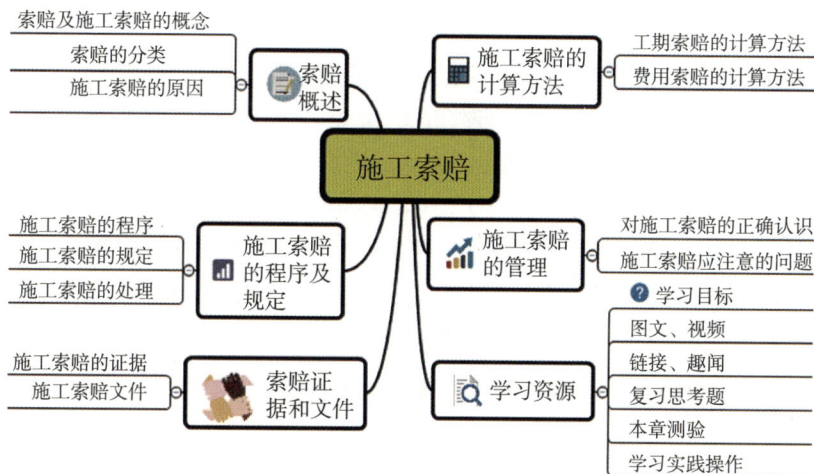

8.1 索赔概述

随着我国社会主义市场经济的建立与完善，商品交易中发生索赔成为一种正常的经济现象。因此，我们应该提高对索赔的认识，加强对索赔理论和索赔计算方法的研究，提高索赔意识，正确对待和认真做好索赔工作，这对维护工程合同签约各方的合法权益都具有十分重要的意义。

趣闻

国家政策法规的变更中潜藏的索赔机会

国家政策法规的变更中潜藏着索赔机会，例如，每季度由工程造价管理部门发布的建筑工程材料预算价格的变化，国家调整关于建设银行贷款利率的规定，国家有关部门关于在工程中停止使用某种设备、材料的通知，国家有关部门关于在工程中推广某些设备、施工技术的规定，国家对某种设备、建筑材料限制进口、提高关税的规定，在一种外资或中外合资工程项目中的货币贬值等。

教学内容

8.1.1 索赔及施工索赔的概念

索赔是指在履行合同的过程中，合同一方发生并非由于本方的过错或原因造成的，也不属于自己应承担风险范围的额外支出或损失，受损方依据法律或工程合同向对方提出的补偿要求。

施工索赔是指在工程项目过程中，由于业主或其他原因，承包商增加了合同规定以外的工作和费用，或造成其他损失，对此承包商可根据工程合同规定，并通过合法的途径和程序，要求业主补偿在时间上和经济上所遭受损失的行为。

实际工作中的施工索赔具有以下特点。

1. 实际工作中的施工索赔是指承包商向业主提出的索赔

工程发包承包中，业主处于主导地位，往往把风险转移给承包商，将自己可能提出的索赔作为承包商的违约责任纳入合同条款，并作为承包商承包工程项目的前提条件，因此，施工合同履行过程中业主主动提出的索赔较少，只是在承包商提出索赔后，作为讨价还价的策略而提出索赔。而承包商在工程承包中除了必须承担合同约定的风险责任外，还有可能承担业主的转移风险、第三方失误的风险和其他风险。因此，承包商的索赔应贯穿施工合同履行的全过程，以避免或减少自己的额外损失。习惯上把承包商向业主提出的索赔称为施工索赔，业主向承包商提出的索赔称为反索赔。

2. 施工索赔成功的关联因素较多

索赔是一种追回权利的管理行为，在未被对方确认时不具有约束力。施工索赔成功的关联因素主要有以下几点。

（1）施工索赔要以合同或法律法规为依据

承包商进行施工索赔，应以合同条款为第一依据，有合同作为依据的索赔一般情况都能获得成功。当找不出合同内容作索赔依据时，可以法律法规的有关规定作依据。此时的索赔成功与下列因素有关：第一，索赔事件必须属于所引用的法律法规的调整对象；第二，法律法规的规定具体明确；第三，索赔事件当事人依据法律法规所作的论证充分。

（2）施工索赔必须有额外损失或额外支出的证据

索赔以补偿权利人的额外损失或额外支出为原则，没有证据的索赔同没有合同或法律法规作依据的索赔一样，都是不能成立的。

（3）把握好索赔的时机和遵守索赔的程序规定

承包商的施工索赔，必须遵守合同对索赔程序的约定，在约定的时效期内提出，否则就失去索赔的权利。一般来说，承包商在投标时就有可能发现索赔的机会，至工程建成一半，就会有很多的索赔机会。权利人应力争发现一项解决一项，争取在工程建成 3/4 前基本解决索赔事项，最迟应在工程竣工或移交前解决。

（4）不断提高合同管理人员的素质

索赔涉及技术、管理、法律、经济等多个专业的知识，合同管理人员或专门的索赔人员要有深厚的工程技术等专业知识和丰富的实践经验，要不断提高他们的素质，通晓法律法规，熟悉合同内容，使索赔有充分的法律或合同依据；能提出科学合理、符合工程实际情况的索赔；具有一定的公关能力和社交艺术，争取索赔谈判成功。

（5）工程师处理索赔的公正性

施工合同管理中，工程师是处理和解决索赔事项的第三方，工程师处事公正有利于索赔问题顺利解决。

8.1.2 索赔的分类

1. 按索赔的目的分类

按索赔的目的不同可分为工期索赔和费用索赔。这种分类方法是施工索赔业务中常见的分类方法。

2. 按索赔发生的原因分类

索赔发生的原因有很多，总结起来，可分为4类：施工延期索赔、工程变更索赔、施工加速索赔和不利现场条件索赔。

（1）施工延期索赔

施工延期索赔主要是由于业主的原因不能按原定计划的时间进行施工所引起的索赔。比如，为了控制建设成本，业主往往把材料和设备规定为自己直接订货，再供应给施工的承包商，业主如不能按时供货，而导致工期延期，就会引起施工延期的索赔。还比如设计图纸和规范的错误与遗漏，设计者不能及时提交审查或批准图纸等，都可能引起施工延期索赔。

（2）工程变更索赔

工程变更索赔指因合同中规定工作范围的变化而引起的索赔。这类索赔有时没有延期索赔那么容易确定，比如某分项工程所包含的详细工作内容和技术要求、施工要求很难在合同文件中用文字描述清楚，设计图纸也难对每一个施工细节都表达详尽，因此，实施中很难界定此项内容是否有所变更，即使变更，也很难确定其变更程度有多大。但是对于明显的设计错误和遗漏，设计变更以及工程师发布的工程变更指令，引起的工期延误和施工费用增加，承包商应及时向业主提出有关工程变更索赔。

（3）施工加速索赔

施工加速索赔指业主要求工程提前竣工或提出其他赶工要求而引起的索赔。施工加速往往使承包商的劳动率降低，因此，施工加速索赔又称劳动生产率损失索赔。比如业主要求承包商比合同规定的工期提前完工。这样，承包商可以因施工加速成本超过原计划成本而提出索赔。

（4）不利现场条件索赔

不利现场条件索赔指合同的图纸和技术规范中所描述的现场条件与实际情况有实质性的不同，或者虽然合同中未作描述，但实际情况却是一个有经验的承包商无法预料的，因出现这类不利现场条件提出的索赔即不利现场条件索赔，不利现场条件一般是指地下的水文地质条件，但也包括某些隐藏着的不可知的地面条件。

3. 按索赔的处理方式和处理时间分类

按处理方式和处理时间，施工索赔可以分为单项索赔和一揽子索赔。

（1）单项索赔

单项索赔是指当事人针对某一干扰事件的发生而及时提出的索赔。即在影响原合同实施的因素发生时或发生后，合同管理人员立即在规定的索赔有效期内向业主提出索赔意向，及时解决索赔问题。比如，业主发出设计变更指令，造成承包商成本增加、工期延长。承包商为变更设计这一事件提出索赔要求，就属于单项索赔。单项索赔原因单一、责任清楚、容易处理，并且涉及金额较小，业主容易接受。承包商应尽可能采用单项索赔方式处理索赔问题。

（2）一揽子索赔

一揽子索赔又称总索赔，是指在工程竣工前后，承包商将施工过程中已经提出但尚未解决的索赔汇总，向业主提出的总索赔。

这种索赔，有的是在合同实施过程中因为一些单项索赔问题比较复杂，不能立即解决，经双方协商同意留待以后解决；有的是业主对索赔迟迟不作答复，采取拖延的办法，使索赔谈判持续很久；有的是由于承包商对合同的管理水平差，平时没有注意对索赔的管理，当工程快完工时，才发现自己损失了本钱，或业主不付款时，才准备进行索赔。

一揽子索赔中，许多干扰因素交织在一起，责任分析和赔偿值计算较困难，并且赔偿金额较大，双方较难作出让步，索赔谈判和处理较难。一揽子索赔较单项索赔的成功率低。因此，承包商在进行施工索赔时，一定要掌握索赔的有利时机，力争单项索赔，使索赔在施工中一项一项地解决。

4. 按索赔的依据分类

索赔的目的是为了得到经济补偿和工期延长，索赔必须有其可靠的依据。按索赔的依据，索赔可分为合同内索赔、合同外索赔和道义索赔。

（1）合同内索赔

合同内索赔是以合同为依据，在合同中有明文规定的索赔，如工程延误、工程变更、工程师给出错误数据导致放线的差错、业主不按合同规定支付进度款等。这种索赔由于在合同中明文规定往往容易成功。

（2）合同外索赔

合同外索赔一般是难于直接从合同的某条款中找到依据，但可以从合同条件的合理推断或其他的有关条款联系起来论证索赔是属于合同规定的索赔。例如，天气的影响给承包商造成的损失一般应由承包商自己负责，如果承包商能证明是特殊反常的气候条件（如百年一遇的洪水、五十年一遇的暴雨），就可利用合同条件中规定的一个有经验的承包商无法合理预见的不利条件而得到工期的延长，同时若能进一步论证工期的改变属于"工程变更"的范畴，还可以提出由此造成的费用索赔。

（3）道义索赔

道义索赔无合同和法律依据，承包商认为自己在施工中确实遭到了很大的损失，要想得到优惠性质的额外付款，只有在遇到通情达理的业主时才能成功。

5．按索赔的业务性质分类

按索赔的业务性质，索赔可分为施工索赔和商务索赔。

施工索赔是指涉及工程项目建设中施工条件或施工技术、施工范围等变化引起的索赔，一般发生频率高，索赔费用大。本章重点讲述施工索赔。

商务索赔是指实施工程项目过程中的物质采购、运输、保管等活动引起的索赔事项。由于供货商、运输公司等在物质数量上短缺、质量上不符合要求、运输损坏或不能按期交货等原因，给承包商造成经济损失时，承包商将向供货商、运输公司等提出索赔要求；反之，当承包商不按合同规定付款时，则供货商或运输公司等将向承包商提出索赔。

6．按索赔的对象分类

按索赔的对象，索赔可分为索赔和反索赔。索赔是指承包商向业主、供货商、保险公司、运输公司等提出的索赔，反之称为反索赔。

8.1.3　施工索赔的原因

引起施工索赔的原因有很多，归纳起来主要有以下几种。

1．工程变更

合同中一般均订立相应的工程变更条款，即业主均保留变更工程的权利。业主在任何时候均可对施工图、说明书、合同进度表，形成书面文件进行变更。承包商必须熟悉工程合同，以确定工程变更是否在合同范围内。如不在合同范围内，承包商可以拒绝执行变更，也可以与对方协商一致签订补充协议，对因此造成的合同价格变化和工期延迟，进行相应调整。

2．施工条件的变化

施工条件变化主要有两种情况：一是该条规定用来处理现场地面以下与合同出入较大的潜在自然条件的变更。例如，地质勘探资料和说明书错误，造成地下工程的特殊处理，由此给承包商带来的费用增加和工期延长，承包商有权要求对合同价格进行公平合理的调整。二是现场的施工条件与合同确定的情况差异较大，承包商应立即通知业主或工程师进行确认。

3．业主的违约

业主违约主要表现为业主未按合同规定为承包商提供施工条件、未在规定时间内付款、无理阻挠或干扰工程施工等，由此给承包商造成经济损失或工程延误。

4. 工程的延期

在以下几种情况下，工程工期是允许延期的：①业主或者其雇员的疏忽失职造成工程延期；②提供施工图的时间推迟造成工程延期；③业主中途变更工程造成工程延期；④业主暂停施工造成工程延期；⑤工程师同意承包商提出的延期理由；⑥不可抗力造成工程延期。

5. 不可抗力或意外风险

不可抗力或意外风险是指超出合同各方控制能力的意外事件。不可抗力事件发生，一般会直接干扰合同的履行，由此造成施工时间的延长、工程修理的义务和费用、合同的终止、业主或者其他第三方的财产损失及人身伤亡。对于因不可抗力或意外风险造成的损失，承包商概不承担任何责任，由业主负责承担由此引起的各种损失赔偿和工期补偿等。

6. 检查和验收

业主有权要求承包商对已检查验收过的隐蔽工程等再次拆下或剥开检查，经检查工程完全符合合同要求时，承包商可以要求补偿因此造成的损失，包括相应的费用等。

7. 劳动力、材料费涨价

合同中一般会作出规定，如果材料价格和劳动力费用受到供求关系或市场因素的影响变化比较大时，准许材料价格及劳动力费用的调整。合同实施中遇到市场价格上涨的情况，承包商应及时根据合同规定向业主提出工程价格调整的要求。

除此以外，引起承包商提出索赔要求的原因还有很多，比如业主非法干预工期，或者提出高于合同和法律法规约定的质量标准，或者未经竣工验收即占有使用工程等。承包商必须熟悉合同条款的具体规定，以便及时采取措施，保护自身的利益。

链 接

如何做好索赔预防和反索赔

对建设单位（发包人）来说，如果不能做好索赔预防，常常被施工单位进行施工索赔，其经济利益就会受损。发包人进行索赔预防，主要是做到以下几个方面：一是签署合同要严密，减少合同漏洞；二是履行合同要认真，避免自身违约；三是发现违约要及时处理，避免损失扩大。发包人对施工单位发起的反索赔，可能涉及工程质量、工期延误、保修、对分包人付款等事项。

8.2 施工索赔的程序及规定

知识导入

　　随着工程招标投标制度的不断完善及业主、监理、施工单位管理章程的进一步健全，索赔工作也逐步步入正常轨道。只要充分理解施工图纸、技术规范，以及业主、监理、施工单位签订的合同协议和各项往来性文件，在索赔工作中做到有理、有据，就会有更多的索赔项目被受理或批复。下面我们来了解施工索赔的程序及其相关的规定。

趣　闻

"砼"字的来历

　　"砼"，汉语词汇，拼音为 tóng，是混凝土的同义词。在工程设计和施工中，经常把"混凝土"3个字简写为"砼"。"砼"一字的创造者是著名结构学家蔡方荫教授，创造时间是 1953 年。当时，教学科技落后，没有录音机，也没有复印机，学生上课听讲全靠记笔记。"混凝土"是建筑工程中最常用的词，但笔画太多，写起来费力又费时，于是，思维敏捷的蔡方荫就大胆地用"人工石"3个字代替"混凝土"。因为"混凝土"3个字共有30笔，而"人工石"三个字才10笔，可省下20笔，大大加快了学生记笔记的速度。后来，"人工石"3个字被合成了"砼"字，构形会意为"人工合成的石头，混凝土坚硬如石"，并在大学生中得到推广。

　　1955 年 7 月，中国科学院编译出版委员会名词室审定颁布的《结构工程名词》一书中，明确推荐"砼"与"混凝土"一词并用。从此，"砼"被广泛采用于各类建筑工程的书刊中。1985 年 6 月 7 日，中国文字改革委员会正式批准了"砼"与"混凝土"同义、并用的法定地位。（资料来源于网络）

教学内容

8.2.1　施工索赔的程序

　　在工程项目施工阶段，出现索赔事件，应按照国家有关规定、国际惯例和工程项目合同的规定，认真、及时地协商解决。一般索赔程序如图 8.1 所示。

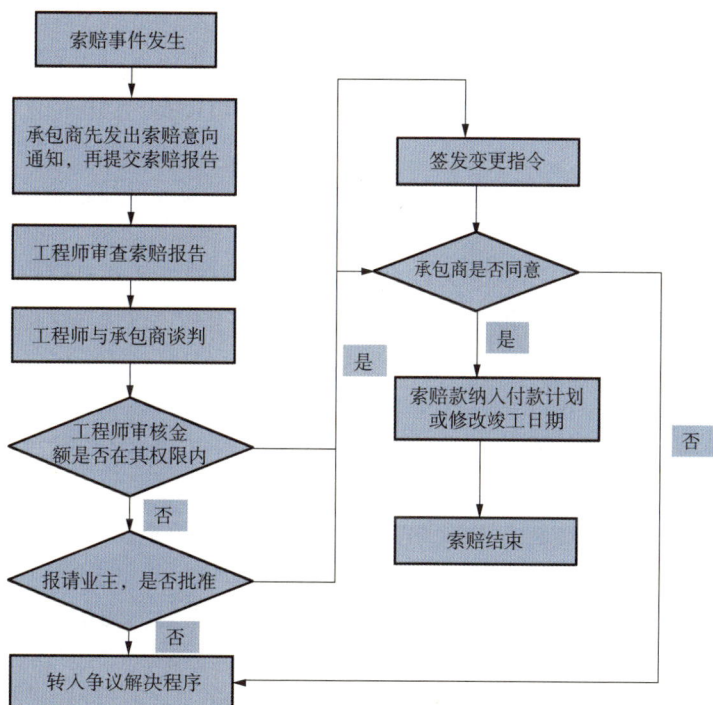

图 8.1　索赔程序示意图

索赔程序的主要内容如下。

1）发出索赔意向通知。

2）索赔资料的准备。

3）索赔报告的编写与提交。

4）索赔报告的评审。

5）索赔谈判。

6）索赔争端的解决。

8.2.2　施工索赔的规定

我国《建设工程施工合同（示范文本）》（GF—2017-0201）中对承包人索赔和对承包人索赔的处理有明确而严格的规定，主要包括以下几点。

1. 承包人的索赔

根据合同约定，承包人认为有权得到追加付款和（或）延长工期的，应按以下程序向发包人提出索赔。

1）承包人应在知道或应当知道索赔事件发生后 28 天内，向监理人递交索赔意向通知书，并说明发生索赔事件的事由；承包人未在前述 28 天内发出索赔意向通知书的，丧失要求追加付款和（或）延长工期的权利。

2）承包人应在发出索赔意向通知书后 28 天内，向监理人正式递交索赔报告；索赔报告应详细说明索赔理由以及要求追加的付款金额和（或）延长的工期，并附必要的记录和证明材料。

3）索赔事件具有持续影响的，承包人应按合理时间间隔继续递交延续索赔通知，说明持续影响的实际情况和记录，列出累计的追加付款金额和（或）工期延长天数。

4）在索赔事件影响结束后 28 天内，承包人应向监理人递交最终索赔报告，说明最终要求索赔的追加付款金额和（或）延长的工期，并附必要的记录和证明材料。

2．对承包人索赔的处理

对承包人索赔的处理如下。

1）监理人应在收到索赔报告后 14 天内完成审查并报送发包人。监理人对索赔报告存在异议的，有权要求承包人提交全部原始记录副本。

2）发包人应在监理人收到索赔报告或有关索赔的进一步证明材料后的 28 天内，由监理人向承包人出具经发包人签认的索赔处理结果。发包人逾期答复的，则视为认可承包人的索赔要求。

3）承包人接受索赔处理结果的，索赔款项在当期进度款中进行支付；承包人不接受索赔处理结果的，按照《建设工程施工合同（示范文本）》（GF—2017-0201）第 20 条约定处理。

8.2.3　施工索赔的处理

施工索赔的处理过程一般有以下 7 个步骤：索赔要求的提出、索赔证据的准备、索赔文件（报告）的编写、索赔文件（报告）的报送、索赔文件（报告）的评审、索赔的谈判与调解、索赔仲裁或诉讼。

1．索赔要求的提出

当索赔事件出现时，承包商在现场先与工程师磋商，如果不能达成妥协方案时，承包商应审慎地检查自己的索赔要求是否合理，然后决定是否提出书面索赔要求。按照 FIDIC 合同条款，书面的索赔通知书应在引起索赔事件发生后的 28 天以内向监理工程师正式提出，并抄送业主；逾期提送，将遭业主和监理工程师拒绝。

索赔通知书一般都比较简单，只要说明索赔事项的名称，根据相应的合同条款提出自己的索赔要求即可。

2．索赔证据的准备

索赔证据的准备是施工索赔工作的重要环节。承包商在正式报送索赔报告前，要尽可能地使证据资料完整齐备，不可"留一手"待谈判时再抛出来，以免造成对方的不愉快而影响索赔事件的解决；索赔金额的计算要准确无误，符合合同条款的规定，具有说服力；力求文字清晰，简单扼要，要重事实、讲理由。

3. 索赔文件（报告）的编写

索赔文件（报告）是承包商向监理工程师（或业主）提交的要求业主给予一定的经济补偿或工期延长的正式报告。

4. 索赔文件（报告）的报送

承包商应在引起索赔的事件发生后 28 天内尽快将索赔报告提交给监理工程师（或业主），以正式提出索赔。索赔报告提交后，承包商应主动向对方了解索赔处理的情况，根据对方所提出的问题进一步做资料方面的准备，或提供补充资料，尽量为监理工程师处理索赔提供帮助。

5. 索赔文件（报告）的评审

监理工程师（或业主）对收到的索赔报告应马上仔细阅读，及时对不合理的索赔进行反驳或提出疑问，工程师可以根据自己掌握的资料和工作经验提出意见和主张。比如关注以下问题：索赔事件是否属于第三方的责任；事实和合同依据是否充足；承包商是否遵守了索赔意向通知的要求；合同中是否有相关的免责条款；索赔是否由不可抗力引起，承包商能否证明双方责任的大小；承包商是否及时采取了适当措施来避免或减少损失；承包商是否需要提供进一步的证据；损失计算是否夸大；承包商以前有无明示或暗示放弃该索赔的。

评审过程中，承包商对监理工程师提出的各种质疑应作出圆满的答复。

6. 索赔的谈判与调解

经过索赔报告的评审后，监理工程师应提出对索赔处理决定的初步意见，并参与业主和承包商进行的索赔谈判，通过谈判，作出索赔的最后决定。合同当事人就争议自行和解达成协议的经双方签字并盖章后作为合同补充文件，双方均应遵照执行；如果双方直接谈判没有取得一致解决意见，合同当事人可以就争议请求建设行政主管部门、行业协会或其他第三方进行调解，调解达成协议的，经双方签字并盖章后作为合同补充文件，双方均应遵照执行。

7. 索赔仲裁与诉讼

对于双方难以调和的争端，只能依靠仲裁与诉讼解决。合同当事人可以根据合同约定，向约定的仲裁委员会申请仲裁，或者向有管辖权的人民法院起诉。本着友好解决争端使合作继续顺利进行下去的原则，一般可以先通过自己的律师向对方发出正式索赔函件，此函件最好通过当地公证部门登记确认，以表示诉诸法律程序的前奏。通过多次律师致函仍无法和解或调解成功，则提交仲裁或司法程序解决。

链 接

索赔意向书示例

致：×××监理有限公司（监理项目部）

兹有我施工单位施工的×××工程，在20××年×月×日，当地村民进入施工现场阻止我施工单位施工作业；随后施工单位、监理单位、设计单位和业主单位到现场调解仍没有劝服当地村民；经上级部门和业主单位的同意，我施工单位于20××年×月×日正式停工待命。

为了保证复工后的正常进行，停工期间现场的机械设备和周转材料一律停滞在工地，现场施工人员不予放假，在现场组织学习和安全教育，等候工程复工；停工给我施工单位造成较大的经济损失和工期延误。

停工期间发生的费用及损失如下。

1）施工人员的误工费。

2）项目部管理人员的管理费。

3）机械设备的闲置费。

4）材料损失的补偿费。

工程索赔（微课）

我施工单位按照合同约定内容的程序向贵监理单位提交费用及工期的索赔意向。按照合同文件第×款第×项的规定，业主应对我施工单位发生的上述费用和工期给予补偿，以利于我施工单位减少损失，恢复施工继续履行好合同的责任和义务。

施工单位：

20××年×月×日

8.3 索赔证据和文件

知识导入

任何索赔事项的确立，其前提条件是必须有正当的索赔理由。对正当索赔理由的说明必须具有证据，因为索赔的进行主要依靠证据。施工索赔的成功与否，很大程度上取决于承包商是否具有充分的索赔依据和强有力的索赔证据资料，因此，承包商在正式提交索赔报告前的索赔依据和证据资料的准备极为重要。

趣 闻

国务院发文对非法干预工期说"不"

中国政府网 2019 年 5 月 5 日发布中华人民共和国国务院令第 712 号，《政府投资条例》自 2019 年 7 月 1 日起施行。《政府投资条例》第 24 条明确指出，政府投资项目应当按照国家有关规定合理确定并严格执行建设工期，任何单位和个人不得非法干预。第 34 条规定，项目单位有下列情形之一的，责令改正，根据具体情况，暂停、停止拨付资金或者收回已拨付的资金，暂停或者停止建设活动，对负有责任的领导人员和直接责任人员依法给予处分：（一）未经批准或者不符合规定的建设条件开工建设政府投资项目；（二）弄虚作假骗取政府投资项目审批或者投资补助、贷款贴息等政府投资资金；（三）未经批准变更政府投资项目的建设地点或者对建设规模、建设内容等作较大变更；（四）擅自增加投资概算；（五）要求施工单位对政府投资项目垫资建设；（六）无正当理由不实施或者不按照建设工期实施已批准的政府投资项目。（资料来源于网络）

教学内容

8.3.1 施工索赔的证据

1. 索赔证据的要求

索赔证据需要满足以下要求。

1）真实性：证据材料是确实存在和实际发生的。

2）及时性：索赔证据的取得及提出是及时的。

3）全面性：证据能说明索赔理由、事件过程、影响、索赔值的全部内容。

4）关联性：证据与索赔事件之间有因果关联。

5）法律证明效力：证据是书面的，有关记录、协议、纪要等必须是双方签署的或工程师签字认可的。

2. 索赔证据的种类

常见的索赔证据主要有：工程合同文件；施工日志；工程照片及声像资料；来往信函；会议纪要；气象报告和资料；工程进度计划；业主提供的参考资料和现场资料；工程备忘录及各种签证；工程结算资料和有关财务报告；各种检查验收报告和技术鉴定报告；其他材料，如订货单、法律、法规等。

8.3.2　施工索赔文件

索赔文件是承包商向业主提出索赔的正式书面材料，也是业主审议承包商请求索赔的主要依据。施工索赔文件，一般由索赔信函、索赔报告和附件3个部分组成。

1．索赔信函

索赔信函是承包商致业主或业主代表的一封简短信函，主要是提出索赔要求。索赔信函包括以下内容：简要说明索赔事件的有关情况，列举索赔理由，提出索赔金额与工期延长要求，附件说明。

2．索赔报告

索赔报告的具体内容随索赔事项的性质和特点有所不同，大致分以下4个部分。

1）总述部分：概述引起索赔的事件、承包商所做工作及索赔要求。

2）论证部分：索赔报告的主体和关键部分，这是索赔能否成立的关键。要有理有据，说明自身有索赔的理由，依据是合同文件、法律法规等。合同条款、技术规程、工程量表、工程各参与方的往来函件都可能包含索赔的依据。

3）合同论证部分：论证部分应客观按索赔事件的发生、发展、处理三段式叙述，使业主清楚了解事件的始末和承包商所做的努力及付出的代价。引证资料的名称及编号应清楚说明，以便业主查阅。

4）索赔款项（或工期）计算部分：先写出最终索赔计算结果（索赔总金额或者工期），然后逐项论述计算过程，引证资料要有名称和编号，要注意效力和可信程度，对重要的证据资料最好附以文字说明，或附以确认件，佐证其效力。计算数额应保持客观合理，避免"狮子大开口"。

3．附件

附件是指索赔报告的证明文件，包括证明文件和详细计算书。

详细计算书是用简明扼要的表格佐证索赔金额的真实性，格式见表8.1。

表 8.1　索赔报告的一般格式

序号	索赔报告构成	一般内容
1	题目	如"关于×××事件的索赔"
2	事件	详细描述事件过程，双方信件交往、会谈，并指出对方应承担责任或风险的证据等
3	理由	主要是法律依据、合同条款和工程惯例等
4	结论	损失或损害及其大小，提出索赔的具体要求
5	损失估价	列出损失费用的计算方法、计算基础等，并计算出损失费用的大小
6	延期计算	列出工期延长的计算方法、计算公式等，并计算出要求延长的天数
7	附录	各种证据、文件等

链 接

建设工程项目合同

建设工程项目是一个极为复杂的社会生产过程，它分别经历可行性研究、勘察设计、工程施工和运行等阶段，有建筑、土建、水电、机械设备、通信等专业设计和施工活动，需要各种材料、设备、资金和劳动力的供应。由于现代的社会化大生产和专业化分工，一个稍大一点的工程其参加单位就有十几个、几十个，甚至成百上千个，它们之间形成各式各样的经济关系。由于工程中维系这种关系的纽带是合同，所以就有各式各样的合同。工程项目的建设过程实质上又是一系列经济合同的签订和履行过程。合同是施工索赔的重要依据。

在一个工程中，相关的合同可能有几份、几十份、几百份，甚至几千份，形成一个复杂的合同网络。在这个网络中，业主和工程的承包商是2个最主要的节点。建筑工程承包合同是建筑工程中最重要，也是最复杂的合同。它在工程项目中的持续时间长，标的物复杂，价格高，起主干合同的作用。

8.4 施工索赔的计算方法

知识导入

在经过论证拥有索赔权的情况下，如果采用不合理的计价方法，没有事实根据地扩大索赔金额，往往使索赔搁浅，甚至失败，因此，施工索赔的计算方法显得十分重要，施工索赔的计算方法主要有两种：工期索赔的计算方法和费用索赔的计算，下面我们重点来了解这两种计算方法的内容。

趣 闻

工程图纸为什么称为"蓝图"

蓝图在工业上指"蓝图纸"（晒图纸俗称，主要用于复制工程图纸和文件资料），尤指完成图像复制后的晒图纸；在文学上经引申，指希望和前景。

蓝图在港澳地区又称"蓝纸"，表面涂有由重氮盐和偶联剂等组成的感光涂料，是对工程制图的原图描图、晒图和熏图后生成的复制品。因用碱性物质显影后产生蓝底紫色的晒图效果，所以被称为"蓝图"。

蓝图类似照相用的底片，具有可以反复复制新图，而且易于保存、不会模糊、不会掉色、不易玷污、不能修改等特点。蓝图通常是由蓝色背景上的白色线条构成。较新的工艺是在白色背景上用蓝色线条进行绘制。

在没有计算机、打印机和复印机的年代里，工程设计人员制作工程图纸需要先画原图，再描底图，最后晒蓝图。凡是做工程的地方都离不开一卷一卷的蓝图。计算机、打印机、复印机的发展使工程设计图纸产品白图替代蓝图成为一种趋势，蓝图的使用数量减少。人们之所以还在使用蓝图，是因为它价格低廉。与大幅面复印机所需要的费用相比，重氮复印机要便宜得多。（资料来源于网络）

教学内容

8.4.1　工期索赔的计算方法

工期索赔的计算主要有网络分析法和比例计算法两种。

1. 网络分析法

网络分析法是利用进度计划网络图，分析其关键线路，将受干扰作业的持续时间输入网络中，重新进行网络分析，得到新计划工期，新计划工期与原计划工期之差即总工期的影响，也就是工期索赔值。

由于非承包商自身原因的事件造成关键线路上的工序暂停施工，有

工期索赔天数＝关键线路上的工序暂停施工的日历天数

由于非承包商自身原因的事件造成非关键线路上的工序暂停施工，有

工期索赔天数＝工序暂停施工的日历天数－该工序的总时差天数

2. 比例计算法

这种方法比较简单，但只是粗略的估算，在不能采用其他计算方法时使用。具体的计算方法有两种，按引起误期的事件选用。

已知部分工程的拖延时间，有

工期索赔值＝该受干扰部分工程的拖延时间×受干扰部分工程的合同价／原合同总价

已知额外增加工程量的价格，有

工期索赔值＝原合同总工期×额外增加的工程量的价格／原合同总价

8.4.2　费用索赔的计算方法

费用索赔的计算方法有总费用法、修正总费用法和分项法。

1. 总费用法

总费用法又称总成本法，这种方法不十分科学，但因为计算简单，也常常被采用，但有严格的适用条件：已开支的实际总费用经审核认为是合理的；承包商的原始报价是比较合理的；费用的增加是由于业主的原因造成的；由于现场记录不足等原因，难以采用更精确的计算方法。总费用法的计算式为

索赔额 = 该项工程的总费用 - 投标报价

2. 修正总费用法

当费用索赔只涉及某些分部分项工程时，可采用修正总费用法。修正总费用法与总费用法的原理相同，只是把计算的范围缩小，使索赔值的计算更容易、更准确。修正总费用法计算索赔值的方法为

费用索赔额 = 索赔事件相关单项工程的实际总费用 - 该单项工程的投标报价

3. 分项法

索赔值分项计算的方法，首先确定每次可以索赔的费用项目，然后按下列方法计算每个项目的索赔值，各项目的索赔值之和即本次索赔的补偿总额。

（1）人工费索赔

人工费索赔包括额外增加工人和加班的索赔、人员闲置费用索赔、工资上涨索赔和劳动生产率降低导致的人工费索赔等，根据实际情况择项计算。

1）额外增加工人和加班的索赔。计算公式为

索赔额 = 增加的工时（日）× 人工单价

2）人员闲置费用索赔。计算公式为

索赔额 = 闲置工时（日）× 人工单价 ×0.75（折算系数）

3）工资上涨索赔。工资上涨索赔指由于工程变更，延期期间工资水平上调而进行的索赔。计算公式为

工资上涨索赔额 = $\sum$ 相关工种计划工时 × 相关工种工资上调幅度

4）劳动生产率降低导致的人工费索赔。

① 实际成本和预算成本比较法。

索赔额 = 实际人工成本 - 合同中的预算人工成本

适用条件：a.有正确合理的估价体系和详细的施工记录；b.预算成本和实际成本计算合理；c.由于业主的原因增加了成本。

② 正常施工期与受影响施工期比较法。

劳动生产率降低值 = 正常施工期劳动生产率 - 受影响施工期劳动生产率

劳动生产率降低索赔值 = 计划工日数 × $\dfrac{劳动生产率降低值}{预期劳动生产率}$ × 工日人工平均工资

（2）材料费索赔

材料费的额外支出或损失包括消耗量增加和单位成本增加两个方面。

1）材料消耗量增加的索赔。追加额外工作、变更工程性质、改变施工方法等，都将导致材料用量增加，其索赔值的计算公式为

$$索赔额 = \sum 新增的工程量 × 某种材料的预算消耗定额 × 该种材料单价$$

2）材料单位成本增加的索赔。由于业主原因的延期期间材料价格上涨（包括买价、手续费、运输费、保管费等），以及可调价格合同规定的调价因素发生时或须变更材料品种、规格、型号等，都将导致材料单位成本增加。索赔值计算公式为

$$索赔额 = 材料用量 × （实际材料单位成本 - 投标材料单位成本）$$

（3）施工机械费索赔

施工机械费索赔的费用项目有增加机械台班使用数量索赔、机械闲置索赔、台班费上涨索赔和机械效率降低索赔等。索赔时根据额外支出或额外损失的实际情况择项，按下列方法计算索赔值。

1）增加机械台班使用数量索赔。计算公式为

$$索赔额 = \sum 增加的某种机械台班的数量 × 该机械的台班费$$

2）机械闲置索赔。计算公式为

$$索赔额 = \sum 某种机械闲置台班数 × 该种机械行业标准台班租赁费 × 折减系数$$

$$索赔额 = \sum 某种机械闲置台班数 × 该种机械定额标准台班费$$

3）台班费上涨索赔。由于非承包商原因的工期顺延期间，如果遇上机械台班费上涨或采用可调价格合同时，承包商可以提出台班费上涨索赔。计算公式为

$$索赔额 = \sum 相关机械计划台班数 × 相关机械台班费上调幅度$$

4）机械效率降低索赔。计算公式如下。

① 实际成本和预算成本比较法。

$$索赔额 = 实际机械成本 - 合同中的预算机械成本$$

适用条件：a. 有正确合理的估价体系和详细的施工记录；b. 预算成本和实际成本计算合理；c. 是业主的原因增加了成本。

② 正常施工期与受影响施工期比较法。计算公式为

$$机械效率降低值 = 正常施工期机械效率 - 受影响施工期机械效率$$

$$机械效率降低索赔值 = 计划台班 × 台班单价 × \frac{机械效率降低值}{预期机械效率}$$

（4）现场管理费索赔

这里的现场管理费是指施工项目成本中除人工费、材料费和施工机械使用费外的各费用项目之和，包括项目经理部额外支出或额外损失的现场经费和其他直接费。计算公式为

$$现场管理费索赔额 = 直接成本费用索赔额 × 现场管理费费率$$

式中：直接成本费用索赔额 = 人工费索赔额 + 材料费索赔额 + 施工机械费索赔额。

当事人双方通过协商选用下列方法之一确定现场管理费费率。

1）合同百分比法。按签订合同时约定的现场管理费费率计算。

2）行业平均水平法。执行公认的行业标准费率，如工程造价管理部门制定颁发的取费标准。

3）原始估价法。按投标报价时确定的费率计算。

4）历史数据法。采用历史上类似工程的费率。

（5）企业管理费索赔

企业管理费索赔包括企业管理费、财务费用和其他费用的索赔，也可将利润损失计算在内。索赔值的计算方法主要有企业管理费费率计算法和国际上通用的分摊计算法两种。其中，用企业管理费费率计算法计算企业管理费索赔额公式为

$$企业管理费索赔额 = 施工项目成本费用索赔额 \times 企业管理费费率$$

式中：企业管理费费率可采用确定现场管理费费率的4种方法之一确定。

链 接

索赔案例

某工程项目采用了固定单价施工合同。工程招标文件参考资料中提供的用砂地点距工地4km。但是开工后，检查该砂的质量不符合要求，承包商只得从另一距工地20km的供砂地点采购。而在一个关键工作面上又发生了几种原因造成的临时停工：5月20日～5月26日，承包商的施工设备出现了从未出现过的故障；应于5月24日交给承包商的后续施工图直到6月10日才交；6月7日～6月12日，施工现场下了罕见的特大暴雨，造成6月11日～6月14日该地区供电全面中断。

问题1：由于供砂距离的增大，必然引起费用的增加。承包商经过仔细认真计算后，在业主指令下达的第3天，向业主的造价工程师提交了将原用砂单价每吨提高5元的索赔要求。该索赔要求是否可以被批准？为什么？

问题2：若承包商对因业主原因造成的窝工损失进行索赔时，要求设备窝工损失按台班计算，人工的窝工损失按日工资标准计算是否合理？如不合理应怎样计算？

问题3：由于几种情况的暂时停工，承包商在6月25日向业主的造价工程师提出延长工期26天、成本损失费2万元/天（此费率已经造价工程师核准）和利润损失费2000元/天的索赔要求，共计索赔款57.2万元。应批准延长工期多少天？索赔款额多少万元？

问题4：在业主支付给承包商的工程进度款中是否应扣除因设备故障引起的竣工拖期违约损失赔偿金？为什么？

解答：

问题1：因供砂距离增大提出的索赔不能被批准。

① 承包商应对自己就招标文件的解释负责。

② 承包商应对自己报价的正确性与完备性负责。

③ 作为一个有经验的承包商可以通过现场踏勘确认招标文件参考资料中的用砂质量是否合格，若承包商没有通过现场踏勘发现质量问题，其相关风险应由承包商承担。

问题2：不合理。

① 因窝工闲置的设备按折旧费或租赁费计算，不包括运转费部分。

② 人工费损失应考虑这部分工作的工人调做其他工作时的工效降低的损失费用，一般用工日单价乘以一个测算的降效系数计算，而且只按成本费用计算，不包括利润。

问题3：可以批准的延长工期为19天，费用索赔额为32万元。

5月20日～5月26日出现的设备故障，属于承包商应承担的风险，不应考虑工期和费用索赔。

5月27日～6月9日的停工是由于业主迟交图纸引起的，为业主应承担的风险，应延长工期14天。成本损失索赔额为14天×2万元/天=28万元，但不应考虑承包商的利润索赔要求。

6月10日～6月12日的特大暴雨属于双方共同的风险，应延长工期3天，但不应考虑费用索赔的要求。

6月13日～6月14日的停电属于有经验的承包商无法预见的自然条件变化，为业主应承担的风险，应延长工期2天，索赔额为2天×2万元/天=4万元，但不应考虑承包商的利润要求。

问题4：业主不应在支付给承包商的工程进度款中扣除竣工拖期违约损失赔偿金。

因为设备故障引起的工程进度拖延不等于竣工工期的拖延。如果承包商能够通过施工方案的调整将延误的工期补回，就不会造成工期拖延；如果承包商不能通过施工方案的调整将延误的工期补回，将会造成工期延误。所以，工期提前奖励或拖期罚款应在竣工时处理。

8.5 施工索赔的管理

知识导入

承包商承包工程要获得好的经济效益，必须高度重视施工索赔。要取得施工索赔的成功，必须进行有效的施工索赔管理。施工索赔管理是工程项目管理的一部分，它的涉及面很广。本节主要学习对施工索赔的正确认识，以及在施工索赔中应注意的相关问题。

钩心斗角

"钩心斗角"这个成语现在被用来比喻用尽心机，明争暗斗，也写作"勾心斗角"。这个词出自唐代杜牧的《阿房宫赋》："五步一楼，十步一阁，廊腰缦回，檐牙高啄，各抱地势，钩心斗角"。"心"指宫室的中心，"角"指檐角。诸角向心，互相勾连；诸角相向，似兵戈相斗。这句话原指宫室建筑结构的精巧工致。有人认为，承包人向发包人进行索赔，他们之间就是钩心斗角的，能否这样看待施工索赔双方的关系？学习了本节知识，相信你会有自己的理解。

教学内容

8.5.1　对施工索赔的正确认识

在市场经济的环境中，建筑承包商要提高工程的经济效益，必须重视施工索赔问题，必须对索赔有正确的认识。

1．对法律的认识

索赔是法律赋予承包商的正当权利，是承包商保护自己正当权益的手段。强化索赔意识，实质上是强化承包商的法律意识。这不仅可以加强承包商的自我保护意识，可以提高自我保护能力，还能够提高承包商履约的自觉性，从而自觉地避免侵害他人的利益。这样，合同双方有一个良好的合作气氛，有利于工程合同总目标的实现。

2．对市场经济的认识

在市场经济的环境中，建筑承包企业以追求经济效益为目标。而施工索赔是指在合同规定的范围内，合理、合法地追求效益手段，通过施工索赔可以提高合同的价格，增加收益。不讲索赔，不重视索赔，放弃索赔机会，是不讲经济效益的表现。

3．对工程管理的认识

施工索赔工作涉及工程项目管理的各个方面，要取得施工索赔的成功，必须提高整个工程项目的管理水平，进一步健全和完善管理机制。在工程项目管理中，必须有专人负责索赔管理工作，将施工索赔工作贯穿工程项目全过程、工程实施的各个环节和各个阶段。施工索赔管理是工程项目管理中高层次的管理工作，重视和加强施工索赔管理的工作，可以带动整个工程项目管理水平和企业素质的提高。

8.5.2 施工索赔应注意的问题

1. 索赔应是贯穿工程始终的经常性工作

个别承包商因无经验，对索赔缺乏认识，往往在开始时并不重视索赔问题，而当索赔发生时，不是收集的证据不具有说服力，就是因索赔时限已过，致使索赔难以成功。因此，承包商在工程合同执行之初就要成立索赔小组，在工程项目经理的直接领导下，认真做好以下工作。

（1）认真细致地研究合同条件

在投标、议价和签订合同阶段，承包商应非常细致地研究合同条件。除研究合同通用条款外，更应注意研究特殊条款，特别是关于合同范围、义务、付款、工程变更等的条款，在形成正式合同过程中的一切要约、反要约或争论，包括承包商的声明和重要额外要求等，都应该得出双方确认的一致结论并写入合同补充条款中。

（2）及时处理索赔事件

承包商每月申报工程进度款时，应同时申报额外费用补偿的要求。如果额外费用补偿不被批准而从进度款中被剔除，应再次书面申述理由并保留今后索赔的权利。对于一时还不可能全面和正确计算数据的索赔事件，也应当讲明该工程内容将发生额外费用，在适当时机提出详细计算资料供工程师审核。

（3）收集积累一切涉及索赔论证的资料

收集积累一切可能涉及索赔论证的资料，是索赔小组和有关合同管理人员的重要任务。在与工程师、业主一起研究技术问题、进度问题和其他重大问题的会议上，应认真做好文字记录，并争取同与会者签字并保留正式文档资料。即使未能取得各方签字，也应当将其资料编号，标明日期和发送单位，作为正式会议纪要发给与会者和单位，并应有收件人的签收手续。

（4）建立严密的施工记录制度

建立严密的施工记录制度，如认真做好工程日进度记录、每日的气象记录、工程进展照片留存、工程验收记录、返工修改记录、材料入库化验使用记录、实验报告记录、来往函件编号归档记录、财务会计和成本核算资料留存、物资采购凭证留存等，这些都是索赔金额计算依据和必要的索赔证据资料。同时，还应建立相应的管理制度，并严格贯彻执行。

（5）建立严密的内部联系制度

工程项目的工程技术、施工管理、物资供应、财务会计人员之间，应建立密切的内部联系，经常在一起研究索赔和额外费用补偿问题。各部门草拟的有关索赔或承诺责任的对外信函，在发出前都应该进行审核、会签，以保证信函在内容上的前后协调一致。

（6）明确总包对分包的约束力

如果工程需要分包，应在工程分包合同中写明总包合同条款对分包商的约束力，特别是有关违约罚款和各种责任条款，要求他们提供相应的各类保函和保险单。对于分包商要求的索赔应认真进行分析，属于业主原因造成的损失，还应加上总承包商自己的管理费用和附加额外开支的费用一并报送工程师，申请赔偿或索取额外补偿。对于业主指定的分包商违约造成的各项损失或工期延误，应及时报告工程师处理。

（7）正确掌握提出索赔事件的时机和时限

承包商要掌握提出索赔事件的时机，注意索赔事件提出的时限。有的索赔事件，如工程暂停、意外风险损失等，在合同条件中有时限的规定，应严格遵守；还有一些索赔事件，如工程修改变更、自然条件变化等，合同条款中虽未有索赔时限的规定，但合同条款有"及时通知业主及工程师"的明确规定，特别是那些需要在现场调查和估算价格的索赔，只有及时通知业主和现场工程师才能有可能获得确认。承包商如果担心影响与业主和现场工程师的关系，有意将索赔拖到工程结束时才正式提出，极有可能事与愿违。

（8）索赔事件要一事一议，争取尽早、尽快解决

索赔事件要一事一议，争取将容易解决的索赔问题尽早、尽快地在现场解决，既保全了现场工程师的面子，又使承包商得到合理补偿，更容易被双方所接受。

2. 索赔报告书写应注意的问题

索赔报告书写应注意的问题如下。

1）索赔报告（即索赔文件）书写时要实事求是、符合实际情况，即以事实为基础，不虚构扩大，使审阅者看后的第一印象是觉得合情合理，不会立即拒绝。

2）论据论证坚实充分，具有说服力。

3）计算费用准确、计算数据无误，不该计入的费用坚决不计入。不给人以弄虚作假、漫天要价的感觉，而是严肃认真的态度和印象。

4）内容充实，条理清晰，具有逻辑性。

3. 索赔小组人员的选用

索赔问题涉及的层面比较广，索赔小组人员应当具备合同、法律、商务、工程技术等专业知识，以及一定的外语水平和工程施工的实践经验，其个人品格也十分重要。索赔小组人员应当头脑冷静、思维敏捷、办事公正，性格刚毅而有耐心，坚持以理服人，不是仅靠"扯皮吵架"或"硬磨软缠"。选人具体做法如下。

1）承包商在选用安排索赔小组人员时，应从那些具有现场工程监理经验的人员中选聘，或委托专门从事工程索赔的咨询公司为其索赔代理人。

2）小组人员应精干而强有力，承包商应选聘包括有实践经验的合同、法律、工程技术专家等。他们熟悉合同条款、法律规定、建筑施工情况和索赔文件。

3）索赔小组组长的人选和作用关系重大，他的知识、经验、权威直接关系索赔谈判的成功与责任。在一般情况下，索赔小组组长往往不是、也没有必要是索赔谈判最终的决策者（承包商经理）担任。在事务性索赔谈判基本达成一致意见后，或遇到关键问题需要领导决策时，双方的决策者应该出面确认和签字。

4. 索赔谈判应注意的问题

谈判应该严格按照合同条款规定进行商议甚至争议，但要以理服人；既要坚持原则，又要留有余地；索赔谈判前应做好准备，心中有数；谈判时应认真听取并善于采纳对方的合理意见，努力寻求双方都可以接受的妥协方案；谈判要有耐心，坚持不首先退出谈判，不率先宣布谈判破裂；谈判可采用会上谈判与会下加强公关活动相结合的方法，以促成谈判的圆满成功。

链 接

现场签证

现场签证是工程中经常遇到的情况，它不同于设计变更文件有一定的程序。施工企业应该怎样做好现场签证，在结算中实现良好的经济效益？首先，要明确现场签证可能涉及的两个方面：一是费用，包括零星用工、零星工程、临时设施增补项目、隐蔽工程签证、窝工、议价材料价格确认单等；二是工期，包括停水、停电签证，非施工单位原因造成的工期拖延。施工单位现场管理人员一定要熟悉合同规定，及时处理签证。进行签证的编制时，要实事求是，言简意赅，一目了然，并注意站在对方角度，这样容易获得对方对签证的接受。

复习思考题

1. 什么叫索赔？什么叫施工索赔？
2. 施工索赔的程序和时限有何具体规定？其重要性是什么？
3. 施工索赔文件由哪几部分组成？书写索赔报告应注意什么问题？
4. 费用索赔的计算方法有哪几种？哪种方法应用得比较多？为什么？
5. 试查阅其他书籍对"索赔"一词的不同解释，分析它们的差异。

本章测验

学习小结

算一算

某地区的小型水坝工程采用 FIDIC 施工合同条件，合同主要内容如下：水坝土方填筑 876156m³，砂砾石料 78500m³，中标合同价 7369920 美元，工期 1.5 年（18 个月）。报价中，工程除直接成本以外，还包括 12% 的现场管理费，构成工地总成本，另加 8% 的总部管理费及利润。

施工中，工程师先后发布了几个变更令，其中土料和砂砾料的运距及用量都增加，土料增加量为 40250m³，砂砾料增加量为 12500m³，增加量的净直接费分别为 3.6 美元 / m³、4.5 美元 /m³；同时经工程师同意顺延工期 3 个月（包括工程量增加的时间）。

算一算：承包商可索赔费用为多少？（注：不考虑工程结算款的调价）

第九章　施工项目管理

学习目标

掌握施工项目控制的进度控制、质量控制、安全控制、成本控制，建筑企业质量管理数理统计方法的应用。

理解施工项目管理理论的形成与发展、项目管理概念、项目管理的内容，施工项目管理的组织形式、项目经理制。

了解施工项目信息管理、风险管理和职业健康安全与环境管理。

课程思政

通过学习施工项目管理理论的形成与发展、项目管理的概念及内容，施工项目管理，施工项目控制的进度控制、质量控制、安全控制、成本控制，建筑企业质量管理数理统计方法，施工项目职业健康和环境管理，了解我国施工项目管理技术的发展，认识我国施工项目管理取得的进步和成就，了解国家在施工项目管理方面的技术，以及各级政府为了优化营商环境出台的一些相应措施，深刻认识我国全面深化改革的意义，激发对于人类社会进步和时代前进的认同感，树立民族自信心和自豪感，进一步增强专业兴趣。

思维导图

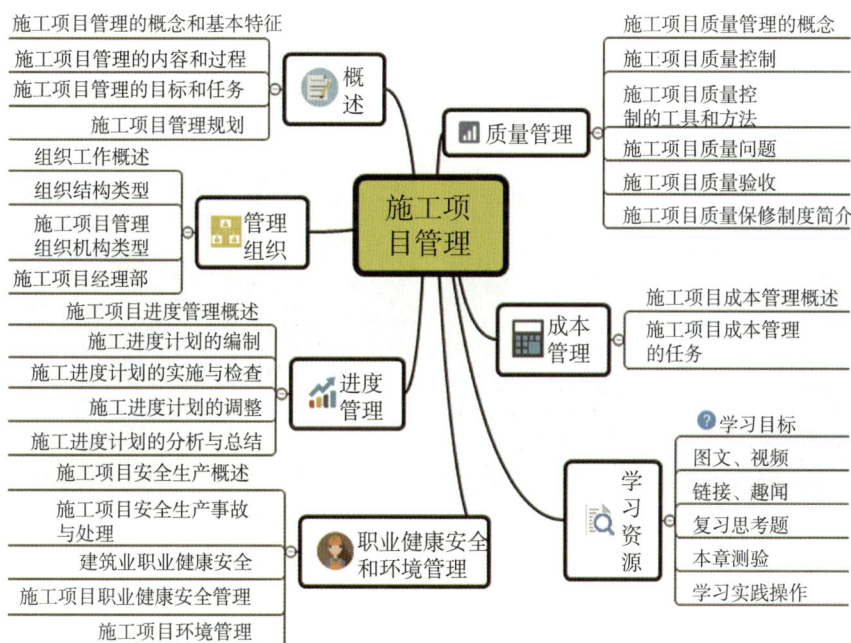

9.1 施工项目管理概述

知识导入

在生活、工作中，我们经常听到"项目""项目管理"等字眼。项目是指人们通过努力，运用新的方法，将人力、物力、财力等资源组织起来，在给定的约束条件内，完成一项独立的、一次性的工作任务，以期达到由数量和质量指标所限定的目标。具体到施工项目管理，有什么特点？有哪些内容？要实现什么样的目标和任务？组建什么样的组织机构去实现项目管理的目标？本节将一一进行学习。

趣闻

鲁布革项目管理经验

鲁布革水电站（图9.1）是我国第一个使用世界银行贷款、按世界银行规定实行国际招标和项目管理的建设工程，于1984年11月开工，1988年7月竣工，创造了著名的"鲁布革项目管理经验"。

一开始中方厂房工程进度迟缓。后来学习日方大成公司的经验，成立精干的指挥机构，进行项目法施工的尝试。到1986年年底，历时13个月，中方工程不仅抢回了3个月的延期时间，还提前4个月完成。中方认识到奇迹的产生源于好的机制，高效益来自科学的管理。

鲁布革工程全面引入竞争机制，鲁布革水电站先进高效的建设实践对当时我国工程建设在管理体制、劳动生产率和报酬分配等方面产生了重大影响，促进了中国水电建设管理体制改革，被称为"鲁布革冲击"。

图 9.1 鲁布革水电站（资料来源于网络）

改革开放前，我国水电建设同其他行业一样，企业管理模式落后，施工企业长期处于封闭状态的"自营"方式，不可避免地暴露出许多弊端：一是管理体制不顺；二是经营机制不活；三是施工效率低下；四是队伍素质不高；五是企业包袱沉重。其结果是生产力发展受到严重阻碍，致使水电工程难以摆脱"投资大、工期长、造价高、见效慢"的困境，制约了水电事业的发展。

"鲁布革项目管理经验"的精髓是改革、发展和创新。"鲁布革冲击"带来了思想的解放。我国水电建设率先实行业主负责、招标承包和建设监理制度，推广项目法施工经验。新的水电建设体制逐步确立，计划经济的自营体制宣告结束，改革成效逐渐显现。这种新的管理模式带来了效率的极大提升，加快了我国水电开发进程，促进了中国水电建设管理体制改革。在此之后，全国大小施工工程开始试行招投标制与合同制管理，对我国工程建设领域的管理体制、劳动生产率和报酬分配等方面产生了重大影响。鲁布革冲击的影响早已超出水电系统本身，对人们的思想产生了强烈冲击，是中国水电建设改革史上的重要里程碑，在中国改革开放史上也占有一席之地。

教学内容

9.1.1　施工项目管理的概念和基本特征

项目管理是为使项目实现要求的质量、时限、所核定的费用等目标而对其进行的全过程、全方位的策划、规划、组织、控制、协调、监督等活动过程的总称。项目管理的对象是项目，项目管理要按照科学的理论、方法和手段来进行，特别是要用系统工程的观念、理论和方法进行管理。

施工项目管理是指施工单位在完成所承揽的工程建设施工项目的过程中，运用系统的观点、理论、方法及现代科学技术手段，对施工项目进行的计划、组织、监督、控制、协调等全过程、全方位的管理，是工程建设实施阶段的项目管理。施工项目管理是项目管理的一个分支，其管理对象是施工项目，管理者是建筑业企业。

施工项目管理概述
（微课）

项目的基本特征是一次性、目标明确性、具有独特的生命周期、整体性和不可逆性。施工项目管理具有以下特点。

1）管理者是建筑施工企业。建设单位和设计单位都不进行施工项目管理。监理单位只把施工单位作为监督对象，虽与施工项目有关，但不是施工项目管理。

2）管理的对象是施工项目。施工项目管理的周期，包括工程投标、签订工程项目承包合同、施工准备、施工及交工验收等。施工项目具有的多样性、固定性及庞大性的特点给施工项目管理带来特殊性，生产活动与市场交易活动同时进行。

3）管理的内容具有阶段性。在一个长时间进行的有序过程中，根据阶段及要求的

变化，施工项目管理的内容也发生变化。

4）施工项目管理要求强化组织协调工作。

9.1.2 施工项目管理的内容

施工项目管理的内容取决于项目管理的目的、对象和手段。管理目的是通过进度、质量、安全、成本等诸方面的控制和管理，来实现预期的工期、质量、安全、成本等目标；管理对象是人力资源、技术、资金、材料、设备等诸多生产要素，通过对其进行合理的管理，实现生产诸要素的优化配置与动态控制；施工项目的管理手段包括施工项目管理规划，如项目管理规划大纲、项目管理实施规划，合同管理，信息管理，施工项目现场管理，组织协调、竣工验收、质量保修、考核评价、售后服务、定期回访等。

9.1.3 施工项目管理的过程

从施工项目的寿命周期来看，施工项目管理的过程可分为投标签约阶段、施工准备阶段、施工阶段、竣工验收阶段、质量保修与售后服务阶段等。

1. 投标签约阶段

对于每一次可以参与投标的机会，施工单位都应从其经营战略的角度出发，作出是否投标的决策。决定投标后，应尽可能从多方面、多渠道获取大量信息，认真分析梳理，作出判断。编制投标书，进行投标。若中标，则与招标单位签订合同。投标签约阶段工作如图 9.2 所示。

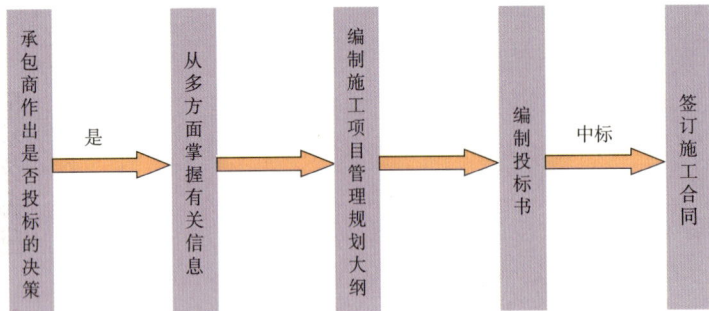

图 9.2　投标签约阶段工作

2. 施工准备阶段

施工单位聘任项目经理，实行项目经理责任制。设立项目经理部，根据施工项目的规模、结构复杂程度、专业特点、人员素质、地域范围，来确定项目经理部的组织形式及人员组成等。编制施工项目管理规划及规章制度，以指导和规范施工项目的管理工作。编制施工组织设计及质量计划，以指导规范施工准备工作与施工过程。施工现场准备，使现场具备施工条件，保证进行安全文明施工。编写开工申请报告，上报审批。

3. 施工阶段

按照施工组织设计组织施工并进行管理，通过施工项目目标管理的动态控制，采用适当的管理措施、技术措施、经济措施等，实现施工项目的进度、质量、成本、安全生产管理、文明施工管理等预期目标。加强施工项目的合同管理、现场管理、生产管理、信息管理、项目组织协调工作。做好记录，及时收集和整理施工管理资料。

4. 竣工验收阶段

在整个施工项目全部完成和试运转合格，且预验收结果符合工程项目竣工验收标准的前提下，组织竣工验收。通过之后，办理竣工结算和工程移交手续。

5. 质量保修与售后服务阶段

按照《建设工程质量管理条例》（中华人民共和国国务院令第 279 号）的规定，竣工验收通过的工程即进入工程保修阶段。为了保证工程的正常使用和维护施工单位的良好声誉，施工单位应定期进行工程回访，听取使用单位和社会公众的意见，总结经验教训；了解和观察使用中的问题，进行必要的维护、维修、保修和技术咨询服务。

9.1.4　施工项目管理的目标和任务

施工单位作为一个工程项目的主要参建单位，它的项目管理主要服务于项目的整体利益及其自身的利益。项目管理工作主要发生在施工阶段，其项目管理的目标主要包括施工的进度目标、质量目标、安全目标、成本目标等。

施工单位在进行施工项目管理的过程中，主要完成的任务有施工进度、质量、安全、成本、合同、信息管理以及与施工相关的组织与协调等。具体任务的实施如图 9.3 所示。

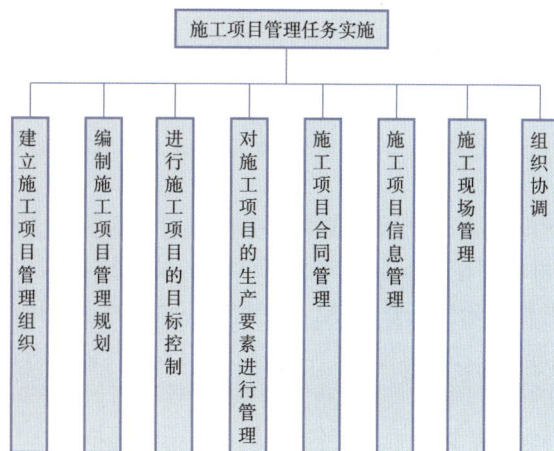

图 9.3　施工项目管理具体任务实施

9.1.5　施工项目管理规划

施工项目管理要编制施工项目管理规划。施工项目管理规划是对施工项目全过程中的各种管理职能工作、各种管理过程以及各种管理要素，进行完整的、全面的、总体的计划，是施工项目管理的指导性、规范性文件，包括施工项目管理规划大纲和施工项目管理实施规划。

1. 项目管理规划大纲

项目管理规划大纲是由企业管理层在投标之前编制的，旨在作为投标依据，满足招标文件要求及签订合同要求的文件。项目管理规划大纲应由项目管理层依据招标文件及发包人对招标文件的解释、企业管理层对招标文件的分析研究结果、工程现场情况、发包人提供的信息和资料、有关市场信息以及企业法定代表人的投标决策意见编写。

项目管理规划大纲主要包括以下内容。

1）项目概况，包括根据投标文件提供的情况，对项目产品的构成、工程特征、使用功能、建设规模、投资规模、建设意义的综合描述。

2）项目实施条件分析，包括对发包人条件、相关市场、自然和社会条件、现场条件的分析。

3）项目投标活动及签订合同的策略，包括投标和签订合同的总体策略、工作原则、投标小组组成、签订合同谈判组成员、谈判安排、投标和签订合同的总体计划安排。

4）项目管理目标，包括施工合同要求的目标、承包人自己对项目的规划目标。

5）项目组织结构及其职责，包括拟选派的项目经理、拟建立的项目经理部部门设置及主要成员等。

6）质量目标和施工方案，包括招标文件（或发包人）要求的质量目标及其分解，保证质量目标实现的主要技术组织措施，施工程序，重点单位工程或重点分部工程的施工方案，拟采用的施工方法、新技术和新工艺、选用的主要施工机械。

7）工期目标和施工总进度计划，包括招标文件（或发包人）的总工期目标及其分解、主要的里程碑事件及主要施工活动的进度计划安排、施工进度计划表、保证进度目标实现的措施。

8）成本目标及管理措施，包括总成本目标和总造价目标、主要成本项目及成本目标分解、人工及主要材料用量、保证成本目标实现的技术措施。

9）项目风险预测和安全目标及措施，包括施工项目的主要风险因素预测，对策措施，风险管理的主要原则；安全责任目标，施工过程中不安全因素分析，安全技术组织措施；专业性较强的施工项目，应编制安全施工组织设计、安全技术措施。

10）项目现场管理和施工平面图，包括施工现场情况描述、施工现场平面特点、施工现场平面布置的原则、施工现场管理目标和原则、施工现场管理的主要技术组织措施、施工平面图及其说明。

11）绿色施工及环境保护。

2. 项目管理实施规划

项目管理实施规划是在项目开工之前由项目经理主持编制的，目的在于指导施工项目实施阶段管理。

项目管理实施规划应以项目管理规划大纲为指导，具体规定各项管理业务的目标要求、职责分工和管理办法，把履行合同和落实项目管理目标责任书的任务贯彻在实施规划中。项目管理实施规划对项目管理规划大纲进行细化，使其具有可操作性。两者之间的对比见表 9.1。

表 9.1　项目管理规划大纲与项目管理实施规划比较

特征	内容	
	项目管理规划大纲	项目管理实施规划
编制步骤	明确项目目标 分析项目环境和条件 收集项目资料和信息 确定管理组织模式、机构、职责 明确项目管理内容 编制目标计划和资源计划 汇总整理，报送审批	进行施工合同和条件分析 确定规划的目录和框架 项目经理部人员分工编写 项目经理协调汇总形成送审稿 管理层进行审查、监督和跟踪 项目经理修改定稿报公司批准 企业领导批准实施规划
编制组织	承包商的公司管理层组织编制	施工项目经理组织编制

项目管理实施规划具有实施性，是实施阶段项目管理实际操作的依据和工作目标，编制依据包括项目管理规划大纲、项目条件和分析资料、工程合同及相关文件、同类项目的相关资料等。项目管理实施规划应包括下列内容。

1）项目概况，包含工程特点、建设地点及环境特征、施工条件、工程管理特点、工程管理总体要求以及施工项目工作目录等。

2）总体工作计划，一般包括项目的质量、进度、成本及安全目标；拟投入的劳动力人数；资源计划；分包计划；区段划分与施工程序；项目管理总体安排，包括施工项目经理部组织机构、施工项目经理部主要管理人员、施工项目经理部工作总流程、施工项目经理部工作分解和责任矩阵，以及施工项目管理过程中的控制、协调、总结、考核工作过程的规定等。

3）组织方案，应编制出项目的项目结构图、组织结构图、合同结构图、编码结构图、重点工作流程图、任务分工表、职能分工表，并进行必要的说明。

4）技术方案，主要是技术性或专业性的实施方案，应辅以构造图、流程图和各种表格。

5）各种管理计划，进度计划应编制出能反映工艺关系和组织关系，可反映时间计划、相应进程的资源需用量计划以及相应的说明，应尽量细化，并以图表表示。

6）项目现场平面布置图。

7）项目目标控制措施。项目目标控制措施应针对目标需要进行制订，具体包括技术措施、经济措施、组织措施及合同措施等。

8）技术经济指标。技术经济指标应根据项目的特点选定有代表性的指标，且应突出实施难点和对策，以满足分析评价和持续改进的需要。

每个项目的项目管理实施规划执行完成以后，都应当按照管理的策划、实施、检查、处置（plan、do、check、act，PDCA）循环原理进行认真总结，形成文字资料，并同其他档案资料一并归档保存，为项目管理规划的持续改进积累管理资源。

链接

国务院发文明令禁止垫资施工等行为

《政府投资条例》（中华人民共和国国务院令第 712 号）明确指出，政府投资项目不得由施工单位垫资建设。

9.2 施工项目管理组织

知识导入

施工项目管理的目标，需要依靠施工项目管理组织来实现。具体什么是组织？组织有何特点？施工项目管理组织机构类型又有哪些？本节将一一学习。

趣闻

非正式组织

非正式组织的要领是由美国行为科学家乔治·埃尔顿·梅奥等在进行了著名的霍桑实验之后提出来的。

一些正式组织的成员之间的私人关系从相互接受、了解逐步上升为友谊，一些无形的、与正式组织有联系，但又独立于正式组织的小群体便慢慢地形成了。这些小群体形成以后，其成员由于工作性质相近、社会地位相当、对一些具体问题的认识基本一致、观点基本相同，或者在性格、业余爱好以及感情相投的基础上，产生了一些被大家所接受并遵守的行为规则，从而使原来松散、随机性的群体渐渐转变为趋向固定的一个体系，即"非正式组织"。

　　非正式组织一般没有明确的组织机构或章程，其中的核心人物由于个人威望或影响力等而成为自然领袖，其思想基础与行为准则往往是一些共同的习惯、观点等，组织稳固性不强，主要以感情和融洽的关系为标准，要求其成员遵守共同的、不成文的行为规则。正式组织的领导人应充分利用非正式组织，以达到培养集体意识的目的。

（资料来源于网络）

教学内容

9.2.1　组织工作概述

　　组织即正式的、有意形成的职务结构或职位结构，是由两个或两个以上的人组成的有特定目标和一定资源并保持某种权责结构的群体。项目组织包括建设单位、承包商、分包商、监理单位和其他有关单位为完成项目管理目标而建立的项目组织管理系统及各自的分系统。组织分正式组织和非正式组织，图 9.4 为某建筑企业内正式组织与非正式组织关系示意图。施工项目管理人员要注意非正式组织的存在，避免与之对立。

施工项目管理组织
（微课）

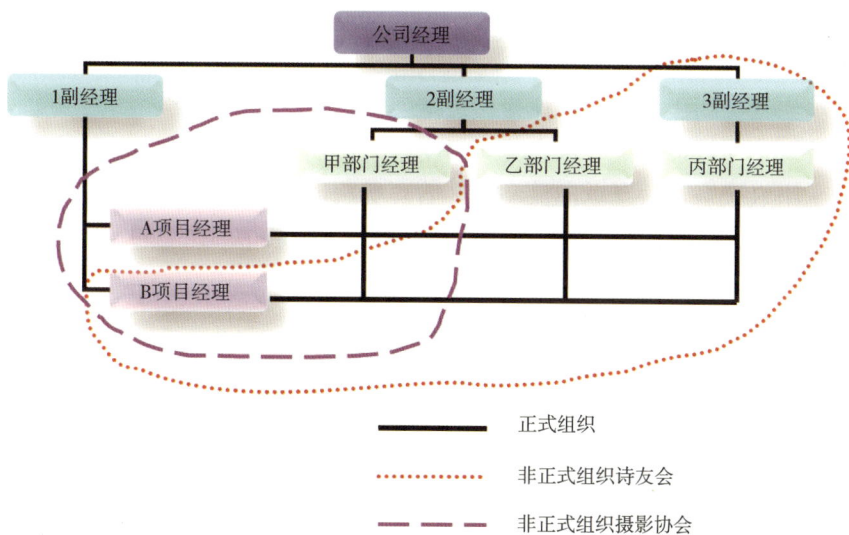

图 9.4　某建筑企业正式组织与非正式组织关系示意图

9.2.2　组织结构类型

常见的组织结构类型有直式组织结构（图 9.5）和扁平式组织结构（图 9.6）。

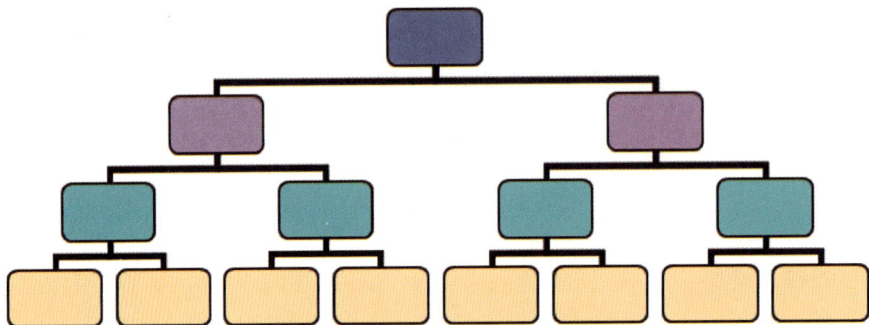

图 9.5　直式组织结构

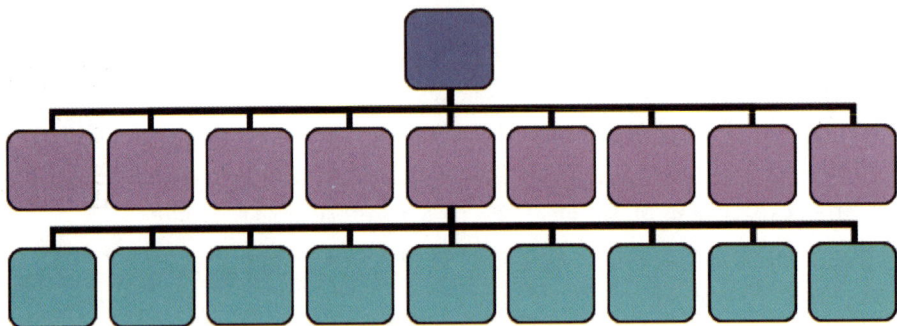

图 9.6　扁平式组织结构

直式组织结构的优点是管理严密，分工明确；缺点是层次多，协调工作增加，摩擦不断，管理费用增加，上下级意见沟通受阻，影响下级积极性。扁平式组织结构有利于密切上下级关系，信息纵向流动快，管理费用低，被管理者有较大自由性和创造性；缺点是不能严密地监督下级，上下级协调差，同级间沟通困难。

9.2.3　施工项目管理组织机构类型

施工项目管理组织机构类型常见的有工作队式、部门控制式、矩阵式、事业部式。

1. 工作队式施工项目管理组织机构

工作队式施工项目管理组织机构（图 9.7）是由各职能部门抽调人员组建，期间中断与原部门的关系。优点是人员各有所长，效率高，行政干预少；缺点是人员间不熟悉，职工产生临时观念，职能部门优势难以发挥。这种类型适用于大型、工期紧、多工种或需部门配合的项目。

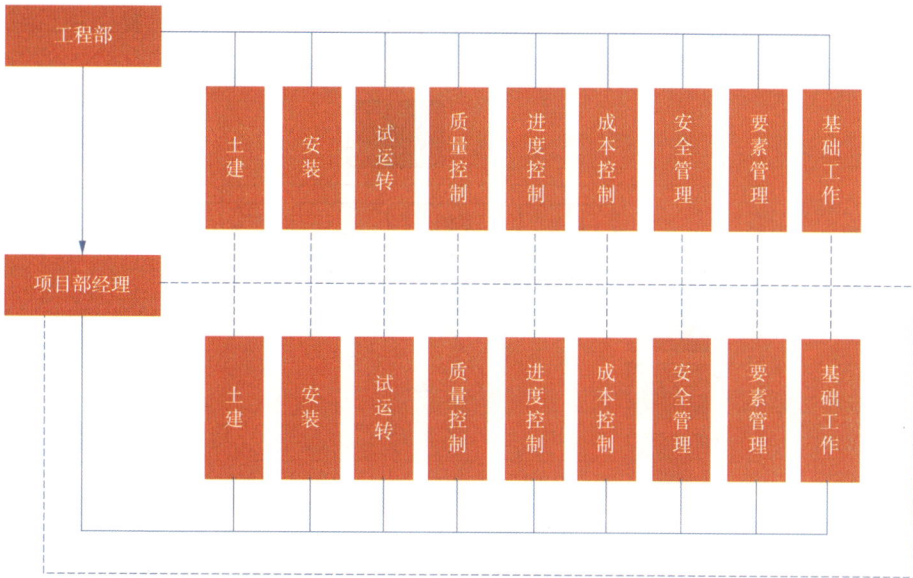

图 9.7　工作队式施工项目管理组织机构

2. 部门控制式施工项目管理组织机构

部门控制式施工项目管理组织机构（图 9.8）的特征是按职能原则建立，不打乱企业现行建制，由企业将项目委托给某一部门或施工队。竣工后，恢复原部门。优点是可迅速组建机构，人员熟悉；缺点是不适应大型项目需要，不利于精简机构。这种类型适用于小型、专业性不强的项目。

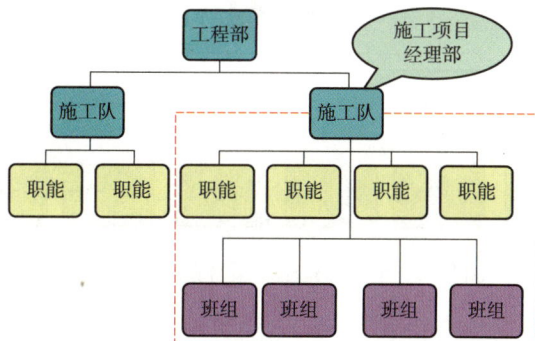

图 9.8　部门控制式施工项目管理组织机构

3. 矩阵式施工项目管理组织机构

矩阵式施工项目管理组织机构（图 9.9）的特征是按职能和项目原则组建，成员受双重领导。优点是解决了企业组织和项目组织矛盾的问题，效率高，项目组织有弹性和应变力；缺点是信息不流畅，凝聚力降低。这种类型适用于大型、复杂项目或者企业同时承担多个项目的情况。

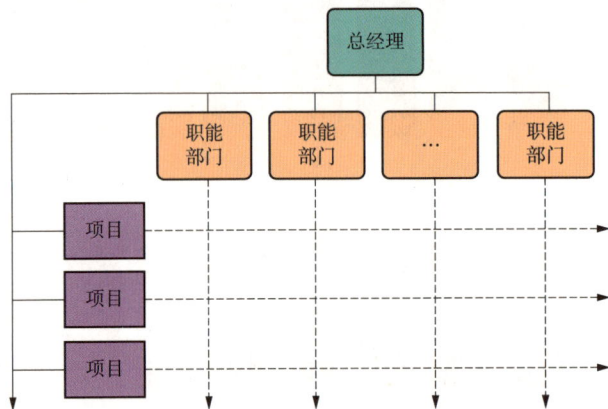

图 9.9　矩阵式施工项目管理组织机构

4. 事业部式施工项目管理组织机构

事业部式施工项目管理组织机构（图 9.10）的特征是相对于企业，事业部是一个职能部门，但对外有相对独立的经营权。优点是能充分调动职工积极性，能迅速适应环境变化；缺点是事业部独立性强，企业协调难度大，对项目经理的约束力弱。这种类型适用于大型经营型企业承包施工项目时采用，或远离企业本部的施工项目、海外工程项目等。

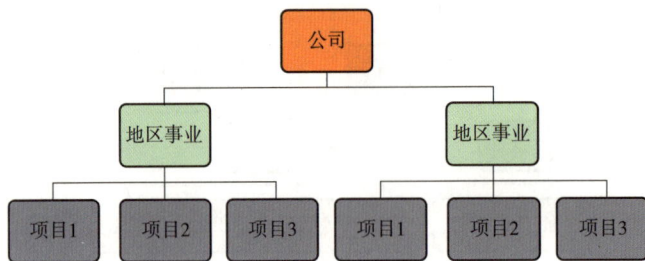

图 9.10　事业部式施工项目管理组织机构

9.2.4　施工项目经理部

1. 项目经理部的设立

项目经理部是施工企业为了完成某项建设工程施工任务而设立的组织，由项目经理在企业的支持下组建并领导、进行项目管理的组织机构。项目经理部，也就是一个项目经理与技术、生产、材料、成本等管理人员组成的项目管理班子，是一次性的具有弹性的现场生产组织机构。项目经理部不具备法人资格，而是施工企业根据建设工程施工项目而组建的非常设的下属机构。

根据企业批准的项目管理规划大纲，确定项目经理部的管理任务和组织形式；确定项目经理部的层次，设立职能部门与工作岗位；确定人员、职责、权限；由项目经理根据项目管理目标责任书进行目标分解；组织有关人员制定规章制度和目标责任考核、奖惩制度。项目经理部的性质和特点如图9.11所示。

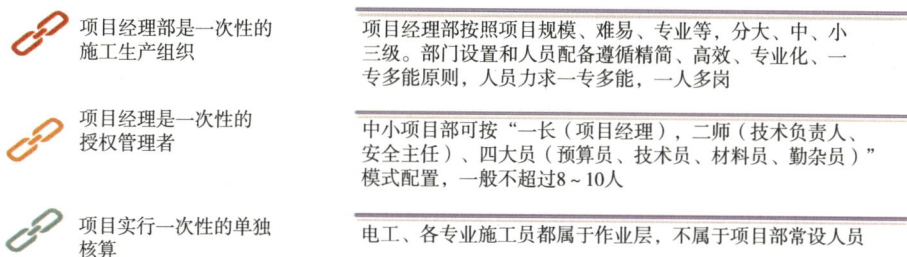

🔗 项目经理部是一次性的施工生产组织	项目经理部按照项目规模、难易、专业等，分大、中、小三级。部门设置和人员配备遵循精简、高效、专业化、一专多能原则，人员力求一专多能，一人多岗
🔗 项目经理是一次性的授权管理者	中小项目部可按"一长（项目经理），二师（技术负责人、安全主任），四大员（预算员、技术员、材料员、勤杂员）"模式配置，一般不超过8～10人
🔗 项目实行一次性的单独核算	电工、各专业施工员都属于作业层，不属于项目部常设人员

图 9.11　项目经理部的性质和特点

2. 项目经理责任制

（1）项目经理责任制的概念

项目经理责任制是指以项目经理为责任主体的施工项目管理目标责任制度。项目经理责任制的制度构成，包括项目经理部在企业中的管理定位，项目经理应具备的条件，项目经理部的管理运作机制，项目经理的责任、权限和利益定位，项目管理目标责任书的内容构成等。施工企业应在其项目管理制度中对以上各项给予规定。

施工企业应处理好企业管理层、项目管理层和劳务作业层的关系，并应在项目管理目标责任书中明确项目经理的责任、权利和利益。

项目管理目标责任书应根据企业的项目管理制度、施工合同、经营管理目标等的相关要求制订，明确规定项目经理部应达到的进度、质量、安全、成本和文明施工的控制目标等。企业管理层应对项目管理层工作的全过程进行指导、监督和检查。项目管理层是施工企业在施工现场进行项目管理的组织机构，要充分做好资源的优化配置及动态管理方面的工作，要服从企业管理层的指导、监督、检查及调控。劳务作业层是指在施工项目过程中所使用的施工企业自有的劳务人员和施工企业以外的劳务施工队伍，它们均以分包人的地位与项目管理层建立分包劳务关系，企业管理层与劳务作业层之间应签订劳务分包合同，而项目管理层与劳务作业层之间应建立共同履行劳务分包合同的关系。

（2）项目经理责任制的特征

项目经理是施工企业任命的一个工程建设项目的项目管理班子的负责人。项目经理并不是一个技术岗位，也不是"技术职称"，更不是职业资格，而是一个管理岗位。他是一个组织系统中的管理者，至于他是否有人权、财权、材料和设备的采购权等，应由其企业的管理层来定。

项目经理应接受企业法定代表人的领导，接受企业管理层、建设单位、监理单位的检查与监督。一个施工项目从开工到竣工，企业不得随意撤换项目经理，一般只有在施工项目发生重大安全、质量事故或项目经理违法、违纪时，施工企业才可撤换项目经理。一个项目经理只能担任一个施工项目的管理工作，当其负责管理的施工项目临近竣工阶段且建设单位同意时，才可以兼任另一项工程的项目管理工作。一般来说，施工项目经理的产生有 3 种方式：竞争招聘制、企业经理委任制、基层推荐内部协调制。

（3）项目经理责任制的性质

项目经理部是在项目经理组建并领导下的施工项目管理组织机构，负责施工项目从开工之日起至竣工之日止的工程施工的全过程管理工作，也是履行施工合同的主体组织机构。

项目经理部作为项目管理机构，具有计划、组织、控制、指挥、协调等职能，并且是一次性的组织机构，随着项目的开工而组建，伴随项目的竣工验收而解体。

项目经理部是项目经理的工作班子，直接接受项目经理的领导和指挥，同时也接受企业职能部门的业务指导和管理服务，包括监督、检查和考核等。

建筑施工企业的项目经理（简称项目经理），是指受施工企业法定代表人委托对工程项目施工过程全面负责的项目管理者，是建筑施工企业法定代表人在承包的建设工程项目上的委托代理人。

2008 年开始，我国规定由注册建造师担任大中型项目的项目经理，由建造师制度代替政府主管部门对项目经理的资质核准。大、中型工程项目施工的项目经理必须由取得建造师注册证书的人员担任。建造师是一种执业资格，而项目经理是一个工作岗位的名称，应注意这两个概念的区别和联系。一个人取得了建造师执业资格表示其知识和能力符合建造师执业的要求，但在施工企业中是否担任项目经理，则由企业视工作需要自主决定。

在全面实施建造师执业资格制度以后，仍然要坚持落实项目经理岗位责任制。项目经理岗位责任制是保证工程项目建设质量、安全、工期、成本等的重要制度。项目经理要贯彻执行国家和工程所在地政府的有关法律、法规和政策，执行企业的各项管理制度，严格执行财务制度，加强财经管理，正确处理好国家、企业和个人的利益关系。执行项目承包合同中由项目经理负责履行的各项条款，对工程项目施工进行有效控制，认真执行有关技术规范、标准和规程，积极推广和应用新技术，确保工程质量和工期，实现安全文明施工，努力提高经济效益。

（4）项目经理的任务

项目经理是施工单位在一个施工项目上的总组织者、总协调者和总指挥者，他所承担的管理任务不仅依靠项目经理部的管理人员来完成，还可能依靠整个企业各职能管理部门的指导、协作、配合和支持。项目经理不仅要考虑项目的利益，还应服从企业的整体利益。其任务包括项目的行政管理和项目管理两个方面，在项目管理方面的主要任务是施工成本、进度、质量控制，施工安全、工程合同、工程信息管理，以及工程组织与协调等。

（5）项目经理的管理权力

项目经理的管理权力包括组织所承担的工程项目施工管理的项目管理班子；参与施工项目投标，以企业法定代表人的授权身份处理与所承担的工程项目有关的外部关系，并可接受企业法定代表人的委托签署有关合同；指挥工程项目建设的生产经营活动，调配和管理所承担的工程项目的人力、资金、物资、机械设备等；选择所承担的工程项目的施工作业队伍；对所承担的工程项目的施工进行合理的经济分配；企业法定代表人授予的其他管理权力。

（6）项目经理责任制的运行

项目经理应组织项目经理部的全体成员认真学习本项目部的规章制度，经常检查执行情况和效果，并应根据反馈信息积极改进管理工作，在进行管理岗位设置时，要认真贯彻因事设岗，按照有岗就有责任和目标要求的原则，充分明确各岗位的责、权、利及考核标准，应经常对分包单位的作业活动进行认真检查、帮助和指导，分包单位必须按照项目经理部的要求，通过自主作业管理，认真履行分包合同。

（7）项目经理部的解体

项目经理部具备下列条件之后，便可宣告解体：工程已经竣工验收；施工现场最后清理完毕，并已协助本施工单位与建设单位签订了工程质量保修书；与各分包单位已经结算完毕，并与企业管理层办理完有关手续；项目管理目标责任书已经履行完毕，经企业管理层审计合格。

链　接

五方责任主体

住房和城乡建设部2014年8月25日印发《建筑工程五方责任主体项目负责人质量终身责任追究暂行办法》（建质〔2014〕124号），明确了建筑工程五方责任主体项目负责人是指承担建筑工程项目建设的建设单位项目负责人、勘察单位项目负责人、设计单位项目负责人、施工单位项目经理、监理单位总监理工程师。建筑工程五方责任主体项目负责人质量终身责任，是指参与新建、扩建、改建的建筑工程项目负责人按照国家法律法规和有关规定，在工程设计使用年限内对工程质量承担相应责任。施工单位项目经理应当按照经审查合格的施工图设计文件和施工技术标准进行施工，对因施工导致的工程质量事故或质量问题承担责任。工程质量终身责任实行书面承诺和竣工后永久性标牌等制度。

文件还明确规定符合下列情形之一的，县级以上地方人民政府住房城乡建设主管部门应当依法追究项目负责人的质量终身责任：（一）发生工程质量事故；（二）发生投诉、举报、群体性事件、媒体报道并造成恶劣社会影响的严重工程质量问题；（三）由于勘察、设计或施工原因造成尚在设计使用年限内的建筑工程不能正常使用；（四）存在其他需追究责任的违法违规行为。

发生以上所列情形之一的，对施工单位项目经理按以下方式进行责任追究：（一）项目经理为相关注册执业人员的，责令停止执业1年；造成重大质量事故的，吊销执业资格证书，5年以内不予注册；情节特别恶劣的，终身不予注册；（二）构成犯罪的，移送司法机关依法追究刑事责任；（三）处单位罚款数额5%以上10%以下的罚款；（四）向社会公布曝光。（资料来源于网络）

9.3 施工项目的进度管理

知识导入

在施工项目整个管理体系中，最主要的目标就是工程的质量、进度、成本、安全的管理。在保证建筑工程安全施工、高质量施工的同时，加强工程进度的管理，提高公司经济效益，增强市场竞争力，是一个企业核心实力和整体管理水平的体现。

趣 闻

甘特和甘特图

甘特图（Gantt chart）又称为横道图、条状图，它以提出者亨利·劳伦斯·甘特（Henry Laurence Gantt）先生的名字命名，通过条状图来显示项目、进度和其他时间相关的系统进展的内在关系随着时间进展的情况。亨利·劳伦斯·甘特是泰勒创立和推广科学管理制度的亲密的合作者，也是科学管理运动的先驱者之一。甘特非常重视工业中人的因素，因此，他也是人际关系理论的先驱者之一。他对科学管理理论的重要贡献表现在以下几个方面。

1）提出了任务和奖金制度。

2）强调对工人进行教育的重要性，重视人的因素在科学管理中的作用。——他在科学管理运动先驱中最早注意到人的因素、"工业的习惯"。

3）制定了甘特图——生产计划进度图（是当时管理思想的一次革命）。

他在20世纪早期引用了这种工作和方法。在图上，项目的每一步在被执行的时间段中用线条标出。完成以后，甘特图能以时间顺序显示所要进行的活动，以及那些可以同时进行的活动。（资料来源于网络）

9.3.1 施工项目进度管理概述

1. 施工项目进度管理的概念

施工项目进度管理是指在既定的工期内，编制出最优的施工进度计划，在执行该计划的施工中，经常检查施工实际进度情况，并将其与计划进度相比较。若出现偏差，便分析产生的原因和对工期的影响程度，找出必要的调整措施，修改原计划，如此循环，直至工程竣工验收。

施工项目进度管理
（微课）

施工项目进度管理的总目标是确保施工项目的既定目标工期的实现，或者在保证施工质量和不因此增加施工实际成本的条件下，适当缩短施工工期。

施工项目进度管理主要是规划、控制和协调。规划是指确定施工项目总进度控制目标和分进度控制目标，并编制其进度计划；控制是指在施工项目实施的全过程中，进行施工实际进度与施工计划进度的比较，出现偏差及时采取措施调整；协调是指协调与施工进度有关的单位、部门和工作队组之间的进度关系。

2. 施工进度的影响因素

由于工程项目的施工特点，尤其是较大和复杂的施工项目工期较长，因而影响进度的因素较多。编制计划和执行控制施工进度计划时，必须充分认识和估计这些因素，才能克服其影响，使施工进度尽可能按计划进行。当出现偏差时，应考虑有关影响因素，分析产生的原因。其主要影响因素如下。

（1）有关单位的影响

施工项目的主要施工单位对施工进度起决定性作用，但是建设单位与业主，设计单位，银行信贷单位，材料设备供应部门，运输部门，水、电供应部门及政府的有关主管部门都可能给施工某些方面造成困难而影响施工进度。其中设计单位图纸提供不及时和图纸有错误以及有关部门或业主对设计方案的变动是经常发生，是对进度影响最大的因素；材料和设备不能按期供应，或质量、规格不符合要求，都将使施工停顿；资金不能保证也会使施工进度中断或速度减慢等。

（2）施工条件的变化

施工中工程地质条件和水文地质条件与勘察设计不符，如地质断层、溶洞、地下障碍物、软弱地基以及恶劣的气候、暴雨、高温和洪水等，都会对施工进度产生影响，造成临时停工或破坏。

（3）技术失误

施工单位采用技术措施不当，施工中发生技术事故；应用新技术、新材料、新结构缺乏经验，不能保证质量等都可能影响施工进度。

（4）施工组织管理不利

流水施工组织不合理、劳动力和施工机械调配不当、施工平面布置不合理等可能会影响施工进度计划的执行。

（5）意外事件的出现

施工中如果出现意外的事件，如战争、严重自然灾害、火灾、重大工程事故、工人罢工等可能会影响施工进度计划。

3．各阶段进度控制

（1）施工前进度控制

确定进度控制的工作内容和特点，控制方法和具体措施，进度目标实现的风险分析，以及还有哪些尚待解决的问题；编制施工组织总进度计划，对工程准备工作及各项任务做出时间上的安排。

施工前编制工程进度计划，应重点考虑以下内容：所动用的人力和施工设备是否能满足完成计划工程量的需要；基本工作程序是否合理、实用；施工设备是否配套，规模和技术状态是否良好；如何规划运输通道；工人的工作能力如何；工作空间分析；预留足够的清理现场时间；材料、劳动力的供应计划是否符合进度计划的要求；分包工程计划；临时工程计划；竣工、验收计划；可能影响进度的施工环境和技术问题。

（2）施工过程中进度控制

定期收集数据，预测施工进度的发展趋势，实行进度控制。进度控制的周期应根据计划的内容和管理目的来确定。

随时掌握各施工过程持续时间的变化情况以及设计变更等引起的施工内容的增减，施工内部条件与外部条件的变化等，及时分析研究，采取相应措施。

及时做好各项施工准备，加强作业管理和调度。在各施工过程开始之前，应对施工技术物资供应、施工环境等做好充分准备。应该不断提高劳动生产率，减轻劳动强度，提高施工质量，节省费用，做好各项作业的技术培训与指导工作。

（3）施工后进度控制

施工后进度控制包括组织工程验收，处理工程索赔，工程进度资料整理、归类、编目和建档等。

4．施工项目进度管理的措施

施工项目进度控制采取的主要措施有组织措施、技术措施、合同措施、经济措施和信息管理措施等。

1）组织措施。组织措施主要是指落实各层次的进度控制的人员安排、具体任务和责任；建立进度控制的组织系统；按施工项目的结构、进展的阶段或合同结构等进行项目分解，确定其进度目标，建立控制目标体系；确定进度控制工作制度，如检查时间、方法、协调会议时间、参加人员等；对影响进度的因素进行分析和预测。

2）技术措施。技术措施主要是采取加快施工进度的技术方法。

3）合同措施。合同措施是指对分包单位签订施工合同的工期与有关进度计划目标进行协调。

4）经济措施。经济措施是指实现进度计划的资金保证措施。

5）信息管理措施。信息管理措施是指不断地收集施工实际进度的有关资料并进行整理统计，与计划进度比较，定期向建设单位提供比较报告。

9.3.2　施工进度计划的编制

施工进度计划的种类和施工组织设计相适应，分为施工总进度计划和单位工程施工进度计划。施工总进度计划是对建设项目施工或群体工程施工时编制的施工进度计划，较多控制性，很少作业性。其编制内容一般包括编制说明、施工顺序、施工总进度计划表、资源需要量及供应平衡表。单位工程施工进度计划是对单位工程或者单项工程编制的施工进度计划的总称，是总进度计划有关项目施工进度的具体化。

1．施工进度计划的编制原则和方法

1）编制原则。施工进度计划的编制要从实际出发，注意施工的连续性和均衡性；按合同规定的工期要求，做到好中求快，提高竣工率；讲求综合经济效果。

2）编制方法。施工进度计划的编制是按流水作业原理或网络计划法进行的。

① 流水作业原理。流水作业是在分工协作和大批量生产的基础上形成的一种科学的生产组织方法。这样既保证了各施工队组工作的连续性，又使后一道工序能提前施工，充分利用了空间，又争取了时间，缩短了工期，使施工能快速而稳定地进行。

② 网络计划法。利用网络计划法编制施工进度计划则可将整个施工进程联系起来，形成一个有机的整体，反映出各项工作（工程或工序）的工艺联系和组织联系，能为管理人员提供各种有用的管理信息。

2．施工进度计划的编制步骤

施工进度计划的编制步骤主要包括划分施工过程，计算工作量，确定劳动量和机械台班数量，确定各施工过程的持续施工时间（天或周），编制施工进度计划的初始方案，检查和调整施工进度计划初始方案。

3．施工进度计划的表示方法

（1）横道图法

横道图法，又称甘特图法，是指将在各项工作进度依次用横道线绘制在时间进度

表上的方法。横道图具有形象、直观、编制方法简单、使用方便的特点。图 9.12 所示横道图中，施工过程包括挖土、铺管、填土，分成 6 个施工段组织流水施工，工期为 16 天。

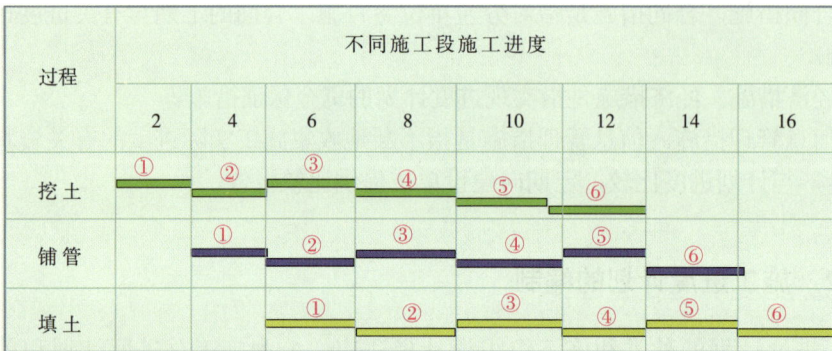

图 9.12　横道图

（2）网络计划法

1）双代号网络计划。双代号网络计划是以双代号网络图表示的网络计划。其中双代号网络图是以箭线及其两端节点的编号表示工作的网络图，工作逻辑关系与双代号网络图如图 9.13 所示。

施工过程	A	B	C	D	E	F	G	H
紧前工作	无	A	B	B	B	CD	CE	FG
紧后工作	B	CDE	FG	F	G	H	H	无

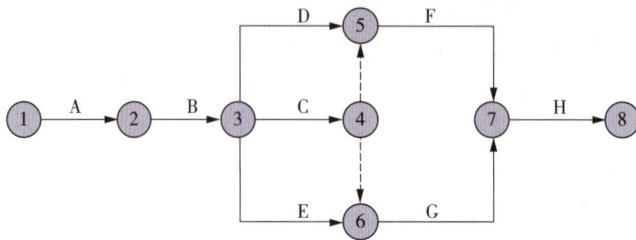

图 9.13　工作逻辑关系与双代号网络

2）双代号时标网络计划（图 9.14）。双代号时标网络计划是以时间坐标为尺度编制的网络计划，时间单位可以注写在时间栏内，时标网络计划中应以实箭线表示工作，以虚箭线表示虚工作，以波形线表示工作的自由时差。

网络图与横道图的区别：横道图简单易懂，容易编制，很容易获得各种资源需要量计划；网络图逻辑关系清楚直观，易找出关键线路，便于控制工期。

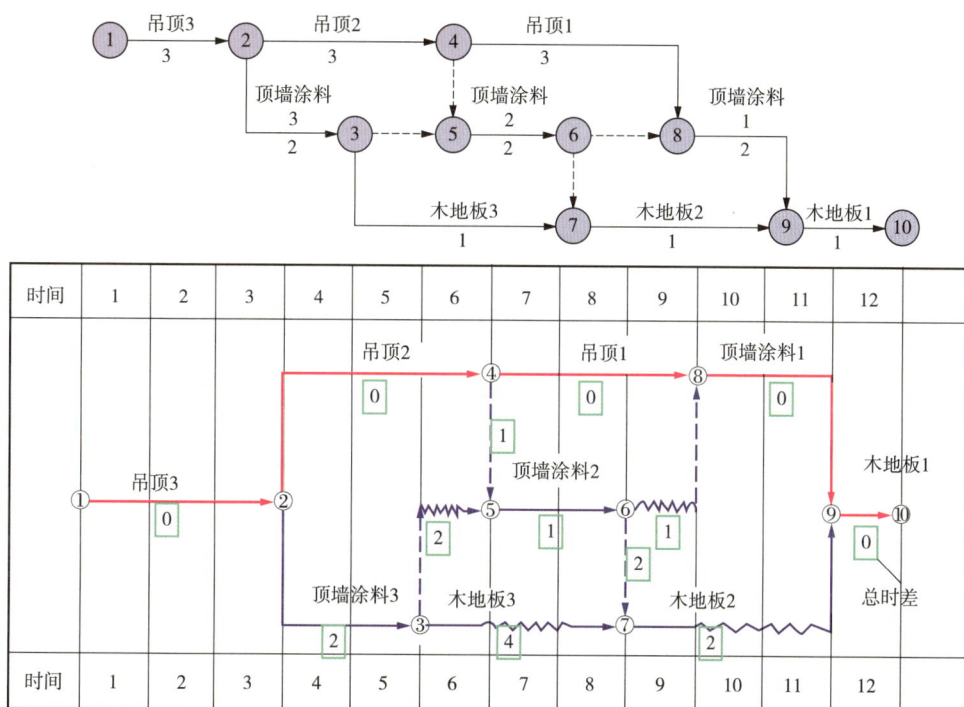

图 9.14　双代号时标网络计划

9.3.3　施工进度计划的实施与检查

1. 施工进度计划的实施

施工进度计划的实施就是按施工进度计划开展施工活动，落实和完成计划。施工进度计划逐步实施的过程就是项目施工逐步完成的过程。

（1）检查各层次的计划，并进一步编制月（旬）作业计划

施工项目的施工总进度计划、分部分项工程施工进度计划，都是为了实现项目总目标而编制的。在贯彻执行时，要检查各层次计划间是否紧密配合、协调一致；计划目标是否层层分解、互相衔接；检查在施工顺序、空间及时间安排、资源供应等方面有无矛盾，以组成一个可靠的计划体系。

为实施施工进度计划，项目经理部将规定的任务与现场实际施工条件和施工的实际进度相结合，在施工开始前和实施中不断编制本月（旬）的作业计划，从而使施工进度计划更具体、更切合实际、更适应不断变化的现场情况和更可行；在月（旬）计划中，要明确本月（旬）应完成的施工任务、完成计划所需的各种资源量，提高劳动生产率，保证质量和节约的措施。

作业计划的编制要确定对施工项目进度计划分期实施的方案，施工项目要分解为

工序，以满足指导作业的要求，并明确进度日程。

（2）综合平衡，做好资源优化配置

施工项目不是孤立完成的，它必须由人、财、物（材料、机具、设备等）诸生产要素在特定地点有机结合才能完成，项目对生产要素的需要又是错落起伏的，因此，施工企业应在各项目进度计划的基础上进行综合平衡，编制企业的年度、季度、月旬计划，将施工生产要素在项目间动态组合，优化配置，以满足项目需要。

（3）层层签订承包合同，并签发施工任务书

按已检查过的各层次计划，以承包合同和施工任务书的形式分别向分包单位、承包队和施工班组下达施工进度任务。其中，总承包单位与其他分包单位、施工企业与项目经理、项目经理部与各承包队和职能部门、承包队与各作业班组间应分别签订承包合同，按计划目标明确规定合同工期、相互承担的经济责任、权限和利益。

另外，要将月（旬）作业计划中的每项具体任务通过签发施工任务书的方式向班组下达施工任务书。施工任务书是向班组下达任务、实行责任承包、全面管理的原始记录综合性文件，它明确了各工作班组具体的施工任务、技术措施、质量要求、劳动量、完成时间等内容并建立相应的责任制，促使各班组采取措施，保证能按作业计划完成任务。

（4）全面实行层层计划交底，保证全体人员共同参与计划实施

实施前，根据任务进度的要求层层交底落实，使有关人员都明确各项计划的目标、任务、实施方案预案措施、开始和结束日期、有关保证条件、协作配合要求等，使项目管理层和作业层协调一致工作，按计划、有步骤、连续均衡地进行。

（5）做好施工记录，掌握现场实际情况

执行者要跟踪做好施工记录，实事求是记录计划执行中每项工作的开始日期，为施工项目进度计划实施的检查、分析、调整、总结提供真实、准确的原始资料。

（6）做好施工中的调度工作

施工中的调度主要任务是监督和检查计划实施情况，定期组织调度会，协调各方协作配合关系，采取措施，消除施工中出现的各种矛盾，加强薄弱环节，实现动态平衡，保证作业计划及进度控制目标的实现。

（7）预测干扰因素，采取预控制措施

在项目实施过程中，应经常根据所掌握的各种数据资料，对可能致使项目实施结果偏离进度计划的各种干扰因素进行预测，并分析其所带来的风险大小，预先采取一些有效的控制措施，把可能出现的偏离控制在正常范围内。

2. 施工进度计划的检查

施工进度检查的依据是施工进度计划、作业计划及施工进度计划实施记录，目的是检查实际施工进度，收集整理有关资料，并与计划对比，为进度分析和计划调整提供信息。根据施工项目类型、规模、施工条件和对进度执行要求的程度，确定检查时间和间隔时间，常规检查可确定为每月、半月、旬或周进行一次，施工遇到天气、资

源供应等不利因素严重影响时，间隔时间可缩短，次数应频繁。对施工进度有重大影响的关键施工作业，应每日检查或派人驻现场督促。

可以通过建立内部施工进度报表制度、定期召开进度工作会议、现场实地查看等检查方法进行检查。主要检查以下内容：日施工作业效率，周、旬作业进度及月作业进度完成情况；检查期内实际完成和累计完成工程量；实际参加施工的人力、机械数量和生产效率；窝工人数、窝工机械台班及其原因分析；进度偏差情况；进度管理情况；影响进度的特殊原因及分析。

将收集的实际进度数据和资料进行整理加工，与相应的进度计划对比，判断是否存在偏差，得出实际进度与计划进度是一致，还是超前或者落后的结论。可以采用实物工程量、施工产值、劳动消耗量、累计百分比和形象进度统计，将整理后的实际数据、资料与进度计划比较，通常采用的方法有横道图比较法、S形曲线比较法、"香蕉"形曲线比较法、前锋线比较法等。

（1）横道图比较法

横道图比较法步骤如下。

1）编制横道图进度计划。

2）在进度计划上标出检查日期。

3）将检查收集的实际进度数据，按比例用粗线标于计划进度线的下方。

4）比较分析实际进度与计划进度的偏差。

表示方法：粗线右端与检查日期相重合，表明实际进度与施工计划进度相一致；粗线右端在检查日期左侧，表明实际进度拖后；粗线右端在检查日期的右侧，表明实际进度超前。

横道图比较法只适用于工作从开始到完成的整个过程中，其施工速度是不变的，累计完成的任务量与时间成正比的情况。

例如，某项目的进度计划检查用横道图比较法表示，如图 9.15 所示。

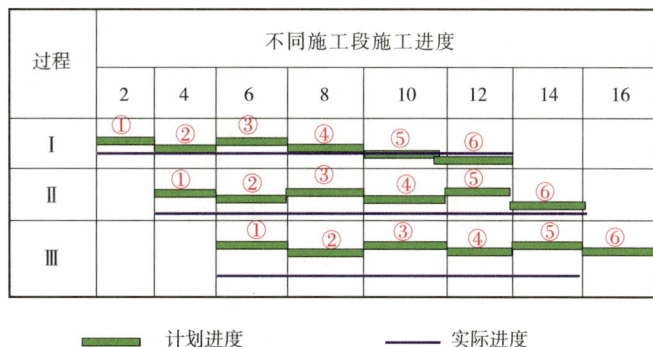

图 9.15　横道图比较法

（2）S形曲线比较法

S形曲线比较法是以横坐标表示时间，纵坐标表示累计完成任务量，绘制成按计划时间累计完成任务量的 S 形曲线，然后将实施过程中各检查时间实际累计完成任务量的 S 形曲线绘制在同一坐标系中，进行进度比较的一种方法。

项目实施过程中，每隔一段时间就应将实际进展情况绘制在原计划的 S 形曲线上进行直观比较，如图 9.16 所示。图中 A 为检查点，对应某个累计完成工作量的百分比，对比实际累计完成任务量的 S 形曲线（实线）和计划累计完成任务量的 S 形曲线（单点画线），可以看出，完成同样的工作，实际时间比计划时间少用了 Δt，Δt 即检查时间点工期提前的时间，从图中看出总工期是拖延了。

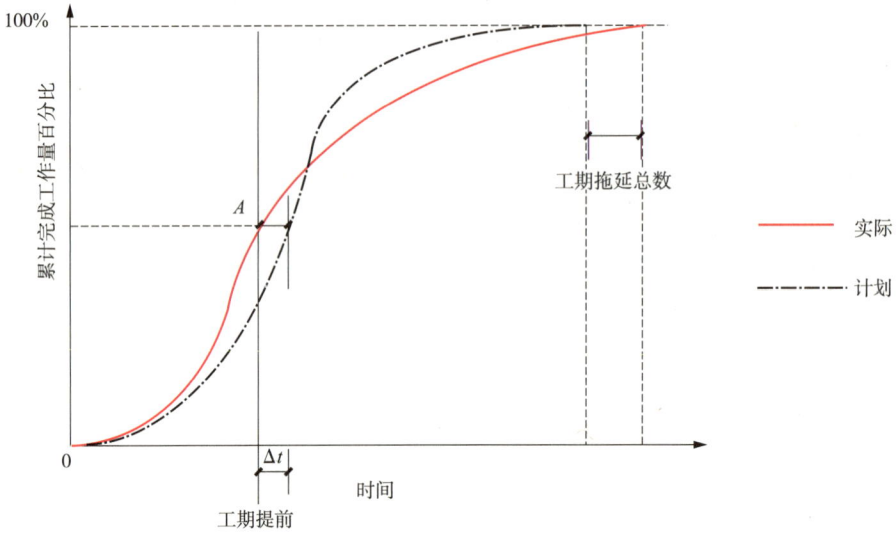

图 9.16　S 形曲线比较法

当实际工程进展点落在 S 形曲线（单点画线）左侧，则表示此时实际进度比计划进度超前；若落在其右侧，则表示拖后；若刚好落在其上，则表示二者一致。如有偏差，超前或拖后的时间也可以从图上看出。

（3）"香蕉"形曲线比较法

"香蕉"形曲线的作图方法与 S 形曲线的作图方法基本一致，所不同之处在于它是两条 S 形曲线组合成的闭合曲线。一条是计划以各项工作的最早开始时间安排进度而绘制的 S 形曲线，称为 ES 曲线；另一条是计划以各项工作的最迟开始时间安排进度而绘制的 S 形曲线，称为 LS 曲线。两条 S 形曲线都是从计划的开始时刻开始和完成时刻结束，因此两条曲线是闭合的。一般情况下，其余时刻 ES 曲线上的各点均落在 LS 曲线相应点的左侧，形成一个形如"香蕉"的曲线，因此称为"香蕉"形曲线。进度控制的理想状况是任一时刻按实际进度描绘的点，均落在"香蕉"形曲线的区域内。

利用"香蕉"形曲线可以进行进度的合理安排，比较施工实际进度与计划进度，确定在检查状态下，后期工程的 ES 曲线和 LS 曲线的发展趋势。

（4）前锋线比较法

前锋线比较法是通过绘制某检查时刻工程项目实际进度前锋线，进行工程实际进度与计划进度比较的方法，它主要适用于时标网络计划。前锋线是指在原时标网络计划上，从检查时刻的时标点出发，用点画线依次将各项工作实际进展位置点连接而成的折线。

前锋线比较法就是通过实际进度前锋线与原进度计划中各工作箭线交点的位置来判断工作实际进度与计划进度是否有偏差，如有偏差，判断该偏差对后续工作及总工期的影响是利是弊以及影响程度的一种方法。

采用前锋线比较法进行实际进度与计划进度的比较，其步骤如下。

1）绘制时标网络计划图。工程项目实际进度前锋线是在时标网络计划图上标示，为清楚起见，在时标网络计划图的上方和下方各设一时间坐标。

2）绘制实际进度前锋线。一般从时标网络计划图上方时间坐标的检查日期开始绘制，依次连接相邻工作的实际进展位置点，最后与时标网络计划图下方坐标的检查日期相连接。

实际进展位置点的标定方法有两种。

① 按该工作已完成任务量比例进行标定。假设各项工作均为匀速进展，根据实际进度检查时刻该工作已完成任务量占其计划完成总任务量的比例，在工作箭线上从左至右按相同的比例标定其实际进展位置点。

② 按尚需作业时间进行标定。当某些工作的持续时间难以按实物工程量来计算而只能凭经验估算时，可以先估算出检查时刻到该工作全部完成尚需作业的时间，然后在该工作箭线上从右向左逆向标定其实际进展位置点。

3）进行实际进度与计划进度的比较。前锋线可以直观地反映出检查日期有关工作实际进度与计划进度之间的关系。对某项工作来说，可能存在以下 3 种情况。

① 工作实际进展位置点落在检查日期的左侧，表明该工作实际进度拖后，拖后的时间为二者之差。

② 工作实际进展位置点与检查日期重合，表明该工作实际进度与计划进度一致。

③ 实际进展位置点落在检查日期的右侧，表明该工作实际进度超前，超前的时间为二者之差。

4）预测进度偏差对后续工作及总工期的影响。确定进度偏差后，还可根据工作的自由时差和总时差预测该进度偏差对后续工作及项目总工期的影响。前锋线比较法既适用于工作实际进度与计划进度之间的局部比较，又可用来分析和预测工程项目整体进度状况。

5）时标网络计划案例。

例如，某分部工程时标网络计划如图 9.17 所示，在第 8 天下班时检查，C 工作完成了该工作全部的工作量，E 工作完成了该工作 1 天的工作量，F 工作尚未开始，D 工作完成该工作 2 天的工作量，则实际进度前锋线即图中点画线构成的折线。

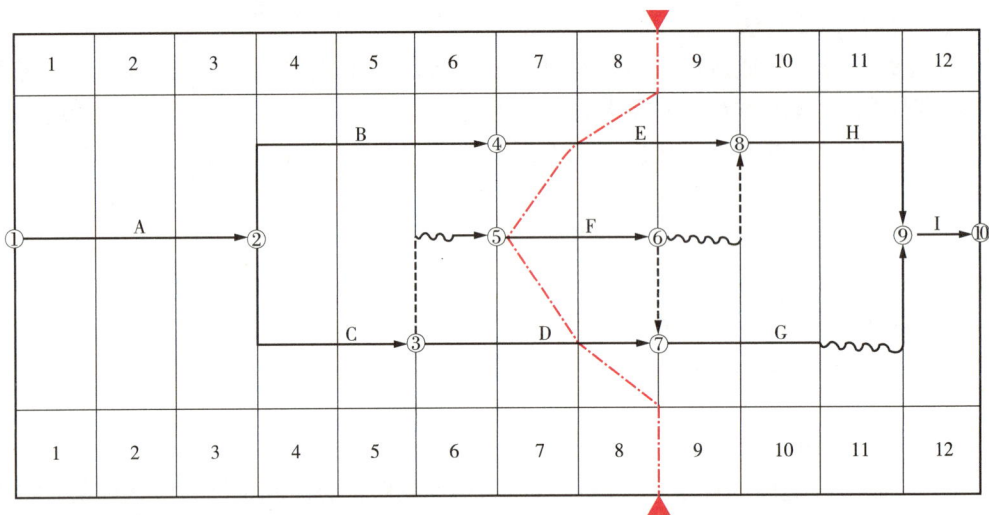

图 9.17　用实际进度前锋线检查进度

3. 施工项目进度检查报告

施工项目进度检查报告是根据报告对象的不同，确定不同的编制范围和内容而分别编制的。一般分为：项目概要及进度控制报告，是报给项目经理、企业经理或业务部门以及建设单位的；项目管理级的进度报告，是报给项目经理及企业业务部门的；业务管理级的进度报告，是供项目管理者及各业务部门为其采取应急措施而使用的。

施工项目进度检查报告由计划负责人或进度管理人员与其他项目管理人员协作编写。内容包括进度执行情况的综合描述，实际施工进度图及简要说明，材料物资、构配件供应进度，劳务记录及预测，日历计划，工程变更、价格调整、索赔及工程款收支情况，进度偏差及原因分析，拟采取的措施，计划调整意见。

9.3.4　施工进度计划的调整

进度计划执行如发生偏离，则通过调整施工内容、工程量、起止时间、资源供应，或通过局部改变施工顺序等进行调整，充分利用施工的时间和空间进行合理交叉衔接，编制新的施工进度计划，以保证施工总进度目标的实现。

在计划总工期大于限定总工期，或出现负时差的情况下，必须压缩关键线路工期。压缩工期的措施通常有以下几种。

1. 通过合理的劳动组织，将原来按先后顺序实施的活动改为平行实施

1）采用多班制施工或延长工作时间。
2）增加劳动力和设备等资源的投入。

3）采用流水作业。

4）通过购买构件而非自身生产，以及分包某些分项工程的做法，提高效率。

5）重新进行资源组合，将部分非关键线路活动的劳动力和资源，投入到关键线路的工作上。

2．压缩后续工作持续时间

在不改变原网络计划工作的逻辑关系的基础上，采取一定措施，压缩后续工作的持续时间，以弥补前面工作的负时差影响。可根据工期 - 费用优化的原理进行调整。具体做法如下。

1）分析后续工作持续时间压缩的可能性及最少持续时间。

2）确定计划调整引起的各工作费用变化率。

3）选择导致工期拖延的工作及紧后工作优先压缩。

4）选择费用变化率最小的工作优先压缩。

5）综合考虑3）、4），进行计划调整。

3．改变施工活动的逻辑关系及搭接关系

通过改变关键线路上各工作间的逻辑关系、搭接关系和平行流水途径来实现，而施工活动持续时间并不改变。

4．其他技术措施

1）资源供应的调整。对于因资源供应发生异常而引起进度计划执行的问题，应采用资源优化方法对计划进行调整，或采取应急措施，使其对工期影响最小。

2）增减施工内容。增减施工内容应做到不打乱原计划的逻辑关系，只对局部逻辑关系进行调整。在增减施工内容以后，应重新计算时间参数，分析对原网络计划的影响。当对工期有影响时，应采取调整措施，保证计划工期不变。

3）增减工程量。增减工程量主要指改变施工方案、施工方法，从而导致工程量的增加或减少。

4）起止时间的改变。起止时间的改变应在相应的工作时差范围内进行：如延长或缩短工作的持续时间，或将工作在最早开始时间和最迟完成时间范围内移动。每次调整必须重新计算时间参数，以确定其对整个施工计划的影响。

9.3.5　施工进度计划的分析与总结

施工进度计划总结内容包括合同工期目标完成情况指标、资源利用情况指标、成本情况、施工进度控制经验、施工进度控制中存在的问题及分析、施工进度控制的改进意见。

1. 合同工期目标完成情况指标

$$合同工期节约值 = 合同工期 - 实际工期$$
$$指令工期节约值 = 指令工期 - 实际工期$$
$$定额工期节约值 = 定额工期 - 实际工期$$
$$计划工期提前率 = （计划工期 - 实际工期）/ 计划工期 \times 100\%$$
$$缩短工期的经济效益 = 缩短一天产生的经济效益 \times 缩短工期天数$$

缩短工期的原因大致有计划周密情况、执行情况、控制情况、协调情况、劳动效率等。

2. 资源利用情况指标

$$单方用工 = 总用工数 / 建筑面积$$
$$劳动力不均衡系数 = 最高日用工数 / 平均日用工数$$
$$节约工日数 = 计划用工工日 - 实际用工工日$$
$$主要材料节约量 = 计划材料用量 - 实际材料用量$$
$$主要机械台班节约量 = 计划主要机械台班数 - 实际主要机械台班数$$
$$主要大型机械节约率 = （各种大型机械计划费之和 - 实际费之和）/$$
$$各种大型机械计划费之和 \times 100\%$$

资源节约原因大致有计划积极可靠并认真执行、资源优化效果好、认真制定并实施了节约措施、协调工作开展较好等。

3. 成本情况

$$降低成本额 = 计划成本 - 实际成本$$
$$降低成本率 = 降低成本额 / 计划成本额 \times 100\%$$

4. 施工进度控制经验

分析进度控制的经验可以从以下几方面进行。
1）编制什么样的进度计划才能取得较大效益。
2）怎样优化计划更有实际意义。
3）怎样实施、调整与控制计划。
4）进度控制工作的创新。

5. 施工进度控制中存在的问题及分析

施工进度控制一般存在以下问题：工期拖后，资源浪费，成本浪费，计划变化太大等。原因一般有计划本身的原因、资源供应和使用中的原因、协调方面的原因、环境方面的原因等。

6. 施工进度控制的改进意见

对施工进度控制中存在的问题进行总结，提出改进方法或意见，在以后的工程中加以应用。

链 接

进度计划软件介绍

进度计划管理可以采用计算机软件进行。在这里介绍鲁班进度计划软件和品茗智绘进度计划软件两种。

鲁班进度计划软件是首款基于BIM技术的项目进度管理软件，通过BIM技术将工程项目进度管理与BIM模型相结合，主要由企业项目管理人员使用，通过精细到构件级的进度计划安排，形成项目建造过程的虚拟生长过程，通过横道图和网络图相辅相成的展示方式，为项目进度管理提供快速、准确、有效的计划安排，及时把控项目关键节点，为项目进度计划提供整体数据支撑。

品茗智绘进度计划软件基于网络计划技术原理，该软件完全采用拟人化操作，用户可以直接用鼠标在屏幕上画网络图。软件将智能建立工作间的紧前、紧后逻辑关系，节点编号以及关键线路都会实时自动生成。

9.4 施工项目的质量管理

知识导入

工程项目的质量是一个重要的指标。它最终体现在项目的运行功能和效果上。影响项目质量的因素也是综合性的，涉及项目的全过程以及项目的各要素，包括设计质量、施工质量、材料和设备的质量、运行管理的质量等。在工程项目的质量控制中要注意实施者的选择和培训，注意通过合同达到有效的控制。

趣 闻

住宅工程质量潜在缺陷保险

北京市人民政府办公厅转发北京市住房和城乡建设委员会、北京市规划和自然资源委员会、北京市地方金融监督管理局、中国银行保险监督管理委员会等部门《北京市住宅工程质量潜在缺陷保险暂行管理办法》（京政办发〔2019〕11号）。

《北京市住宅工程质量潜在缺陷保险暂行管理办法》（以下简称《办法》）所称住宅工程质量潜在缺陷保险（以下简称缺陷保险），是指由住宅工程建设单位投保的，保险公司根据保险条款约定，对在保险范围和保险期间内出现的因工程质量潜在缺陷所导致的投保建筑物损坏，履行赔偿义务的保险。《办法》所称工程质量潜在缺陷，是指住宅工程在竣工验收时未能发现的，因勘察、设计、施工、监理及建筑材料、建筑构配件和设备等原因造成的工程质量不符合工程建设标准、施工图设计文件或合同要求，并在使用过程中暴露出的质量缺陷。住宅或者其他建设工程所有权人，为保险合同的受益人和索赔权益人。

《办法》规定，北京市推行住宅工程质量潜在缺陷保险制度，新建住宅工程项目，在土地出让合同中，将投保缺陷保险列为土地出让条件，并要求选择具备相应能力的保险公司。《办法》还对保险范围及责任、投保与承保、工程质量风险管理、保险理赔、法律责任等进行了规定。（资料来源于网络）

教学内容

9.4.1 施工项目质量管理的概念

1. 质量的基本概念

质量是一组固有特性满足要求的程度，这是当今世界一致的共识。国际标准化组织（International Organization for Standardization，ISO）对质量的定义："质量是反映实体（产品、过程或活动等）满足明确和隐含需要的能力特性总和。"质量具体体现是一组固有特性，不仅产品有质量要求，体系或过程也有质量要求。

工程质量是一个综合性的指标，主要包括以下几个方面。

1）工程投产运行后，所生产的产品（或服务）的质量，该工程的可用性、使用效果和产出效益，运行的安全度和稳定性。

2）工程结构设计与施工的安全性和可靠性。

3）所使用的材料、设备、工艺、结构的质量以及它们的耐久性和整个工程的寿命。

4）工程的其他方面，如外观造型、与环境的协调、项目运行费用的高低以及可维护性和可检查性等。

工程质量管理是指为保证和提高工程质量，运用一整套质量管理体系、手段和方法所进行的系统管理活动。

工程项目建设投资大，建成及使用时期长，只有合乎质量标准，才能投入生产和交付使用，发挥投资效益。工程项目的建设过程是不可逆的，如果出现质量问题，或项目不可行，则不能重新回到原状态，最终可能导致工程的报废。因此，做好工程质量管理非常重要。

施工项目质量管理的基础工作包括对人员开展质量教育、推行标准化、做好计量工作、做好质量信息工作、建立质量责任制。

2. 施工项目质量管理的发展过程

质量管理的发展大致经历了以下 3 个阶段。

（1）质量检验阶段

20 世纪以前，产品质量主要依靠操作者本人的技艺水平和经验来保证，属于"操作者的质量管理"。20 世纪初，以 F. W. 泰勒为代表提出的科学管理理论的产生，促使产品的质量检验从加工制造中分离出来，质量管理的职能由操作者转移给工长，是"工长的质量管理"。随着企业生产规模的扩大和产品复杂程度的提高，产品有了技术标准（技术条件），公差制度也日趋完善，各种检验工具和检验技术也随之发展，大多数企业开始设置检验部门，有的直属于厂长领导，这个阶段的质量管理是"检验员的质量管理"。这些都属于事后检验的质量管理方式。

（2）统计质量控制阶段

1924 年，美国数理统计学家 W. A. 休哈特提出控制和预防缺陷的概念。他运用数理统计的原理提出在生产过程中控制产品质量的"6σ"法，绘制出第一张控制图并建立了一套统计卡片。与此同时，美国贝尔研究所提出关于抽样检验的概念及其实施方案，成为运用数理统计理论解决质量问题的先驱，但其理论当时并未被普遍接受。以数理统计理论为基础的统计质量控制的推广应用始自第二次世界大战。由于事后检验无法控制武器弹药的质量，美国国防部决定把数理统计法用于质量管理，并由标准协会制定有关数理统计方法应用于质量管理方面的规划，成立了专门委员会，并于 1941 ～ 1942 年先后公布一批美国战时的质量管理标准。这标志着质量管理已进入了统计质量管理阶段，从"事后检验"变成了"预防性控制"。

（3）全面质量管理阶段

全面质量管理就是以质量为中心，以全员参与为基础，目的在于通过让顾客满意和本组织所有成员及社会受益而达到长期成功的管理途径。

1）全面质量管理的特征。三个核心的特征，即全员参加的质量管理、全过程的质量管理和全面的质量管理。

① 全员参加的质量管理。全员参加的质量管理，即要求全部员工，无论高层管理者还是普通办公职员或一线工人，都要参与质量改进活动。

② 全过程的质量管理。全过程的质量管理要求必须在市场调研、产品的选型、研究试验、设计、原料采购、制造、检验、储运、销售、安装、使用和维修等各个环节中都把好质量关。

③ 全面的质量管理。全面的质量管理是用全面的方法管理全面的质量。全面的方法包括科学的管理方法、数理统计的方法、现代电子技术管理方法、通信技术管理方

法等。全面的质量包括产品质量、工作质量、工程质量和服务质量。

2）全面质量管理的重要观点。

① 用户第一的观点。要树立用户第一的观点，并将用户的概念扩充到企业内部，下道工序就是上道工序的用户，不将问题留给用户。

② 预防的观点。预防的观点，即在设计和加工过程中以预防为主作为核心，变管结果为管不良因素，消除质量隐患。

③ 定量分析的观点。只有定量化才能获得质量控制的最佳效果。

④ 以工作质量为重点的观点。

3）全面质量管理的基本方法。全面质量管理的基本方法可以概括为 4 句话 18 个字，即 1 个过程、4 个阶段、8 个步骤、数理统计方法。

① 1 个过程。1 个过程即企业管理是一个过程。企业的每项生产经营活动，都有一个产生、形成、实施和验证的过程。

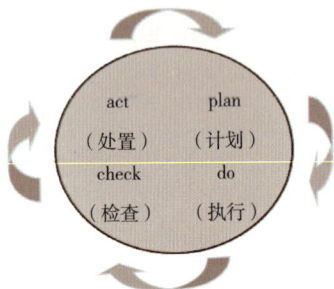

图 9.18　戴明循环示意图

② 4 个阶段。管理是一个过程，美国的戴明博士把它运用到质量管理中来，总结出 PDCA 循环，又称"戴明循环"，如图 9.18 所示。

③ 8 个步骤。为了解决和改进质量问题，PDCA 循环中的 4 个阶段还可以具体划分为 8 个步骤。具体如下：

a. 计划阶段：分析现状，找出存在的质量问题；分析产生质量问题的各种原因或影响因素；找出影响质量的主要因素；针对影响质量的主要因素，提出计划，制定措施。

b. 执行阶段：执行计划，落实措施。c. 检查阶段：检查计划的实施情况。d. 处理阶段：总结经验，巩固成绩，工作结果标准化；提出尚未解决的问题，转入下一个循环。

④ 数理统计方法。在应用 PDCA 的 4 个循环阶段、8 个步骤来解决质量问题时，需要收集和整理大量的书籍资料，并用科学的方法进行系统的分析。最常用的 7 种统计方法是排列图、因果图、直方图、分层法、相关图、控制图及统计分析表。这套方法以数理统计为理论基础，不仅科学可靠，而且比较直观。

3．ISO9000 系列标准的形成

ISO9000 标准是国际标准化组织（ISO）在 1994 年提出的概念，是指由 ISO/TC176（国际标准化组织质量管理和质量保证技术委员会）制定的国际标准。ISO9001 是 ISO9000 标准所包括的一组质量管理体系核心标准之一，用于证实组织具有提供满足顾客要求和适用法规要求的产品的能力，目的在于增进顾客满意；ISO9000 不是指一个标准，而是一组标准的统称。

ISO9000 族标准认证，也可以理解为质量管理体系注册，就是由国家批准的、公正的第三方机构——认证机构，依据 ISO9000 族标准，对组织的质量管理体系实施评价，向公众证明该组织的质量管理体系符合 ISO9000 族标准，提供合格产品，公众可以相信该组织的服务承诺和组织的产品质量的一致性。国家明文规定"九五"期间全

面推行 ISO9000 族标准。

企业组织通过 ISO9000 质量管理体系认证具有如下意义。

1）可以完善组织内部管理，使质量管理制度化、体系化和法制化，提高产品质量，并确保产品质量的稳定性。

2）表明尊重消费者权益和对社会负责，提高消费者的信赖度，使消费者放心，从而放心地采用其生产的产品，提高产品的市场竞争力，树立企业品牌。

3）ISO9000 质量管理体系认证有利于发展外向型经济，扩大市场占有率，是政府采购等招标投标项目的入场券，是组织向海外市场进军的准入证。

4）通过建立 ISO9000 质量管理体系，可以举一反三建立健全其他管理制度。

5）通过 ISO9000 认证可以享受国家的优惠政策及对获证单位的重点扶持。

9.4.2　施工项目质量控制

1. 施工项目质量因素的控制

"4M1E"指人（man）、材料（material）、机械（machine）、环境（environment）、方法（method）。在项目施工过程中，影响工程质量的因素众多，但归纳起来主要是以上 5 个方面。基于"4M1E"分析方法，人、材料、机械、环境、方法是影响施工质量的关键因素。

（1）人的因素控制

参与工程的人很多，这里主要指工程建设的决策者、组织者、指挥者和操作者。人具有较高的主观能动性，这些人会直接或间接参与工程项目建设，他们都将影响工程建设的质量。要充分调动其积极性，让其全身心地投入工程建设当中，避免失误的产生，充分发挥"人的因素第一"的主导作用。

（2）材料因素的控制

工程材料（包括原材料、成品、半成品和构配件等）是工程施工的基础物质条件。加强材料的质量控制，是保证并提高工程质量的重要保证。材料质量的控制对创造正常的施工条件、控制施工进度、实现经济效益具有重要的意义。

（3）机械设备因素的控制

施工的机械设备会对项目的施工进度和施工质量产生直接的、重要的影响，机械设备的选用需要考虑的因素较多，概括起来主要包括机械设备的选型、主要性能参数和使用操作要求 3 个方面。

（4）环境因素的控制

环境因素也是影响工程质量的一个重要因素，在施工中影响工程质量的环境因素较多，主要分为工程技术环境、工程管理环境和劳动环境 3 个方面。

环境因素并不是一成不变的，而是存在多变性的，不同的工程项目会有着不同的工程技术环境、工程管理环境和劳动环境，而且同一个工程项目，在不同时间，环境因素也是变化的，如一天之内的气象条件，温度、湿度、风雨等都是变化的，而这些变化都会对工程质量产生一定的影响。因此，应该根据工程的具体特点和条件，综合考虑影响质量的环境因素，并应对这些因素采取有效的措施并严加控制。

（5）方法因素的控制

这里的方法因素主要包括施工方法和施工技术因素，如施工方案、工艺和操作技能等。细化起来主要包含工程项目整个建设周期内所采取的施工组织设计、组织措施、技术方案、工艺流程、检测手段等的控制。

施工方案是否正确，会直接影响到工程项目进度、质量和投资三大目标能否顺利实现。因此，在制订和审核施工方案时，必须结合工程实际情况，进行全面系统的分析，综合考虑，这样才有利于提高质量、加快工程进度、降低施工成本。

2. 施工项目质量控制的特点

（1）影响质量的因素多

设计、材料、机械、地形、地质、水文、气象、施工工艺、操作方法、技术措施、管理制度等，均会直接影响施工项目的质量。

（2）容易产生质量变异

工业产品的生产，有固定的自动化生产流水线，规范化的生产工艺和完善的检测技术，成套的生产设备和稳定的生产环境，相同系列规格和相同功能的产品；建设项目具有单件性生产的特点，影响施工项目质量的偶然性因素和系统性因素较多，如材料性能微小的差异、机械设备正常的磨损、操作微小的变化、环境微小的波动等，均会引起偶然性因素的质量变异；当使用材料的规格、品种有误，施工方法不规范等，均会引起系统性因素的质量变异，造成质量事故。因此，在施工中要严防出现系统性因素的质量变异，将质量变异控制在偶然性因素范围内。

（3）容易产生第一、第二判断错误

施工项目工序交接多、中间产品多、隐蔽工程多，若不及时检查，事后检查容易产生第二判断错误，误将不合格产品认作合格；若检查不认真等，则会产生第一判断错误，将合格产品认作不合格，尤其在进行质量检查验收时。

（4）质量检查不能解体、拆卸

工程项目建成后，不能像其他工业产品一样解体检查内在的质量；即使发现质量有问题，也不可能像工业产品那样实行包换或退款。

（5）质量要受投资、进度的制约

施工项目的质量受投资、进度的制约较大，还必须正确处理质量、投资、进度三者之间的关系。

3. 施工项目质量控制的主要环节

（1）施工准备阶段的质量控制

① 对技术资料、文件准备的质量控制。具体收集的资料包括地形与环境条件，地

质条件，地震级别，工程水文地质情况，气象条件以及当地水、电、能源供应条件、交通运输条件，材料供应条件等。

施工组织设计要进行两方面的控制：一是制订施工方案时，必须进行技术经济比较，使工程项目满足符合性、有效性和可靠性要求，取得施工工期短、成本低、安全生产、效益好的经济质量；二是选定施工方案后，制定施工进度时，必须考虑施工顺序、施工流向，主要分部分项工程的施工方法，特殊项目的施工方法和技术措施能否保证工程质量。

国家及政府有关部门颁布的有关质量管理方面的法律、法规性文件及质量验收标准质量管理方面的法律、法规，规定了工程建设参与各方的质量责任和义务，质量管理体系建立的要求、标准，质量问题处理的要求、质量验收标准等，这些是进行质量控制的重要依据。

工程测量控制资料包括施工现场的原始基准点、基准线、参考标高及施工控制网等数据资料，是进行工程测量控制的重要内容。

② 设计交底和图纸审核的质量控制。设计图纸是进行质量控制的重要依据。为使施工单位熟悉有关的设计图纸，充分了解拟建项目的特点、设计意图和工艺与质量要求，减少图纸的差错，消灭图纸中的质量隐患，要做好设计交底和图纸审核工作。

工程施工前，由设计单位向施工单位有关人员进行设计交底，其主要内容包括地形、地貌、水文气象、工程地质及水文地质等自然条件，施工图设计依据、设计意图，施工注意事项。交底后，由施工单位提出图纸中的问题和疑点，以及要解决的技术难题，经协商研究，拟定解决办法。

图纸审核是设计单位和施工单位进行质量控制的重要手段，也是使施工单位通过审查熟悉设计图纸，了解设计意图和关键部位的工程质量要求，发现和减少设计差错，保证工程质量的重要方法。

③ 质量教育与培训。通过教育培训和其他措施提高员工的能力，增强质量和顾客意识，使员工满足所从事的质量工作对能力的要求。项目领导班组应着重以下几方面的培训：质量意识教育，充分理解和掌握质量方针和目标，质量管理体系有关方面的内容，质量保持和持续改进意识。可以通过面试、笔试、实际操作等方式检查培训的有效性，并应保留员工的教育、培训及技能认可的记录。

（2）采购阶段质量控制

采购质量控制主要包括对采购产品及其供方的控制，制订采购要求和验证采购产品。建设项目中的工程分包，也应符合规定的采购要求。物资采购应符合设计文件、标准、规范、相关法规及承包合同要求，如果项目部另有附加的质量要求，也应予以满足。对于重要物资、大批量物资、新型材料以及对工程最终质量有重要影响的物资，可由企业主管部门对可供选用的供方进行逐个评价，并确定合格供方名单。分包服务对各种分包服务选用的控制应根据其规模、对它控制的复杂程度区别对待。一般通过分包合同，对分包服务进行动态控制。

对采购产品的验证有多种方式，如在供方现场检验、进货检验，查验供方提供的合格证据等。组织应根据不同产品或服务的验证要求规定验证的主管部门及验证方式，并严格执行。

（3）施工阶段的质量控制

施工阶段质量控制的内容包括技术交底、工程测量、材料、机械设备、环境、工序，另外还有计量、特殊过程、工程变更和质量事故处理等。

1）技术交底。技术交底的质量控制应注意交底时间、交底分工、交底内容、交底方式（书面）和交底资料保存。

2）工程测量。工程测量的质量控制应注意编制控制方案，由技术负责人管理，保存测量记录，保护测量点线；还应注意对原有基准点、基准线、参考标高、控制网的复测和测量结果的复核。

3）材料。材料的质量控制应注意：在合格材料供应人名录中选择供应人，按计划采购，按规定进行搬运和储存，做好标志，不合格的材料不准投入使用，发包人供应的材料应按规定检验和验收，监理工程师对承包人供应的材料进行验证等。

4）机械设备。机械设备的质量控制应注意：按计划进行调配，满足施工需要，配套合理使用，操作人员应进行确认并持证上岗，搞好维修与保养等。

5）环境。为保证项目质量，对环境的要求是建立环境控制体系、实施环境监控、对影响环境的因素进行监控，包括工程技术环境、工程管理环境和劳动环境。

6）工序。工序质量控制应注意：作业人员按规定经考核后持证上岗，按操作规程、作业指导书和技术交底文件进行施工，工序的检验和试验应符合过程检验和试验的规定，对查出的质量缺陷按不合格控制程序及时处理，记录工序施工情况，把质量的波动限制在要求的范围内，以对因素的控制保证工序的质量。

（4）竣工验收阶段的质量控制

竣工验收阶段的质量控制包括最终质量检验和试验、技术资料的整理、施工质量缺陷的处理、工程竣工验收文件的编制和移交准备、产品防护、撤场计划。

这个阶段的质量控制要求主要有：必须进行最终检验和试验，验收须按现行《建筑工程施工质量验收统一标准》（GB 50030—2013）要求进行，项目技术负责人应按编制竣工资料的要求收集、整理质量记录；项目技术负责人应组织有关专业技术人员按最终检验和试验规定，根据合同要求进行全面验证；对查出的施工质量缺陷，应按不合格品控制程序进行处理；项目经理部应组织有关专业技术人员按合同要求编制工程竣工文件，并应做好工程移交准备；在最终检验和试验合格后，应对建筑产品采取防护措施；工程交工后，项目经理部应编制符合文明施工和环境保护要求的撤场计划。

9.4.3 施工项目质量控制的工具和方法

以提高产品质量为目的，应用数理统计方法进行质量控制，步骤为：收集质量数据—数据整理—进行统计分析，找出质量波动的规律—判断质量状况，找出质量问题—分析影响质量的原因—拟定改进质量的对策、措施。

1. 频数分布直方图

频数分布直方图是通过频数分布图分析、研究数据的集中程度和波动范围的一种统计分析方法，主要用于试验和判断质量状况。频数分布直方图是反映质量数据波动特征的一种图，计算和绘图比较方便，能明确表示质量分布情况；缺点是不能反映时间变化，且要求收集的数据较多，至少为 50 个，一般要 100 个左右。

频数分布直方图的分析对象是一道工序或者某一范围和期间内的产品质量特性计量值。一般抽取 50～100 个某项质量指标的数据值，按一定的组距分成若干组，画出以组距为底边、以落入各组范围内的数据个数（频数）为高度的若干个矩形，这些矩形构成的图就称为频数分布直方图。

应用直方图的步骤如下。

（1）绘制频数分布直方图

先找出所有数据中的最大值和最小值，并算出它们的差，决定组距和组数，确定分点，列出频数分布表，画出频数分布图。

（2）观察直方图的形状、判断质量分布状态

常见的直方图形状如图 9.19 所示。左（或右）缓坡型主要是由于操作中对上限（或下限）控制太严造成的；孤岛型是由于原材料一时发生变化或由不熟练工人替班操作造成的；双峰型是由于使用了两台不同型号的设备，或两批不同原材料，两批不同的操作人员而出现的；折齿型是数据分组分得过多时易出现的直方图；陡壁型是搜集数据时，有意识地剔除了不合格产品数据做成的直方图。

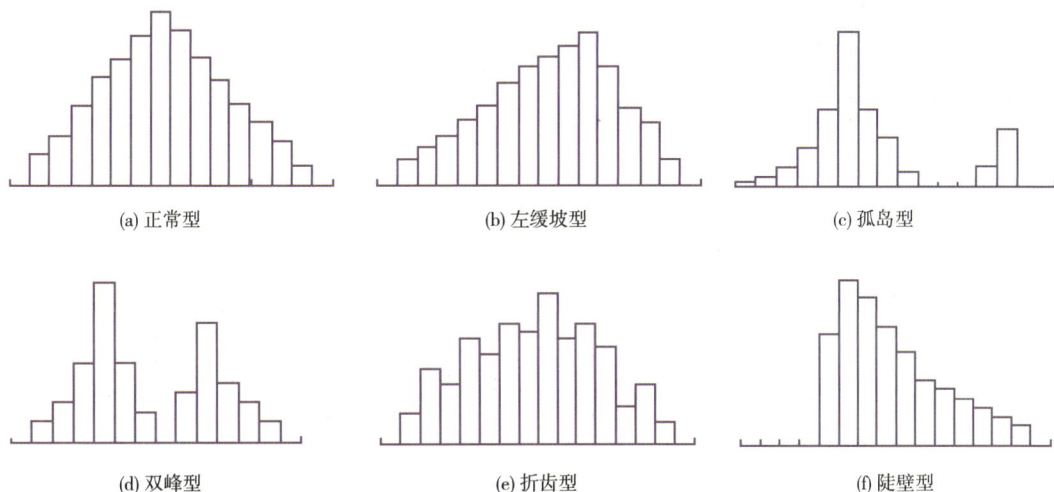

(a) 正常型　　　　　　　　(b) 左缓坡型　　　　　　　　(c) 孤岛型

(d) 双峰型　　　　　　　　(e) 折齿型　　　　　　　　(f) 陡壁型

图 9.19　常见的直方图形状

（3）将直方图与质量标准比较，判断实际生产过程能力

如图 9.20 所示，T 表示质量标准要求界限，B 表示实际质量特性分布范围。正常型直方图与质量标准相比较，一般有以下 6 种情况。

1）在图 9.20（a）中，B 在 T 中间，质量分布中心与质量标准中心 M 重合，实际数据分布与质量标准相比较两边还有一定余地。这样的生产过程出来的质量是很理想的，说明生产过程处于正常的稳定状态。在这种情况下生产出来的产品可认为全部是合格品。

2）在图 9.20（b）中，B 虽然落在 T 内，但质量分布中心与质量标准中心 M 不重合，偏向一边。这样如果生产状态一旦发生变化，就可能超出质量标准下限而出现不合格品。出现这种情况时应迅速采取措施，使直方图移到中间来。

3）在图 9.20（c）中，B 在 T 中间，且 B 的范围接近 T 的范围，没有余地，生产过程一旦发生小的变化，产品的质量特性值就可能超出质量标准。出现这种情况时，必须立即采取措施，以缩小质量分布范围。

4）在图 9.20（d）中，B 在 T 中间，但两边余地太大，说明加工过于精细，不经济。在这种情况下，可以对原材料、设备、工艺、操作等控制要求适当放宽些，有目的地使 B 扩大，从而有利于降低成本。

5）在图 9.20（e）中，质量分布范围 B 已超出标准下限之外，说明已出现不合格品。此时必须采取措施进行调整，使质量分布位于标准范围之内。

6）在图 9.20（f）中，质量分布范围完全超出了质量标准上、下界限，散差太大，产生许多废品，说明过程能力不足，应提高过程能力，使质量分布范围 B 缩小。

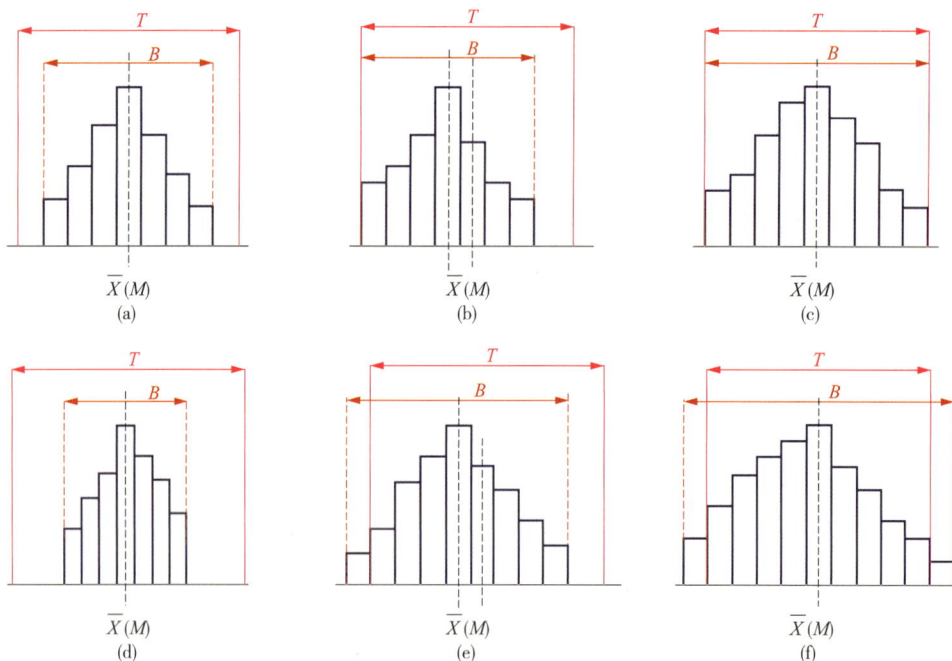

图 9.20　直方图与质量标准比较

（4）计算频数分布直方图的几个统计特征数

对频数分布直方图的数据分布状况还要进行特征定量分析，以便根据抽样数据特征值去推断总体特征值。根据数理统计原理，尚应计算样本均值 $\overline{X}$、样本标准偏差 S、变异系数 C_v $\left(C_v = \dfrac{S}{\overline{X}}\right)$ 等几项统计特征值。产品质量特性的这 3 个统计特征值，可以用来作为判别质量好坏的依据。

（5）判断工序能力

工序能力是指一道工序在工作状态稳定的情况下对质量的保证能力。产品质量特性值的波动是服从正态分布规律的，当样本的数据量足够大时可以认为是围绕样本均值波动的。波动的离散程度则由样本标准差 S 来反映。由概率论知识可知正态分布子样出现范围的概率。

对于一个处于稳定生产的工序，我们可以抽取足够多的产品，测定其具有的质量特征数据，求出样本均值和标准偏差 S，确定工序质量上界 TU（样本均值 +3S）和工序质量下界 TL（样本均值 −3S）。

如果工序生产的产品质量特性值超出这一上、下限界，就要引起注意，应检查工序生产过程是否出现了工序能力指数异常。

定义一个工序能力指数为 C_p，$C_p = \dfrac{T}{6S}$。当 $C_p = 1$ 时，意味着工序的能力恰好满足公差的要求，但没有余地，随时有产生不合格产品的可能，要加强管理；当 $C_p > 1$ 时，意味着工序的能力不仅满足公差的要求，而且有一定余地，一般当 $C_p = 1.33$ 时，工序能力较为理想，如过大则可能是设备或工艺精度过高，经济性较差；当 $C_p < 1$ 时，意味着工序能力不能满足公差要求，会产生不合格品，应停止生产，检查原因。

2. 控制图

控制图又叫管理图，是美国休哈特博士于 1924 年首先提出的。控制图用于观察分析生产过程中质量的波动情况和变化趋势。控制图提供了质量动态变化的数据，使质量情况的变化图示化，易于观察，为及时采取控制质量措施提供了动态的信息。这种方法在质量管理中广泛用于连续生产和大批生产，是常用统计方法中很重要的一种。

（1）控制图的形式及绘制方法

控制图按照所控制的质量特征值的不同有多种。一般常用的有样本均值控制图和极差 R 控制图。以样本均值控制图为例说明控制图的绘制及使用。

根据统计数据分别算出均值，以时间日期为横坐标，均值为纵坐标，分别画出均值控制图，如图 9.21 所示。

从图中可以看出均值是随着日期不同而变动的，这就反映了质量状态变化的趋势，我们随时可看到产品的动态变化。按照质量要求的公差上、下界值引进标准差上、下限线（TU 和 TL），这两条标准差上、下限值表明只要每日抽检的数据均值没有超出这两条线，产品质量处于合格状态。当工序处于较稳定状态时，可连续多天抽取足够多样本数据求得样本均值和标准偏差，以此均值作中心线（CL），分别以均值 ±3S 值作上、下控制线（UCL 和 LCL），在图上标出 3 条虚线，所有检测数据应落在两条控制线（UCL 和 LCL）之内。以后逐日检测的数据如落在检测范围之外，则表明工序有异常因素存在。

应注意的是，一般情况下，当观察产品质量是否合格时，应当用公差标准上、下限线 TU 和 TL；而观察工序是否有异常时，则应用上、下控制线 UCL 和 LCL。

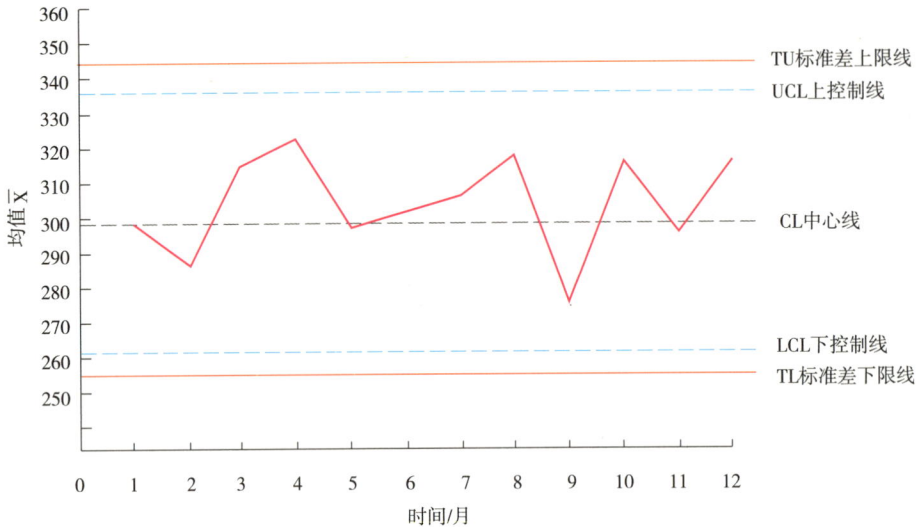

图 9.21　控制图

（2）引起质量波动的因素

引起质量波动的因素主要是人、材料、设备、工艺、环境等。它们又可分为两类：一类是不可避免的偶然性因素，如操作人员前后操作上的微小差别、材料的微小差异、设备操作在加工精度允许范围的微小差异等，它们对质量波动的影响很小，是标准所允许的正常波动，在控制图上反映出来是随机分布在中心线两侧附近，越接近上、下控制线点子越少；另一类是异常的，呈某种规律的系统性因素。例如，设备过度磨损，更换使用了不合格的材料，机器有某些故障，操作人员不能严格遵守操作规程等，都可能造成系统的质量问题。控制图上的点往往反映出较明显的规律变化，尽管不一定超出界限，但呈现了不正常的变化趋势。

3．排列图

排列图又称主次因素排列图，是根据意大利经济学家帕累托（Pareto）"关键的少数和次要的多数"的原理而产生的，常用来分析和找出影响产品质量的主次因素，是抓主要矛盾解决质量问题的有效方法。

排列图中一个横坐标，表示影响质量的因素；两个纵坐标，左边的表示频数，右边的表示频率。各影响因素大小以等宽的矩形表示，其高度表示频数大小，并根据右边纵坐标，画出累计频率曲线，又称帕累托曲线。以下举例说明排列图的绘制步骤。

【例 9.1】　请用排列图法对某工程混凝土构件尺寸不合格项目进行质量控制。

【解】　1）按确定的质量问题进行调查，收集各影响因素的实测数据。

2）对各影响因素实测数据按频数从大到小排队，计算各因素出现的频率及累计频率，见表9.2。

表 9.2　某工程的混凝土构件尺寸不合格项目频数、频率统计表

序号	不合格项目	频数	频率	累计频率 /%
1	表面平整度	88	44	44
2	截面尺寸	50	25	69
3	平面水平度	22	11	80
4	垂直度	20	10	90
5	标高	10	5	95
6	其他	10	5	100
	合计	200	100	

3）绘制排列图，按适当的比例确定频数及累计频率纵坐标轴及各影响因素的直方图宽度。按照表中各因素的排列序号依次画出直方图，并以累计频率值点绘出帕累托曲线，如图9.22所示。

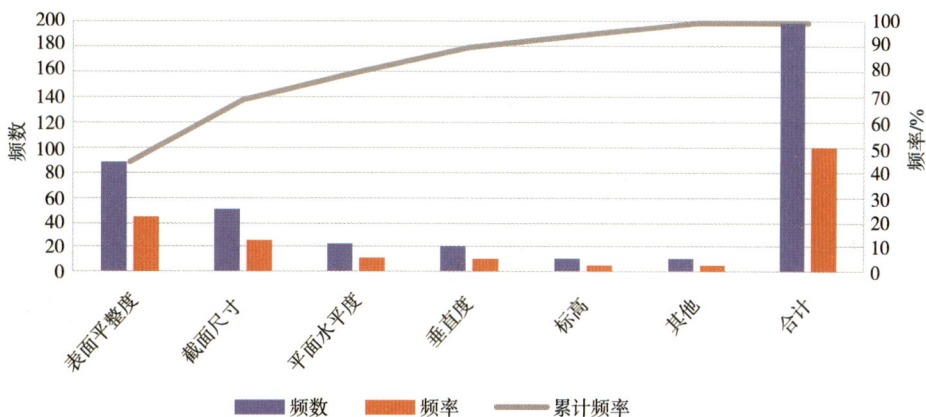

图 9.22　混凝土构件尺寸问题排列图

按照累计频率对因素进行分类如下。

累计频率在0～80%之间的为A类，这些因素为主要因素；累计频率在80%～90%之间的为B类，为次要因素；其余的为C类，为一般因素。从图中可以看出，某工程的混凝土构件尺寸主要质量问题是表面平整度不够、截面尺寸偏差过大、平面水平度不够，次要因素是垂直度的问题，标高和其他为一般因素。

4. 因果分析图

因果分析图又叫特性要因图，按其表现形状又称为鱼刺图或树枝图，由日本质量管理专家石川馨教授所创。他指出："对于任何技术问题，关键在于整理出与之有关的因素，然后从重要的因素着手解决之。"在生产中经常会碰到很多问题，如混凝土裂

缝较多、砌砖质量不好、原材料质量不好、工艺水平很低、工人技术水平不高等，它们之间互相影响，原因错综复杂。为了弄清原因，针对其重要原因制定对策，就有必要使用因果分析图。因果分析图原理如图 9.23 所示。

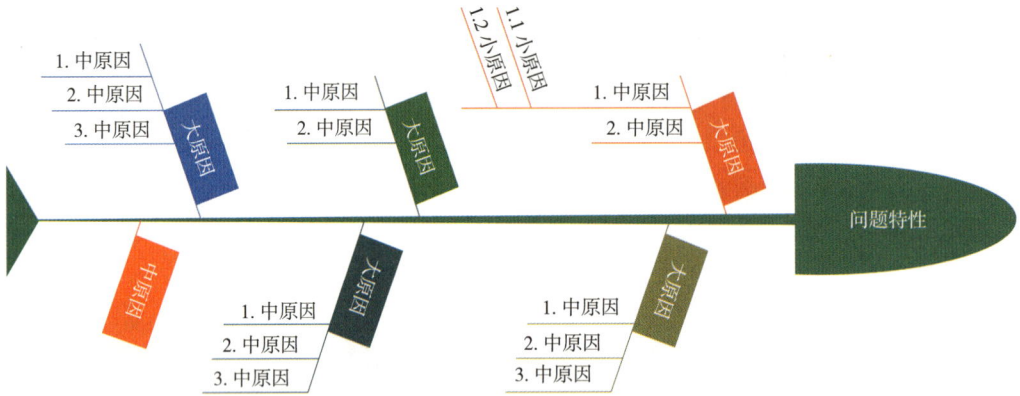

图 9.23　因果分析图原理

针对某构件混凝土强度不足的原因分析如图 9.24 所示，步骤如下。

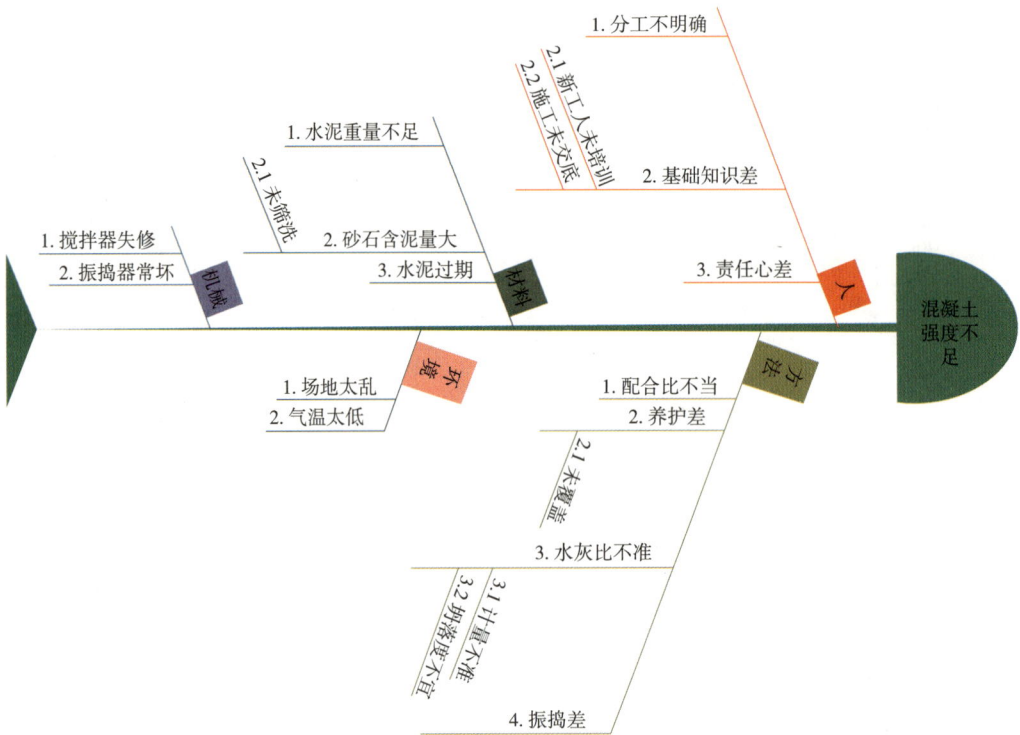

图 9.24　混凝土强度不足的因果分析图

1）问题特性。所谓问题特性就是需要解决的主要问题，放在主干箭头前面。

2）确定影响质量特性的大枝。即找出影响质量问题的主要原因（大原因），一般是从人、机械、材料、方法、环境5个方面进行分析。

3）进一步找出各个大原因中的子原因，即所谓的中原因和小原因，并画出。

4）发扬技术民主，反复讨论，补充遗漏的因素。

5）针对影响质量的因素制定对策，列出对策计划表，限期改正。

5．相关图法

为了进一步认识质量波动的原因，有必要研究质量与某些影响因素之间可能存在的一些量的关系。

将有相关关系的两个变量的对应观察值作为直角平面上点的坐标，并把这些点标在平面上，这样形成的图称为散布图。从散布图上大致可以看出两个变量之间的统计规律性，分析两个变量之间是否存在相关关系，这种方法称为相关图法。

6．分层法

在质量管理的统计分析中，排列图法有助于找出主要质量问题之所在。而在需要做进一步的分析时，往往采用分层法。分层法又叫分类法，是收集整理数据的基本方法，是把数据按照不同的目的加以分类。现举例说明分层法的应用。

【例9.2】　钢筋焊接质量的调查分析，共检查了50个焊接点，其中19个不合格，不合格率为38%，存在严重的质量问题。试用分层法分析质量问题的原因。

【解】　现已查明这批钢筋的焊接是由A、B、C三个师傅操作的，而焊条是由甲、乙两个厂家提供的。因此，分别按操作者和焊条生产厂家进行分层分析，即考虑一种因素单独的影响，见表9.3和表9.4。

表9.3　操作者分层统计结果

操作者	不合格	合格	不合格率/%
A	6	13	32
B	3	9	25
C	10	9	53
合计	19	31	38

表9.4　按供应焊条厂家分层统计结果

工厂	不合格	合格	不合格率/%
甲	9	14	39
乙	10	17	37
合计	19	31	38

由表9.3和表9.4分层分析可见，操作者B不合格率为25%，较低，即质量较好；而不论采用甲厂还是乙厂的焊条，不合格率都很高且相差不大。为了找出问题所在，再进一步采用综合分层进行分析，即考虑两种因素共同影响的结果，见表9.5。

表 9.5　综合分层分析

操作者	焊接质量	甲厂		乙厂		合计	
		焊接点	不合格率 /%	焊接点	不合格率 /%	焊接点	不合格率 /%
A	不合格	6	75	0	0	6	32
	合格	2		11		13	
B	不合格	0	0	3	43	3	25
	合格	5		4		9	
C	不合格	3	30	7	78	10	53
	合格	7		2		9	
合计	不合格	9	39	10	37	19	38
	合格	14		17		31	

由表 9.5 的综合分层法分析可知，在使用甲厂的焊条时，应采用 B 师傅的操作方法为好；在使用乙厂的焊条时，应采用 A 师傅的操作方法为好，这样会使合格率大大地提高。由此可以看出，分层法是一种逐次分层、逐层分解去分析寻找解决质量问题的方法。

用什么样的因素作为分层或分类的依据要视具体情况而定。一般可参考下列原则：按不同的分部分项工程分；按不同的操作方法和工艺分；按操作班组或人员分；按操作时间分，如早班、中班、晚班等；按施工设备分；按所加工的原料分，如不同成分、不同供料单位、不同产地区分等。

7. 统计分析表

统计分析表方法也叫质量调查表方法，它最早由美国的菲根堡姆先生提出，是在全面质量管理中利用统计图表来收集、统计数据，进行数据整理并对影响产品质量的原因做粗略的分析。

常用的统计分析表有缺陷部位调查表、不良项目调查表、工序内质量分布调查表、质量检查评定的统计分析表等。

8. 新 QC7 工具

新 QC7 工具是以下几个。

1）关联图：用来分析事物之间"原因与结果""目的与手段"等复杂关系的一种图。

2）亲和图：把大量收集到的关于未知事物或不明确的事实的意见或构思等语言资料，按其相互亲和性（相近性）归纳整理，使问题明确起来的图形。

3）系统图：把要实现的目的与需要采取的措施或手段，系统地展开，并绘制成图，以明确问题的重点，寻找最佳手段或措施的一种方法。

4）箭条图：将项目推行时所需的各步骤、作业按从属关系用网络图表示出来的一种方法。

5）矩阵图：从多维问题的事件中，找出成对的因素，排列成矩阵图，然后根据矩阵图来分析问题。

6）矩阵数据分析法：对多个变动且复杂的因果进行解析。

7）过程决策程序图：随事态的进展分析能导致各种结果的要素，并确定一个最优过程使之达到理想结果的方法。

常用的质量控制方法主要运用于生产过程质量的控制和预防，新 QC7 工具与其相互补充。

9.4.4 施工项目质量问题

1. 施工项目质量问题的内容

工程质量问题包括工程质量缺陷、工程质量通病、工程质量事故。

（1）工程质量缺陷

工程质量缺陷是指工程达不到技术标准允许的技术指标的现象。

（2）工程质量通病

工程质量通病是指工程项目存在的各类影响工程结构、使用功能和外形观感的常见性质量损伤，如"渗、漏、泛、堵、壳、裂、砂、锈"等。

常见的质量通病主要有：基础不均匀下沉，墙身开裂；现浇钢筋混凝土工程出现蜂窝、麻面、露筋；现浇钢筋混凝土阳台、雨篷根部开裂或倾覆、坍塌；砂浆、混凝土配合比控制不严，任意加水，强度得不到保证；屋面、厨房渗水，漏水；墙面抹灰起壳，裂缝、起麻点、不平整；地面及楼面起砂、起壳、开裂；门窗变形，缝隙过大，密封不严；水暖电工安装粗糙，不符合使用要求；结构吊装就位偏差过大；预制构件裂缝，预埋件移位，预应力张拉不足；砖墙接槎或预留脚手眼不符合规范要求；金属栏杆、管道、配件锈蚀；墙纸粘贴不牢、空鼓、褶皱，压平起光；饰面板、饰面砖拼缝不平、不直，空鼓，脱落；喷浆不均匀，脱色、掉粉等。

质量通病问题大、量广，危害极大。消除质量通病问题，是提高施工项目质量的关键环节。产生质量问题的原因虽多，涉及面也广，但主要原因是参与项目施工的组织者、指挥者和操作者缺乏质量意识。只要真正在思想上重视质量，认真遵守施工程序和操作规程；认真贯彻执行技术责任制；认真坚持质量标准、严格检查，实行层层把关；认真总结产生质量问题的经验教训，采取有效的预防措施；要消除质量问题，是完全可以办到的。

（3）工程质量事故

工程质量事故是指由于建设管理、监理、勘测、设计、咨询、施工、材料、设备等原因造成工程质量不符合规程、规范和合同规定的质量标准，影响使用寿命和对工程安全运行造成隐患及危害的事件。

2. 施工项目质量问题的成因分析

施工项目质量问题具有复杂性、严重性、可变性和多发性的特点。施工项目质量问题表现的形式多种多样，诸如建筑结构的错位、变形、倾斜、倒塌、破坏、开裂、渗水、漏水、刚度差、强度不足、断面尺寸不准等，但究其原因，可归纳如下。

（1）违背建设程序

如不经可行性论证或可行性论证不严肃；没弄清工程地质、水文地质就仓促开工；无证设计，无图施工；任意修改设计，不按图纸施工；工程竣工不进行试车运转、不经验收就交付使用等盲干现象，致使不少工程项目留有严重隐患，房屋倒塌事故也有发生。

（2）工程地质勘查原因

未认真进行地质勘查，提供地质资料、数据有误；地质勘查时，钻孔间距太大，不能全面反映地基的实际情况，如当基岩地面起伏变化较大时，软土层厚薄相差也很大；地质勘查钻孔深度不够，没有查清地下软土层、滑坡、墓穴、孔洞等地层构造；地质勘查报告不详细、不准确等，均会导致采用错误的基础方案，造成地基不均匀沉降、失稳，使上部结构及墙体开裂、破坏、倒塌。

（3）未加固处理好地基

对软弱土、冲填土、杂填土、湿陷性黄土、膨胀土、岩层出露、溶岩、土洞等不均匀地基未进行加固处理或处理不当，均是导致重大质量问题的原因。必须根据不同地基的工程特性，按照地基处理应与上部结构相结合，使其共同工作的原则，从地基处理、设计措施、结构措施、防水措施、施工措施等方面综合考虑。

（4）设计计算问题

设计考虑不周，内力分析有误，沉降缝及伸缩缝设置不当，悬挑结构未进行抗倾覆验算，构造措施不合理等都是诱发质量问题的隐患。

（5）建筑材料及制品不合格

钢筋物理力学性能不符合标准，水泥受潮、过期、结块、安定性不良，砂石级配不合理、有害物含量过多，混凝土配合比不准，外加剂性能、掺量不符合要求等问题，均会影响混凝土强度、和易性、密实性、抗渗性，导致混凝土结构强度不足、裂缝、渗漏、出现蜂窝、露筋等质量问题；预制构件断面尺寸不准，支承锚固长度不足，未可靠建立预应力值，钢筋漏放、错位，板面开裂等，必然会造成断裂、垮塌。

（6）施工和管理问题

许多工程质量问题，往往是由施工和管理造成的。例如：

1）不熟悉图纸，盲目施工，未经图纸会审，仓促施工；未经监理、设计部门同意，擅自修改设计。

2）不按图施工。把铰接做成刚接，把简支梁做成连续梁，抗裂结构用光圆钢筋代替变形钢筋等，致使结构出现裂缝破坏；挡土墙不按图设滤水层，留排水孔，致使土压力增大，造成挡土墙倾覆。

3）不按有关施工验收规范施工。例如，现浇混凝土结构不按规定的位置和方法任意留设施工缝；不按规定的强度拆除模板；砌体不按组砌形式砌筑，留直槎不加拉结条，在小于1m宽的窗间墙上留设脚手眼等。

4）不按有关操作规程施工。例如，用插入式振捣器捣实混凝土时，不按插点均布、快插慢拔、上下抽动、层层扣搭的操作方法，致使混凝土振捣不实；整体性差；砖砌体包心砌筑，上下通缝，灰浆不均匀饱满，不横平竖直等都是导致砖墙、砖柱破坏、倒塌的主要原因。

5）缺乏基本结构知识，施工蛮干。例如，将钢筋混凝土预制梁倒放安装；将悬臂梁的受拉钢筋放在受压区；结构构件吊点选择不合理，不了解结构使用受力和吊装受力的状态；施工中在楼面超载堆放构件和材料等，均将给质量和安全造成严重的后果。

6）施工管理紊乱，施工方案考虑不周，施工顺序错误。例如，技术组织措施不当，技术交底不清，违章作业，不重视质量检查和验收工作等。

7）自然条件影响。施工项目周期长、露天作业多，受自然条件影响大，温度、湿度、日照、雷电、供水、大风、暴雨等都能造成重大的质量事故，施工中应采取有效措施预防。

8）建筑结构使用问题。建筑物使用不当，如不经校核、验算，就在原有建筑物上任意加层，使用荷载超过原设计容许值，任意开槽、打洞、敲墙等，都容易造成质量问题。

3. 施工项目质量问题的处理程序

工程质量问题发生后，一般可以按如图9.25所示程序进行处理。

主要内容如下。

1）当发现工程出现质量问题或事故后，应停止有质量问题部位和其有关部位及下道工序施工，需要时，还应采取适当的防护措施；同时，要及时上报主管部门。

2）进行质量问题调研，主要目的是要明确问题的范围、问题程度、性质、影响和原因，为问题的分析处理提供依据，调查力求全面、准确、客观。

3）在问题调查的基础上进行问题原因分析，正确判断问题原因。只有对充分调查后获得的资料、数据进行详细、深入分析后，才能找出造成事故的真正原因。

4）研究制订事故处理方案。事故处理方案的制订以事故原因分析为基础，如果对某些事故一时认识不清，而且事故一时不致产生严重的恶化，就可以继续进行调查、观测，以便掌握更充分的资料数据，做进一步分析，找出原因，制订方案。

制订的事故处理方案，应体现安全可靠、不留隐患、满足建筑物的功能和使用要求、技术可行、经济合理等原则。如果一致认为质量缺陷不需专门的处理，必须经过充分的分析、论证。

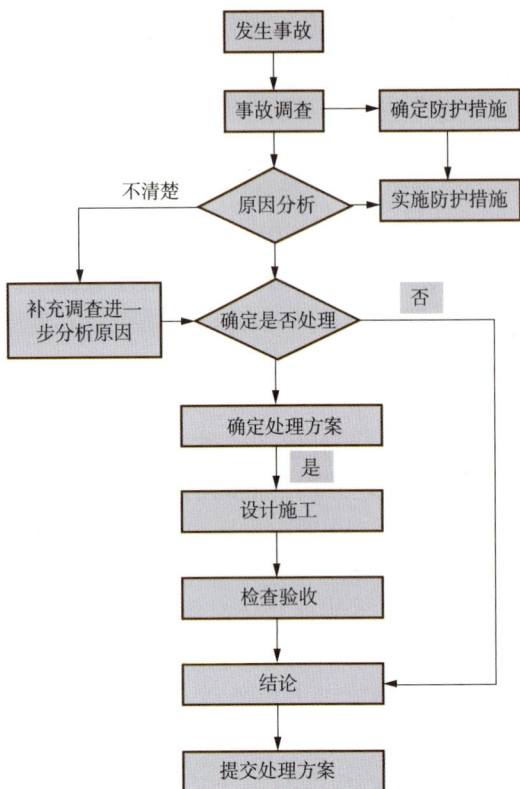

图 9.25　工程项目质量问题分析、处理程序

按确定的处理方案对质量事故进行处理。发生的质量事故不论是否由于施工承包单位方面的责任原因造成的，质量事故的处理通常都是由施工承包单位负责实施。如果不是施工单位方面的责任原因，则处理质量事故所需的费用或延误的工期，应给予施工单位补偿。

5）在质量问题处理完毕后，应组织有关人员对处理结果进行严格的检查、鉴定和验收，由监理工程师写出质量事故处理报告，提交业主或建设单位，并上报有关主管部门。其内容包括工程概况，事故情况，是否需要采取临时应急防护措施，事故调查中的数据、资料，事故原因的初步判断，事故涉及人员与主要责任者的情况等。

9.4.5　施工项目质量验收

1. 质量验收术语

质量验收常用术语主要有以下几个。

1）建筑工程。通过对各类房屋建筑及其附属设施的建造和与其配套线路、管道、设备等的安装所形成的工程实体。

2）检验。对被检验项目的特征、性能进行量测、检查、试验等，并将结果与标准规定的要求进行比较，以确定项目每项性能是否合格的活动。

3）进场检验。对进入施工现场的建筑材料、构配件、设备及器具，按相关标准的要求进行检验，并对其质量、规格及型号等是否符合要求做出确认的活动。

4）见证检验。施工单位在工程监理单位或建设单位的见证下，按照有关规定从施工现场随机抽取试样，送至具备相应资质的检测机构进行检验的活动。

5）复验。建筑材料、设备等进入施工现场后，在外观质量检查和质量证明文件核查符合要求的基础上，按照有关规定从施工现场抽取试样送至试验室进行检验的活动。

6）检验批。按相同的生产条件或按规定的方式汇总起来供抽样检验用的，由一定数量样本组成的检验体。

7）验收。建筑工程质量在施工单位自行检查合格的基础上，由工程质量验收责任方组织，工程建设相关单位参加，对检验批、分项、分部、单位工程及其隐蔽工程的质量进行抽样检验，对技术文件进行审核，并根据设计文件和相关标准以书面形式对工程质量是否达到合格作出确认。

8）主控项目。建筑工程中对安全、节能、环境保护和主要使用功能起决定性作用的检验项目。

9）一般项目。除主控项目以外的检验项目。

10）抽样方案。根据检验项目的特性所确定的抽样数量和方法。

11）计数检验。通过确定抽样样本中不合格的个体数量，对样本总体质量做出判定的检验方法。

12）计量检验。以抽样样本的检测数据计算总体均值、特征值或推定值，并以此判断或评估总体质量的检验方法。

13）观感质量。通过观察和必要的测试所反映的工程外在质量和功能状态。

14）返修。对施工质量不符合规定的部位采取的整修等措施。

15）返工。对施工质量不符合规定的部位采取的更换、重新制作、重新施工等措施。

2. 建筑工程质量验收标准与程序

建筑工程质量验收标准与程序规定如下：

（1）第一步，检验批和分项工程验收

检验批应由专业监理工程师组织施工单位项目专业质量检查员、专业工长等进行验收。分项工程应由专业监理工程师组织施工单位项目专业技术负责人等进行验收。

1）检验批质量验收合格应符合的规定。

① 主控项目的质量经抽样检验均应合格。

② 一般项目的质量经抽样检验合格。当采用计数抽样时，合格点率应符合有关专业验收规范的规定，且不得存在严重缺陷。对于计数抽样的一般项目，正常检验一次，二次抽样可按《建筑工程施工质量验收统一标准》（GB 50300—2013）附录 D 判定。

③ 具有完整的施工操作依据、质量验收记录。

2）分项工程质量验收合格应符合的规定。

① 所含检验批的质量均应验收合格。

② 所含检验批的质量验收记录应完整。

（2）第二步，分部（子分部）工程验收

分部工程应由总监理工程师组织施工单位项目负责人和项目技术负责人等进行验收。勘察、设计单位项目负责人和施工单位技术、质量部门负责人应参加地基与基础分部工程的验收。设计单位项目负责人和施工单位技术、质量部门负责人应参加主体结构、节能分部工程的验收。

分部工程质量验收合格应符合下列规定。

① 所含分项工程的质量均应验收合格。

② 质量控制资料应完整。

③ 有关安全、节能、环境保护和主要使用功能的抽样检验结果应符合相应规定。

④ 观感质量应符合要求。

（3）第三步，单位工程施工单位自检

单位工程中的分包工程完工后，分包单位应对所承包的工程项目进行自检，并应按《建筑工程施工质量验收统一标准》（GB 50300—2013）规定的程序进行验收。验收时，总包单位应派人参加。分包单位应将所分包工程的质量控制资料整理完整，并移交给总包单位。

单位工程完工后，施工单位应组织有关人员进行自检。总监理工程师应组织各专业监理工程师对工程质量进行竣工预验收。存在施工质量问题时，应由施工单位整改。整改完毕后，由施工单位向建设单位提交工程竣工报告，申请工程竣工验收。

单位工程质量验收合格应符合下列规定：

① 所含分部工程的质量均应验收合格。

② 质量控制资料应完整。

③ 所含分部工程中有关安全、节能、环境保护和主要使用功能的检验资料应完整。

④ 主要使用功能的抽查结果应符合相关专业验收规范的规定。

⑤ 观感质量应符合要求。

（4）第四步，建设单位组织单位工程验收

建设单位收到工程竣工报告后，应由建设单位项目负责人组织监理、施工、设计、勘察等单位项目负责人进行单位工程验收。

3．施工质量不符合要求的处理规定

当建筑工程施工质量不符合要求时，应按下列规定进行处理：

1）经返工或返修的检验批，应重新进行验收。

2）经有资质的检测机构检测鉴定能够达到设计要求的检验批，应予以验收。

3）经有资质的检测机构检测鉴定达不到设计要求、但经原设计单位核算认可能够满足安全和使用功能的检验批，可予以验收。

4）经返修或加固处理的分项、分部工程，满足安全及施工功能要求时，可按技术处理方案和协商文件的要求予以验收。经返修或加固处理仍不能满足安全或重要使用功能的分部工程及单位工程，严禁验收。

9.4.6　施工项目质量保修制度简介

建设工程质量保修制度是指建设工程竣工经验收后，在规定的保修期限内，因勘察、设计、施工、材料等原因造成的质量缺陷，应当由施工承包单位负责维修、返工或更换，由责任单位负责赔偿损失的法律制度。建设工程质量保修制度对于促进建设各方加强质量管理、保护用户及消费者的合法权益可起到重要的保障作用。

1．建设工程质量保修书

《建设工程质量管理条例》规定，建设工程承包单位在向建设单位提交工程竣工验收报告时，应当向建设单位出具质量保修书。质量保修书中应当明确建设工程的保修范围、保修期限和保修责任等。

建设工程质量保修的承诺，由承包单位以建设工程质量保修书这一书面形式来体现。建设工程质量保修书是一项保修合同，是承包合同所约定双方权利义务的延续，也是施工单位对竣工验收的建设工程承担保修责任的法律文本。

工程质量保修书包括以下主要内容。

（1）质量保修范围

《中华人民共和国建筑法》规定，建筑工程的保修范围应当包括地基基础工程、主体结构工程、屋面防水工程和其他土建工程，以及电气管线、上下水管线的安装工程，供热、供冷系统工程等项目。不同类型的建设工程，其保修范围有所不同。

（2）质量保修期限

《中华人民共和国建筑法》规定，保修的期限应当按照保证建筑物合理寿命年限内正常使用，维护使用者合法权益的原则确定。具体的保修范围和最低保修期限由国务院在《建设工程质量管理条例》中做了明确规定。

（3）承诺质量保修责任

承诺质量保修责任主要是施工单位向建设单位承诺保修范围、保修期限和有关具

体实施保修的措施，如保修的方法、人员及联络办法，保修答复和处理时限，不履行保修责任的罚则等。

需要注意的是，施工单位在建设工程质量保修书中，应当对建设单位合理使用建设工程进行提示。如果是因建设单位或用户使用不当或擅自改动结构、设备位置以及不当装修等造成质量问题的，施工单位不承担保修责任；由此而造成的质量受损或其他用户损失，应当由责任人承担相应的责任。

2. 建设工程质量的最低保修期限

《建设工程质量管理条例》规定，在正常使用条件下，建设工程的最低保修期限如下。

1）基础设施工程、房屋建筑的地基基础工程和主体结构工程，为设计文件规定的该工程的合理使用年限。

2）屋面防水工程、有防水要求的卫生间、房间和外墙面的防渗漏，为5年。

3）供热与供冷系统，为2个采暖期、供冷期。

4）电气管线、给水排水管道，设备安装和维修工程，为2年。其他项目的保修期限由发包方与承包方约定。

3. 保修义务责任落实与损失赔偿责任承担

《最高人民法院关于审理建设施工工程合同纠纷案件适用法律问题的解释》规定，因保修人未及时履行保修义务，导致建筑物损毁或者造成人身、财产损害的，保修人应当承担赔偿责任。保修人与建筑物所有人或者发包人对建筑物毁损均有过错的，各自承担相应的责任。

建设工程保修的质量问题是指在保修范围和保修期限内的质量问题。对于保修义务的承担和维修的经济责任承担应当按下述原则处理。

1）施工单位未按照国家有关标准规范和设计要求施工所造成的质量缺陷，由施工单位负责返修并承担经济责任。

2）由于设计问题造成的质量缺陷，先由施工单位负责维修，其经济责任按有关规定通过建设单位向设计单位索赔。

3）因建筑材料、构配件和设备质量不合格引起的质量缺陷，先由施工单位负责维修，其经济责任属于施工单位采购的或经其验收同意的，由施工单位承担经济责任；属于建设单位采购的，由建设单位承担经济责任。

4）因建设单位（含监理单位）错误管理而造成的质量缺陷，先由施工单位负责维修，其经济责任由建设单位承担；如属监理单位责任，则由建设单位向监理单位索赔。

5）因使用单位使用不当造成的损坏问题，先由施工单位负责维修，其经济责任由使用单位自行负责。

6）因地震、台风、洪水等自然灾害或其他不可抗拒原因造成的损坏问题，先由施工单位负责维修，建设参与各方再根据国家具体政策分担经济责任。

4. 建设工程质量保证金

中华人民共和国住房和城乡建设部、中华人民共和国财政部于 2016 年 12 月 27 日联合发布了《关于印发建设工程质量保证金管理办法的通知》（建质〔2016〕295 号）。《建设工程质量保证金管理办法》规定，建设工程质量保证金（以下简称保证金）是指发包人与承包人在建设工程承包合同中约定，从应付的工程款中预留，用以保证承包人在缺陷责任期内对建设工程出现的缺陷进行维修的资金。

（1）缺陷责任期的确定

缺陷是指建设工程质量不符合工程建设强制性标准、设计文件，以及承包合同的约定。缺陷责任期一般为 1 年，最长不超过 2 年，由发、承包双方在合同中约定。

缺陷责任期从工程通过竣工验收之日起计。由于承包人原因导致工程无法按规定期限进行竣工验收的，缺陷责任期从实际通过竣工验收之日起计。由于发包人原因导致工程无法按规定期限进行竣工验收的，在承包人提交竣工验收报告 90 天后，工程自动进入缺陷责任期。

（2）预留保证金的相关规定

1）发包人应当在招标文件中明确保证金预留、返还等内容，并与承包人在合同条款中对涉及保证金的下列事项进行约定：

① 保证金预留、返还方式。

② 保证金预留比例、期限。

③ 保证金是否计付利息，如计付利息，利息的计算方式。

④ 缺陷责任期的期限及计算方式。

⑤ 保证金预留、返还及工程维修质量、费用等争议的处理程序。

⑥ 缺陷责任期内出现缺陷的索赔方式。

⑦ 逾期返还保证金的违约金支付办法及违约责任。

2）缺陷责任期内，实行国库集中支付的政府投资项目，保证金的管理应按国库集中支付的有关规定执行。其他政府投资项目，保证金可以预留在财政部门或发包方。缺陷责任期内，如发包方被撤销，保证金随交付使用资产一并移交使用单位管理，由使用单位代行发包人职责。

3）社会投资项目采用预留保证金方式的，发、承包双方可以约定将保证金交由第三方金融机构托管。

4）推行银行保函制度，承包人可以银行保函替代预留保证金。

5）在工程项目竣工前，已经缴纳履约保证金的，发包人不得同时预留工程质量保证金。

6）采用工程质量保证担保、工程质量保险等其他保证方式的，发包人不得再预留保证金。

7）发包人应按照合同约定方式预留保证金，保证金总预留比例不得高于工程价款结算总额的 5%。合同约定由承包人以银行保函替代预留保证金的，保函金额不得高于工程价款结算总额的 5%。

（3）预留保证金的扣除、返还等规定

缺陷责任期内，由承包人原因造成的缺陷，承包人应负责维修，并承担鉴定及维修费用。如承包人不维修也不承担费用，发包人可按合同约定从保证金或银行保函中扣除，费用超出保证金额的，发包人可按合同约定向承包人进行索赔。承包人维修并承担相应费用后，不免除对工程的损失赔偿责任。由他人原因造成的缺陷，发包人负责组织维修，承包人不承担费用，且发包人不得从保证金中扣除费用。缺陷责任期内，承包人应认真履行合同约定的责任，到期后，承包人向发包人申请返还保证金。

发包人在接到承包人返还保证金申请后，应于 14 天内会同承包人按照合同约定的内容进行核实。如无异议，发包人应当按照约定将保证金返还给承包人。对返还期限没有约定或者约定不明确的，发包人应当在核实后 14 天内将保证金返还承包人，逾期未返还的，依法承担违约责任。发包人在接到承包人返还保证金申请后 14 天内不予答复，经催告后 14 天内仍不予答复，视同认可承包人的返还保证金申请。

发包人和承包人对保证金预留、返还以及工程维修质量、费用有争议的，按承包合同约定的争议和纠纷解决程序处理。

建设工程实行工程总承包的，总承包单位与分包单位有关保证金的权利与义务的约定，参照《建设工程质量保证金管理办法》关于发包人与承包人相应权利与义务的约定执行。

5. 建设工程质量保修违法行为应承担的主要法律责任

《中华人民共和国建筑法》规定，建筑施工企业违反本法规定，不履行保修义务或者拖延履行保修义务的，责令改正，可以处以罚款，并对在保修期内因屋顶、墙面渗漏、开裂等质量缺陷造成的损失，承担赔偿责任。

《建设工程质量管理条例》（中华人民共和国国务院令第 714 号）规定，违反本条例规定，施工单位不履行保修义务或者拖延履行保修义务的，责令改正，处10 万元以上 20 万元以下的罚款，并对在保修期内因质量缺陷造成的损失承担赔偿责任。

《建筑业企业资质管理规定》（中华人民共和国住房和城乡建设部令第 45 号）规定，企业申请建筑业企业资质升级、资质增项，在申请之日起前一年至资质许可决定作出前，未依法履行工程质量保修义务或拖延履行保修义务的，资质许可机关不予批准其建筑业企业资质升级申请和增项申请。

质量终身责任

2019 年 5 月 10 日，住房和城乡建设部网站发布《住房和城乡建设部办公厅 国家发展改革委办公厅关于征求房屋建筑和市政基础设施项目工程总承包管理办法（征求意见稿）意见的函》（建办市函〔2019〕308 号）。《房屋建筑和市政基础设施项目工程总承包管理办法（征求意见稿）》规定，工程总承包单位及项目经理依法承担质量终身责任。工程总承包项目的工程质量安全监督手续、施工许可证、竣工验收备案登记表、建筑物永久性标牌、质量终身责任信息表等相关许可和备案表格，以及需要工程总承包单位签署意见的相关工程管理技术文件，应当增加"工程总承包单位"和"工程总承包项目经理"等栏目。

9.5　施工项目的成本管理

知识导入

施工项目成本是施工企业的产品成本，也称工程成本。施工项目成本管理的效果直接关系项目的利润。施工项目成本具体包括什么？成本管理要实现什么目标？如何进行施工项目的成本管理？本节将一一进行学习。

趣　闻

鲁班奖及其影响

中国建设工程鲁班奖（国家优质工程）奖杯把鲁班塑造成一个春秋时期鲁国装束的工匠，左手持墨斗曲于胸前，右手持"班母"拉出墨线停于腰侧。金像底座正面粘贴刻有获奖工程和承建单位名称的镀金标牌。

鲁班奖的评选秉承对人民负责、对历史负责的精神，鲁班奖的创立体现的是一种精益求精、追求卓越的行业精神。在鲁班奖评选活动的影响下，中国国内各地区根据当地实际设立了相应奖项，如北京"长城杯"奖、上海"白玉兰"奖、浙江"钱江杯"奖、江苏"扬子杯"奖、山东"泰山杯"奖、河北"安济杯"奖、山西"汾水杯"奖、安徽"黄山杯"奖、陕西"长安杯"奖、甘肃"飞天奖"、黑龙江"龙江杯"奖、西藏"雪莲杯"奖、新疆"天山杯"奖等。每年获鲁班奖的工程项目都是在成千上万个省部级优质奖项中选出的。这些优质工程是建筑业广大职工创造的万千优质工程的缩影，体现的是广大建筑业职工追求卓越的奋斗精神和创新进取的豪迈情怀。（资料来源于网络）

教学内容

9.5.1 施工项目成本管理概述

1. 施工项目成本的概念

施工项目成本是指建筑企业在以施工项目为成本核算对象的施工过程中所耗费的生产资料转移价值和劳动者的必要劳动所创造的价值的货币形式，也就是某施工项目在施工中所发生的全部生产费用的总和，包括所消耗的主、辅材料，构配件，周转材料的摊销或租赁费，施工机械的台班费或租赁费，支付给生产工人的工资、奖金以及项目经理部为组织和管理工程施工所发生的全部费用支出。施工项目成本不包括劳动者为社会所创造的价值（如税金和计划利润），也不应包括不构成施工项目价值的一切非生产性支出。

施工项目成本是施工企业的产品成本，也称工程成本，一般以项目的单位工程作为成本核算对象，通过各单位工程成本核算的综合来反映施工项目成本。

2. 施工项目成本的分类

根据建筑产品的特点和成本管理的要求，施工项目成本可按不同的标准进行划分。

1）按成本计价的定额标准，施工项目成本可分为预算成本、计划成本和实际成本。

2）按计算项目成本对象，施工项目成本可分为建设工程成本、单项工程成本、单位工程成本、分部工程成本和分项工程成本。

3）按工程完成程度的不同，施工项目成本可分为本期施工成本、已完工程施工成本、未完工程成本和竣工施工工程成本。

4）按生产费用与工程量关系，施工项目成本可分为固定成本和变动成本。

5）按成本的经济性质，施工项目成本由直接成本和间接成本组成。以下详细介绍这两项成本。

① 直接成本。直接成本是指施工过程中直接耗费的构成工程实体或有助于工程形成的各项支出，包括人工费、材料费、机械使用费和其他直接费，其他直接费包括冬期、雨期施工增加费，特殊地区施工增加费，夜间施工增加费等。

② 间接成本。间接成本是指企业的各项目经理部为施工准备、组织和管理施工生产所发生的全部施工间接费支出，包括施工现场管理人员的人工费、教育费、办公

费、差旅费、固定资产使用费、管理工具用具使用费、保险费、工程保修费、劳动保护费、施工队伍调遣费、流动资金贷款利息以及其他费用等。

3．施工项目成本管理的原则

施工项目成本管理是指在保证满足工程质量、工程施工工期的前提下，对项目实施过程中所发生的费用，通过计划、组织、控制和协调等活动实现预定的成本目标，并尽可能地降低施工项目成本费用的一种科学管理活动。

（1）成本最低化原则

工程项目成本管理的根本目的，在于通过成本控制的各种手段，不断降低施工项目成本，以达到可能实现最低目标成本的要求。但是在实行成本最低化原则时，应在不断挖掘各种降低成本的潜力的同时，从实际出发，制订能力允许范围内可能达到的合理的最低成本。

成本最低，一是指企业自身的纵向对比，即现在与过去相比，成本降至最低水平；二是指企业间的横向对比，即企业的成本水平在同行业内最低。企业在横向对比中成本最低，充分反映了企业的成本水平在同行业中是处于领先的地位，反映出企业的外在竞争力强，企业的发展有着坚实的基础，企业的市场前景好。因此，施工企业的成本控制的目标就是通过努力达到同行业内成本最低化。

（2）全面成本管理原则

成本控制全面化原则，是指成本控制要坚持实行全员、全过程、全方位的"三全"原则。对施工项目成本的管理，要着眼于全过程、各环节，而不应只把注意力集中在某一点上。这就要求成本的管理工作要随着项目施工进度的各个阶段和所有部分连续地全面地进行，使项目成本自始至终置于有效的控制之下。

（3）成本责任制原则

为了实现全面成本管理，必须对施工项目成本进行层层分解，以分级、分工、分人的成本责任制做保证。施工项目经理部应对企业下达的成本指标负责，班组和个人对项目经理部的成本目标负责，以做到层层保证，定期考核评定。成本责任制的关键是划清责任，并与奖惩制度挂钩，建立起各部门、各班组和个人与施工项目成本的联系。

成本控制制度化，在成本控制管理中要制定出严谨的、详细的、能将参与者责权利有机结合的一整套规范、要求和流程，兼顾企业整体利益与每个参与者利益，保持其相对的稳定性，同时注意不断改进和完善。

（4）成本管理有效化原则

成本管理有效化，一是指促使项目经理部以最少的投入，获得最大的产出；二是指以较少的人力和财力，完成较多的管理工作，提高工作效率。

提高成本管理有效性，一是采用行政方法，通过行政管理关系，下达指标，制定实施措施，定期监督检查；二是采用经济方法，利用经济手段实施管理；三是采用法治方法，根据国家的政策方针和企业实际情况，制定具体的规章制度，使人人照章办事，用法律手段进行成本管理。

（5）成本管理科学化原则

成本管理科学化原则有两层含义：一是指成本控制要遵循科学的规律进行，注重客观化；二是指要善于使用科学的手段为管理服务。比如在施工项目成本管理中，可以运用预测与决策方法、目标管理的方法、不确定性分析方法和价值工程等。成本控制科学化的原则要求我们在成本控制管理中应采取科学的态度，本着尊重事实、尊重客观规律的精神开展工作，切忌无依据的蛮干、主观臆断。

（6）成本管理信息化原则

成本管理信息化，是指应充分利用信息技术为成本管理服务。

4．施工项目成本管理体系

承包商应建立、健全施工项目全面成本管理责任体系，明确业务分工和职责关系，把管理目标分解到各项技术工作和管理工作中。施工项目全面成本管理责任体系应包括企业管理层和项目经理部两个层次。

（1）企业管理层

企业管理层负责项目全面成本管理的决策，确定项目的合同价格和成本计划，确定项目管理层的成本目标。企业应建立和完善项目管理层作为成本控制中心的功能和机制，并为项目成本管理优化配置生产要素，创造动态管理的环境和条件。

（2）项目经理部

项目经理部负责项目成本的管理，实施成本控制，实现项目管理目标责任书中的成本目标。项目经理部应建立以项目经理为中心的成本控制体系，内部各岗位和作业层进行成本目标分解，明确各管理人员和作业层的成本责任、权限及相互关系。

企业应按下列程序确定项目经理部的责任目标成本：一是在施工合同签订后，由企业根据合同造价、施工图和招标文件中的工程量清单，确定正常情况下的企业管理费、财务费用和制造成本；二是将正常情况下的制造成本确定为项目经理的可控成本，落实项目经理的责任目标成本。

9.5.2 施工项目成本管理的任务

施工项目成本管理是建筑施工企业为降低施工项目成本而进行的各项控制工作的总称。施工项目成本管理的任务包括成本预测、成本计划、成本控制、成本核算、成本分析和成本考核等。

1）成本预测。施工成本预测是根据成本信息和施工项目的具体情况，运用一定的专门方法，对未来的成本水平及其可能发展趋势作出科学的估计，其是在工程施工以前对成本进行的估算。通过成本预测，在满足业主和本企业要求的前提下，选择成本低、效益好的最佳方案，加强成本控制，克服盲目性，提高预见性。

2）成本计划。施工项目成本计划是以货币形式预先规定施工项目进行中的施工生产耗费的水平，确定对比项目总投资（或中标额）应实现的计划成本降低额与降低率，提出保证成本计划实施的主要措施方案。施工项目成本计划一经确定，就应按成本管理层次、有关成本项目以及项目进展逐阶段对成本计划加以分解，层层落实到部门、班组，并制订各级成本实施方案。

施工项目成本计划是施工项目成本管理的一个重要环节，许多施工单位仅单纯重视项目成本管理的事中控制及事后考核，却忽视甚至省略至关重要的事前计划，使得成本管理从一开始就缺乏目标。成本计划是对生产耗费进行事前预计、事中检查控制和事后考核评价的重要依据。经常将实际生产耗费与成本计划指标进行对比分析，揭露执行过程中存在的问题，及时采取措施，可以改进和完善成本管理工作，保证施工项目成本计划各项指标得以实现。

3）成本控制。施工项目成本控制是指在施工过程中，对影响施工项目成本的各种因素加强管理，并采用各种有效措施，将施工中实际发生的各种消耗和支出严格控制在成本计划范围内，随时揭示并及时反馈，严格审查各项费用是否符合标准，计算实际成本和计划成本之间的差异并进行分析，消除施工中的损失浪费现象，发现和总结先进经验。

施工项目成本控制从工程投标报价开始，直至项目竣工结算完成为止，贯穿项目实施的全过程。在施工中通过对人工费、材料费和施工机械使用费，及工程分包费用进行控制。施工成本控制就是要在保证工期和质量的满足要求的前提下，采取相应管理措施，包括组织措施、经济措施、技术措施、合同措施，把成本控制在计划范围内，并进一步寻求最大限度地成本节约。

4）成本核算。施工项目成本核算是通过一定的方式方法对项目施工过程中发生的各种费用成本进行逐一统计考核的一种科学管理活动。按照规定开支范围对施工费用进行归集，计算出施工费用的实际发生额，并根据成本核算对象，采用适当的方法，计算出该施工项目的总成本和单位成本。施工项目成本核算所提供的各种成本信息是成本预测、成本计划、成本控制、成本分析和成本考核等各个环节的依据。

5）成本分析。施工成本分析是在成本形成过程中，对施工项目成本进行的对比评价和总结工作。施工成本分析贯穿施工成本管理的全过程，主要利用施工项目的成本核算资料（成本信息），与目标成本、预算成本以及类似的施工项目的实际成本等进行比较，了解成本的变动情况，同时也要分析主要技术经济指标对成本的影响，系统地研究成本变动原因，检查成本计划的合理性，深入揭示成本变动的规律，以便有效地进行成本管理。

6）成本考核。施工项目成本考核是指施工项目完成后，对施工项目成本形成中的各责任者，按施工项目成本目标责任制的有关规定，将成本的实际状况指标与计划、定额、预算进行对比和考核，评定施工项目成本计划的完成情况和各责任者的业绩，并以此给予相应的奖励和处罚。通过成本考核，做到有奖有惩，赏罚分明，有效地调动企业每一个职工的积极性，为降低施工项目成本和增加企业的积累作贡献。

具体任务内容如下：

1．施工项目成本预测

（1）施工项目成本预测的作用

1）成本预测是施工项目成本计划的编制基础。科学的成本预测是编制正确可靠的成本计划的基础。在编制施工项目成本计划之前，要在搜集、整理和分析有关施工项目成本、市场行情和施工消耗等资料的基础上，对施工项目进展过程中的物价变动等情况和施工项目成本作出符合实际的预测。

2）成本预测是施工项目成本管理的重要环节。施工项目成本预测，既是成本管理工作的起点，也是成本事前控制成败的关键。施工项目成本预测是预测和分析的有机结合，是事后反馈与事前控制的结合。成本预测有利于及时发现问题，找出薄弱环节，及时采取措施，控制成本。

3）成本预测是施工项目投标决策的依据。建筑施工企业在选择投标项目过程中，需要根据项目是否盈利、利润大小等因素，确定是否对工程进行投标以及投标报价是多少。因此，在投标决策时，就要估计项目施工成本的情况，通过与施工图预算的比较，才能作出正确投标决策。

（2）施工项目成本预测的程序

科学准确的成本预测必须遵循正确的程序，如图 9.26 所示。

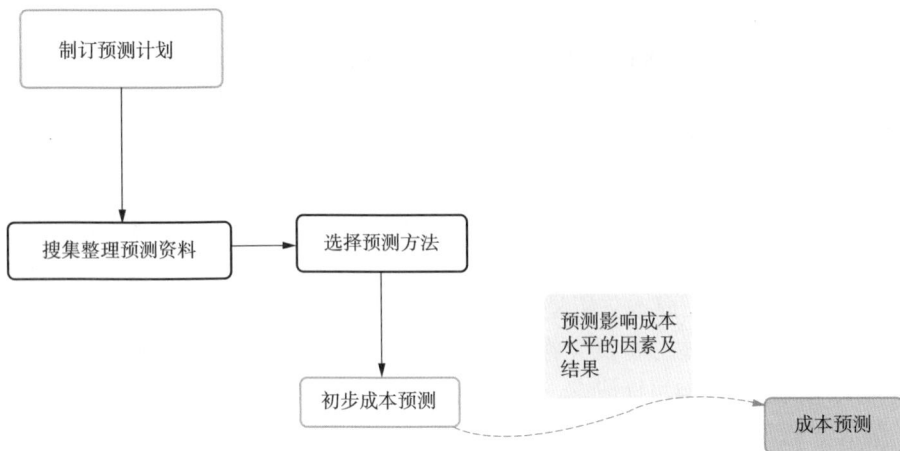

图 9.26　成本预测的程序

预测程序的主要内容如下。

1）制订预测计划。制订预测计划是预测工作顺利进行的保证。预测计划的内容主要包括确定预测对象和目标、组织领导及工作布置、配合的部门、时间进度、搜集材料范围等。如果在拟测过程中发现新情况和发现计划有缺陷，则可修订预测计划，以保证预测工作顺利进行，并获得较好的预测质量。

2）搜集整理预测资料。根据预测计划搜集预测资料是进行预测的重要条件。预测资料一般有纵向和横向两个方面的数据。纵向资料是施工单位各类材料的消耗及价格的历史的数据，据以分析其发展趋势；横向资料是指同类施工项目的成本资料，据以分析所预测项目与同类项目的差异，并作出估计。

预测资料的真实与正确，决定预测工作的质量，因此，要对搜集的资料进行细致的检查和整理。例如，各项指标的口径、单位、价格等是否一致；核算、汇集的时间资料是否完整，如有残缺，应采用估算、换算、查阅等方法进行补充；有没有可比性或重复的资料，进行筛选，以保证预测资料的完整性、连续性和真实性。

3）选择预测方法。预测方法一般分为定性与定量两类：定性方法有专家会议法、主观概率法和专家调查法、德尔菲法等，主要是根据各方面的信息、情报或意见，进行推断预测；定量方法主要有移动平均法、指数平滑法和回归分析法等。

4）初步成本预测。根据定性预测的方法及一些横向成本资料的定量预测，对施工项目成本进行初步估计。这一步的结果往往比较粗糙，需要结合现在的成本水平进行修正，才能保证预测成本结果的质量。

5）预测影响成本水平的因素及结果。影响工程成本水平的因素主要有物价变化、劳动生产率、物料消耗指标、项目管理办公费用开支等。可根据近期内其他工程实施情况、本企业职工及当地分包企业情况、市场行情等，推测未来哪些因素会对本施工项目的成本水平产生影响，结果如何。

根据初步的成本预测以及对成本水平变化因素预测结果，确定该施工项目的成本情况，包括人工费、材料费、机械使用费和其他直接费等。

成本预测是对施工项目实施之前的成本预计和推断，这往往与实施过程中及其后的实际成本有出入，而产生预测误差。预测误差大小，反映预测的准确程度。如果误差较大，应分析产生误差的原因，并积累经验。

2. 施工项目成本计划

（1）施工项目成本计划的组成

施工项目成本计划一般由施工项目降低直接成本计划和间接成本计划及技术组织措施组成。如果项目设有附属生产单位，如加工厂、预制厂等，则成本计划还包括产品成本计划和作业成本计划。

施工项目降低直接成本计划主要反映工程成本的预算价值、计划降低额和计划降低率。间接成本计划主要反映施工现场管理费用的计划数、预算收入数及降低额。技术组织措施主要是从技术、组织、管理方面采取措施，如推广新技术、新材料、新结构、新工艺，加强材料、机械管理，采用现代化管理技术等降低成本，对所采取的技术组织措施预测经济效益，编制降低成本的技术组织措施表。

（2）施工项目成本计划的编制

1）编制原则和依据。施工项目成本计划的编制，应遵循从实际出发、与其他计划结合、采用先进的技术经济定额、统一领导与分级管理相结合、弹性、合法性、可比性原则。

施工成本计划编制依据包括：投标报价文件，企业定额、施工预算，施工组织设计或施工方案文件，人工、材料、机械台班的市场价，企业颁布的材料指导价、企业内部台班价格、劳动力内部挂牌价格，周转设备内部租赁价格、摊销损耗标准，已签订的工程合同、分包合同（或估价书），结构件外加工计划合同，有关财务成本核算制度和财务历史资料，施工成本预测资料，拟采取的降低施工成本的措施及其他相关文件。具体操作过程中，还应包括施工项目成本估算、工作分解结构、项目进度计划。

2）编制程序。编制成本计划的程序，因项目的规模大小、管理要求不同而不同。大中型项目一般采用分级编制的方式，即先由各部门提出部门成本计划，再由项目经理部汇总编制全项目的成本计划；小型项目一般采用集中编制方式，即由项目经理部先编制各部门成本计划，再汇总编制全项目的成本计划。基本程序如下。

① 收集和整理资料。广泛收集资料并进行归纳整理是编制成本计划的必要步骤。所需收集的资料也即编制成本计划的依据。这些资料主要包括以下方面。

a. 项目经理部与企业签订的承包合同及企业下达的成本降低额、降低率和其他有关技术经济指标。

b. 有关成本预测、决策的资料。

c. 施工项目的施工图预算、施工预算。

d. 施工项目管理规划。

e. 施工项目使用的机械设备生产能力及其利用情况。

f. 施工项目的材料消耗、物资供应、劳动工资及劳动效率等计划资料。

g. 计划期内的物资消耗定额、劳动定额、费用定额等资料。

h. 以往同类项目成本计划的实际执行情况及有关技术经济指标完成情况的分析资料。

i. 同行业同类项目的成本、定额，技术经济指标资料及增产节约的经验和有效措施。

此外，还应深入分析当前情况和未来的发展趋势，了解影响成本升降的各种有利和不利因素，研究如何克服不利因素和降低成本的具体措施，为编制成本计划提供丰富、具体和可靠的资料。

② 估算计划成本，确定目标成本。对所收集到的各种资料进行整理分析，根据有关的设计、施工等计划，按照工程项目应投入的物资、材料、劳动力、机械、能源及各种设施等，结合计划期内各种因素的变化和准备采取的各种增产节约措施，进行反复测算、修订、平衡后，估算生产费用支出的总水平，进而提出全项目的成本计划控制指标，最终确定目标成本。

所谓目标成本，即项目（或企业）对未来期产品成本规定的奋斗目标。目标成本有很多形式，在制定目标成本作为编制施工项目成本计划和预算的依据时，可能以计划成本或标准成本为目标成本，这将随成本计划编制方法的不同而变化。

一般而言，目标成本的计算公式如下。

$$项目目标成本 = 预计结算收入 - 税金 - 项目目标利润$$
$$目标成本降低额 = 项目的预算成本 - 项目的目标成本$$
$$目标成本降低率 = \frac{目标成本降低额}{项目的预算成本} \times 100\%$$

③ 编制成本计划草案。对大中型项目，各职能部门根据项目经理下达的成本计划指标，结合计划期的实际情况，挖掘潜力，提出降低成本的具体措施，编制各部门成本计划和费用预算。

④ 综合平衡，编制正式的成本计划。在各职能部门上报了部门成本计划和费用预算后，首先，项目经理部应结合各项技术组织措施，检查各计划和费用预算是否合理可行，并进行综合平衡，使各部门计划和费用预算之间相互协调、衔接。其次，要从全局出发，在保证企业下达的成本降低任务或本项目目标成本实现的情况下，分析研究成本计划与生产计划、劳动力计划、材料成本与物资供应计划、工资成本与工资基金计划、资金计划等的相互协调平衡。经反复讨论多次综合平衡，最后，确定成本计划指标，并将其作为编制成本计划的依据。项目经理部正式编制的成本计划，上报企业有关部门后即可正式下达各职能部门执行。

3）编制方法。施工成本计划的编制以成本预测为基础，关键是确定目标成本。一般情况下，施工成本计划总额应控制在目标成本的范围内，并使成本计划建立在切实可行的基础上。施工总成本目标确定之后，还需要通过编制详细的实施性施工成本计划目标成本层层分解，落实到施工过程中各个环节，有效地进行成本控制。施工成本的编制方法有按施工成本组成编制施工成本计划、按项目组成编制施工成本计划、按工程进度编制施工成本计划。

在完成施工项目成本目标分解之后，接下来就要具体地分配成本，编制分项工程的成本支出计划，从而得到详细的施工成本计划，见表9.6。

表9.6 分项工程成本计划表

分项工程编码	工程内容	计量单位	工程数量	计划综合单价	本分项总计

在编制成本支出计划时，要在项目总的方面考虑总的预备费，也要在主要的分项工程中安排适当的不可预见费，避免在具体编制成本计划时，可能发现个别单位工程或工程量表中某项内容的工程量计算有较大出入，使原来的成本计划预算失实，并在项目实施过程中对其尽可能地采取一些措施。

编制按工程进度的施工成本计划，通常可利用控制项目进度的网络图进一步扩充而得。通过对施工成本目标按时间进行分解，在网络计划的基础上，可获得项目进度计划横道图，并在此基础上编制成本计划，主要有两种：一种是在时标网络上按月编制成本计划，另一种是利用时间 - 成本曲线（S 形曲线）表示。

以上 3 种编制施工成本计划的方法并不是相互独立的。在实践中，往往是将几种方法结合起来使用，从而可以取得扬长避短的效果。

3. 施工项目成本控制

施工项目的成本控制，通常是指在项目成本的形成过程中，对生产经营所消耗的人力资源、物质资源和费用开支，进行指导、监督、调节和限制，及时纠正将要发生和已经发生的偏差，把各项生产费用控制在计划成本的范围之内，以保证成本目标的实现。

施工项目成本控制流程：①收集实际成本数据；②实际成本数据与成本计划目标进行比较；③分析成本偏差及原因；④采取措施纠正偏差；⑤必要时修改成本计划；⑥按照规定的时间间隔编制成本报告。

4. 施工项目成本核算

项目成本核算是通过一定的方式方法对项目施工过程中发生的各种费用成本进行逐一统计考核的一种科学管理活动。

（1）成本核算的作用

项目成本核算是施工企业成本管理的一个极其重要的环节。认真做好成本核算工作，对于加强成本管理、促进增产节约、发展企业生产都有着重要的作用。具体可表现在以下几个方面。

1）通过项目成本核算，将各项生产费用按照它的用途和一定程序，直接计入或分配计入各项工程，正确算出各项工程的实际成本，将它与预算成本进行比较，可以检查预算成本的执行情况。

2）通过项目成本核算，可以及时反映施工过程中人力、物力、财力的耗费，检查人工费、材料费、机械使用费、措施费用的耗用情况和间接费用定额的执行情况，挖掘降低工程成本的潜力，节约活劳动和物化劳动。

3）通过项目成本核算，可以计算施工企业各个施工单位的经济效益和各项承包工程合同的盈亏，分清各个单位的成本责任，在企业内部实行经济责任制。

4）通过项目成本核算，可以为各种不同类型的工程积累经济技术资料，为修订预算定额、施工定额提供依据。管理企业离不开成本核算，但成本核算不是目的，而是管好企业的一个经济手段。

（2）成本核算的原则和要求

项目成本核算应当遵循确认、分期核算、实际成本核算、权责发生制、一贯性、划分收益性支出与资本性支出、及时性、明晰性、重要性、谨慎等原则。

项目成本核算应执行国家有关成本开支范围、费用开支标准、工程预算定额和企业施工预算、成本计划的有关规定，正确、及时地核算施工过程中发生的各项费用，计算工程项目的实际成本，反映和监督项目成本计划的完成情况，为项目成本预测，为参与项目施工生产、技术和经营决策提供可靠的成本报告和有关资料，促进项目改善经营管理，降低成本，提高经济效益。

（3）成本核算的方法

项目成本核算最常用的核算方法有会计核算方法、业务核算方法与统计核算方法，3 种方法互为补充，各具特点，形成完整的项目成本核算体系。

项目成本核算过程主要有发生成本的确认、成本的归集与分配、实际发生成本的确定、项目成本核算报表提交。项目成本核算应坚持施工形象进度、施工产值统计、实际成本归集"三同步"的原则。

施工项目成本核算应实行三算跟踪分析，三算是指分部分项工程的实际成本与施工预算成本及合同预算成本或施工图概预算，三者关系如图 9.27 所示，进行逐项分析比较，反映成本目标的执行结果，即事后实际成本与事前计划成本的差异。项目成本偏差有实际偏差、计划偏差和目标偏差，分别按下式计算。

$$实际偏差 = 实际成本 - 合同预算成本$$
$$计划偏差 = 合同预算成本 - 施工预算成本$$
$$目标偏差 = 实际成本 - 施工预算成本$$

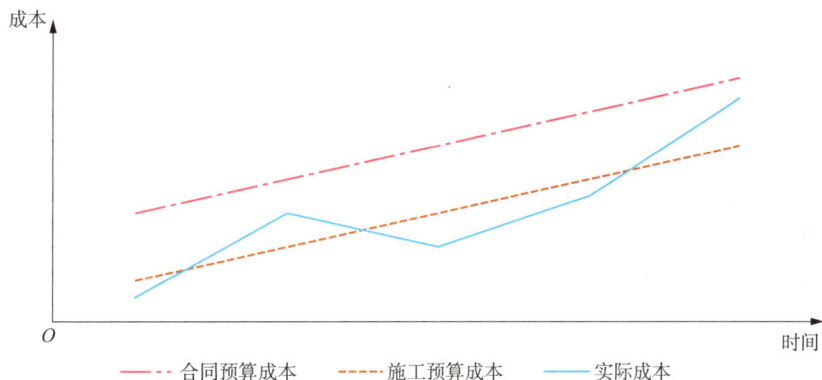

图 9.27　某项目合同预算成本、施工预算成本、实际成本关系

项目成本核算一般以每一独立编制施工图预算的单位工程为对象，但也可以按照承包工程项目的规模、工期、结构类型、施工组织、施工现场等情况，结合成本控制的要求灵活划分成本核算对象。一般来说有以下几种划分核算对象的方法：①一个单位工程由几个施工单位共同施工时，各施工单位都应以同一单位工程为成本核算对象，各自核算自行完成的部分；②规模大、工期长的单位工程，可以将工程划分为若干部位，以分部位的工程作为成本核算对象；③同一建设项目，由同一施工单位施工，并在同一施工地点，属于同一建设项目的各个单位工程合并作为一个成本核算对象；④改建、扩建的零星工程，可根据实际情况和管理需要，以一个单项工程为成本核算对象，或将同一施工地点的若干个工程量较少的单项工程合并作为一个成本核算对象。

5. 施工项目成本分析

施工项目的成本分析，就是根据统计核算、业务核算和会计核算提供的资料，对项目成本的形成过程和影响成本升降的因素进行分析，以寻求进一步降低成本的途径（包括项目成本中的有利偏差的挖潜和不利偏差的纠正）。另外，通过成本分析，可从账簿、报表反映的成本现象看清成本的实质，从而增强项目成本的透明度和可控性，为加强成本控制、实现项目成本目标创造条件。施工项目成本分析，是降低成本、提高项目经济效益的重要手段之一。

施工项目成本分析，应该随着项目施工的进展，动态地、多形式地开展，而且要与生产诸要素的经营管理相结合。通过成本分析，及时发现矛盾，及时解决矛盾，从而改善生产经营，同时又可降低成本。

（1）施工项目成本分析的原则

从成本分析的效果出发，施工项目成本分析应该符合以下原则。

1）实事求是。在成本分析当中，必然会涉及一些人和事，也会有表扬和批评。受表扬的当然高兴，受批评的未必都能做到"闻过则喜"，因而常常会有一些不愉快的场面出现，乃至影响成本分析的效果。因此，成本分析一定要有充分的事实依据，应用"一分为二"的辩证方法，对事物进行实事求是的评价，并要尽可能做到措辞恰当，能为绝大多数人所接受。

2）数据说话。成本分析要充分利用统计核算、业务核算、会计核算和有关辅助记录（台账）的数据进行定量分析，尽量避免抽象的定性分析。

3）注重时效。成本分析要及时，及时发现问题，及时解决问题；否则，就有可能贻误解决问题的最好时机。

4）为生产经营服务。成本分析不仅要揭露矛盾，而且要分析矛盾产生的原因，并为克服困难献计献策，提出合理化建议。这样的成本分析，容易受到项目经理和有关项目管理人员的配合和支持，使成本分析更健康地开展。

施工项目成本分析的内容应与成本核算对象的划分同步。如果一个施工项目包括若干个单位工程，并以单位工程为成本核算对象，就应对单位工程进行成本分析。与此同时，还要在单位工程成本分析的基础上，进行施工项目的成本分析。

（2）施工项目成本分析的内容

施工项目成本分析与单位工程成本分析尽管在内容上有很多相同的地方，但各有不同的侧重点。从总体上说，内容应该包括以下3个方面。

1）随着项目施工的进展而进行的成本分析，包括分部分项工程成本分析、月（季）度成本分析、年度成本分析、竣工成本分析。

2）按成本项目进行的成本分析，包括人工费分析、材料费分析、机械使用费分析、其他直接费分析、间接成本分析。

3）针对特定问题和与成本有关事项的分析，包括成本盈亏异常分析、工期成本分析、资金成本分析、技术组织措施节约效果分析、其他有利因素和不利因素对成本影响的分析。

（3）施工项目成本分析的方法

施工项目成本分析的方法分为基本方法和综合方法。

1）基本方法。

① 比较法。比较法，又称指标对比分析法，就是通过技术经济指标的对比，检查目标的完成情况，分析产生差异的原因，进而挖掘内部潜力的方法。这种方法，具有通俗易懂、简单易行、便于掌握的特点，因而得到了广泛的应用，但在应用时必须注意各技术经济指标的可比性。比较法的应用，通常有下列形式。

a. 将实际指标与目标指标对比。以此检查目标完成情况，分析影响目标完成的积极因素和消极因素，以便及时采取措施，保证成本目标的实现。在进行实际指标与目标指标对比时，还应注意目标本身有无问题。如果目标本身出现问题，则应调整目标，重新正确评价实际工作的成绩。

b. 本期实际指标与上期实际指标对比。通过这种对比，可以看出各项技术经济指标的变动情况，反映施工管理水平的提高程度。

c. 与本行业平均水平、先进水平对比。通过这种对比，可以反映本项目的技术管理和经济管理与行业的平均水平和先进水平的差距，进而采取措施赶超先进。

② 因素分析法。因素分析法又称连环置换法。这种方法可用来分析各种因素对成本的影响程度。在进行分析时，首先要假定众多因素中的一个因素发生了变化，而其他因素则不变，然后逐个替换，分别比较其计算结果，以确定各个因素的变化对成本的影响程度。

因素分析法的计算步骤如下：确定分析对象，并计算出实际数与目标数的差异；确定该指标是由哪几个因素组成的，并按其相互关系进行排序；以目标数为基础，将各因素的目标数相乘，作为分析替代的基数；将各个因素的实际数按照上面的排列顺序进行替换计算，并将替换后的实际数保留下来；将每次替换计算所得的结果，与前一次的计算结果相比较，两者的差异即该因素对成本的影响程度；各个因素的影响程度之和，应与分析对象的总差异相等。

③ 差额计算法。差额计算法是因素分析法的一种简化形式，它利用各个因素的目标值与实际值的差额来计算其对成本的影响程度。

④ 比率法。比率法是指用两个以上的指标的比例进行分析的方法。它的基本特点是先把对比分析的数值变成相对数，再观察其相互之间的关系。常用的比率法有以下几种。

a. 相关比率法，即将两个性质不同而又相关的指标加以对比，求出比率，并以此来考查经营成果的好坏。例如，产值和工资是两个不同的概念，但它们的关系又是投入与产出的关系。在一般情况下，都希望以最少的工资支出完成最大的产值。因此，用产值工资率指标来考核人工费的支出水平，就能说明问题。

b. 构成比率法，又称比重分析法或结构对比分析法。通过构成比率，可以考查成本总量的构成情况及各成本项目占成本总量的比重，同时也可看出量、本、利的比例关系（即预算成本、实际成本和降低成本的比例关系），从而为寻求降低成本的途径指明方向。

c. 动态比率法，就是将同类指标不同时期的数值进行对比，求出比率，以分析该项指标的发展方向和发展速度。动态比率的计算，通常采用基期指数和环比指数两种方法。

2）综合方法。

① 分部分项成本分析。

② 月、季度成本分析。

③ 年度成本分析。

④ 竣工成本的综合分析。

6．施工项目成本考核

施工项目成本考核，应该包括两方面的考核，即项目成本目标（降低成本目标）完成情况的考核和成本管理工作业绩的考核。这两方面的考核，都属于企业对施工项目经理部成本监督的范畴。考核的目的在于贯彻落实责权利相结合的原则，促进成本管理工作的健康发展，更好地完成施工项目的成本目标。

项目成本管理是一个系统工程，而成本考核则是系统的最后一个环节。施工项目的成本考核，特别要强调施工过程中的中间考核。施工项目的成本考核，可以分为两个层次：一是企业对项目经理的考核；二是项目经理对所属部门、施工队和班组的考核（对班组的考核，平时以施工队为主）。通过以上的层层考核，督促项目经理、责任部门和责任者更好地完成自己的责任成本，形成实现项目成本目标的层层保证体系。

施工项目成本考核的内容，应该包括责任成本完成情况的考核和成本管理工作业绩的考核。从理论上讲，成本管理工作扎实，必然会使责任成本更好地落实。但是，影响成本的因素很多，而且有一定的偶然性，往往会使成本管理工作得不到预期的效果。为了激发有关人员成本管理的积极性，应该对他们的工作业绩通过考核作出正确的评价。

企业领导和项目经理还可对完成项目成本目标有突出贡献的部门、施工队、班组和个人进行随机奖励。这种奖励形式，往往能起到立竿见影的效用。

链 接

财政部发文优化营商环境

2019 年 7 月 26 日，财政部下发《关于促进政府采购公平竞争优化营商环境的通知》（财库〔2019〕38 号），要求全面清理政府采购领域妨碍公平竞争的规定和做法。重点清理和纠正的 10 类问题中，就有强制要求采购人采用抓阄、摇号等随机方式或者比选方式选择采购代理机构，干预采购人自主选择采购代理机构；除《政府采购货物和服务招标投标管理办法》第 68 条规定的情形外，还要求采购人采用随机方式确定中标、成交供应商等问题。《关于促进政府采购公平竞争优化营商环境的通知》还提出，推进开标活动对外公开，在保证正常开标秩序的前提下，允许除投标人及其代表之外的其他人员观摩开标活动。

9.6　施工项目的职业健康安全和环境管理

知识导入

　　随着人类社会进步和科技发展，职业健康安全与环境的问题越来越受关注。为了保障劳动者在劳动生产过程中的健康安全和保护人类的生存环境，必须加强职业健康安全与环境管理。其中，职业健康安全管理的目的是在生产活动中，通过职业健康安全生产的管理活动，对影响生产的具体因素的状态进行控制，使生产中的不安全行为和状态减少或消除，且不引发事故，以保证生产活动中人员的健康和安全。

趣　闻

鱼　骨　图

　　鱼骨图由日本管理大师石川馨先生发明，故又名石川图。鱼骨图是一种发现问题"根本原因"的方法，也可以称为"因果图"。其特点是简捷实用，深入直观。它看上去有些像鱼骨，问题或缺陷（即后果）标在"鱼头"处。鱼骨上长出鱼刺，上面按出现机会多寡列出产生问题的可能原因，有助于说明各个原因之间是如何相互影响的。

　　问题的特性总是受到一些因素的影响，通过头脑风暴法找出这些因素，并将它们与特性值一起，按相互关联性整理而成的层次分明、条理清楚，并标出重要因素的图形就叫特性要因图、特性原因图。因其形状如鱼骨，所以又叫鱼骨图，它是一种透过现象看本质的分析方法。

教学内容

9.6.1　施工项目安全生产概述

1．施工项目安全方针与目标

　　施工安全是各个行业工程建设中所遇到的安全问题。施工安全涵盖了在作业过程中所有的安全问题，并且涉及管理、财务及后勤保障等相关内容。我国政府历来重视生产安全、人民生命和财产安全，并制定了相关的法律法规，对中华人民共和国领域内从事工程建设行业的人员及单位进行了明确的要求。

建筑工程（包括化工施工和矿山施工以及其他行业施工）是事故风险较高的行业，政府对建筑安全问题极为重视，并制定了"预防为主、安全第一、综合治理"的安全工作方针。住房和城乡建设部、应急管理部对建筑工程的管理力度加大，并要求所有建筑工程从建设单位到分包单位配备安全员，对施工作业人员实行三级安全教育（厂级教育、车间教育、班组教育）；特殊工种和高危岗位的工作人员要通过国家相关部门的考试后持证上岗。

2. 施工项目安全责任制

（1）施工安全 - 项目经理

项目经理是工程安全生产第一负责人，对本项目工程安全生产负责；认真贯彻执行国家、政府主管部门及企业的安全生产规章制度，落实上级制定的安全生产技术措施；组织职工学习安全生产技术操作规程和规章制度，坚持交任务的同时交安全要领，定期组织检查施工现场安全状况；正确处理生产和安全的关系，不违章指挥，对违章作业的班组和个人按本项目奖惩规定进行处理；对施工现场搭设的脚手架、井架和机械设备、电器设备等安全防护装置组织验收，合格后方能使用；抓好分承包队伍的安全管理，使用的分包队伍要具有安全资质，对不具备条件的承包队伍，杜绝进入本现场施工；发生工伤事故，立即组织抢救，迅速上报，并保护现场。

（2）施工安全 - 质量员

贯彻执行安全生产有关法令、法规、规范、标准、操作规程及公司安全生产规章制度；负责监督、验收安全防护用品的质量是否符合有关验收标准；负责分部分项工程混凝土强度检测，确定混凝土拆模时间，确保工程质量和安全；参与安全检查，协助纠正安全事故隐患；在检查质量的同时要检查安全生产，发现安全事故隐患要立即报告有关人员进行整改。

（3）施工安全 - 施工员

施工安全施工员是项目工程分阶段的安全生产负责人，对所管的分部工程安全生产负直接责任；施工安全施工员应熟练掌握有关安全生产操作规程，帮助督促生产班组遵守安全生产规章制度和本工种安全生产技术操作规程；认真执行安全生产规章制度，不违章指挥；安排施工前，应将施工组织设计中的安全措施详细向施工班组进行书面安全交底，对施工环境应采取有效的安全防护措施，并督促班组执行；对违章作业的班组和个人应及时制止，对执意违章作业的班组和个人有权暂停工作直至改正为止；班组人员发生工伤事故要立即上报和保护现场，并配合有关人员的调查处理。

（4）施工安全 - 安全员

施工安全安全员是生产一线的安全生产监督检查员；监督检查本项目施工安全、文明生产；配合有关部门开展安全生产的宣传教育工作，协助项目经理组织安全检查，并做好安全资料管理工作；监督检查并及时发现生产中的安全隐患，立即提出改进意见和措施，并督促落实整改；熟悉本项目施工组织设计和编制的安全生产技术措施，并对贯彻执行情况进行监督检查；与有关部门共同做好新进场工人安全技术培训和三级教育；负责项目工伤事故的统计、分析的报告，参与工伤事故的调查和处理；制止违章指挥和违章作业，如有严重不安全的情况，有权暂停生产。督促有关部门做好职工劳逸结合和女职工的特殊保护工作；对违反《中华人民共和国劳动法》规定的行为，可视情况进行教育，并向领导提出处理建议。

（5）施工安全设备 - 材料员

制定本项目所有机械设备的安全操作规程要领和安全管理制度；对各类机械设备，必须配齐安全防护装置，并经常检查，执行维修、保养制度，确保安全运行；定期组织设备安全检查，及时向主管领导汇报设备运转情况；配合有关部门做好特殊工种培训、考核发证工作，确保持证上岗；参加对各类机械设备安全事故的调查分析；认真执行本项目有关产品质量管理规定，杜绝伪劣产品进入施工现场；确保供应施工生产中安全技术措施所需要的材料，对现场使用钢管、扣件、脚手板、竹笆片、夹板等材料，必须保证质量；配合有关部门做好劳保用品管理发放工作；加强仓库人员的安全教育，严格执行有关危险品的运输、储存、发放等规定。

（6）施工安全 - 技术负责人

在公司及项目经理的领导下，负责项目施工技术管理工作，加强施工图、标准图及有关技术资料的管理，并对工程质量负全面技术责任；熟悉设计意图，组织图纸自审，参加图纸会审，并做好图纸会审记录及进行技术交底，负责变更通知的签发和项目竣工文档的编制；在公司技术负责人的领导下，参与编制单位工程的施工组织设计和施工方案，对分部工程进行技术交底，对施工方案进行审核，并对工程质量实施有效的技术控制；及时解决一般工程技术问题，对重大技术问题及时汇报，组织参加隐蔽工程验收，制订特殊物资的搬运方案和特殊过程施工方案，以及施工全过程成品、半成品的防护措施；参加中间及竣工验收，并办理交工验收手册；组织职工培训，学习贯彻各项技术标准、规范、规程和技术管理制度；组织不合格成品原因分析，负责纠正和预防措施的制订和实施，并参与其实施效果的验证；组织质量分析会，收集质量信息，负责不合格成品的评审和处理，并按不合格成品的严重程度分别向有关部门传递；负责统计技术的具体实施和管理，做好上级交办的其他事宜。

（7）施工安全 - 班组长

学习、领会并认真执行上级部门及本项目部门的规章制度；带领全班组安全作业，并且严格遵守安全操作规程；安排生产任务时，认真进行安全技术交底，严格执行本工程安全操作，有权拒绝违章指挥；组织班组安全活动，开好班组安全生产会，并根据作业环境和职工的思想、体质、技术状况合理分配生产任务；发生工伤事故，立即抢救，及时报告并保护好现场。

3. 施工安全规章制度

在施工中要坚持"安全第一，预防为主"的方针。为有效控制本工程施工过程中的安全，减少轻伤事故，杜绝发生重大事故，建立健全安全规章制度，明确各级人员在生产时应遵守党和国家的安全生产方针、政策、法规，以及本公司的安全规章制度，保证安全生产的顺利进行。

安全教育的内容主要包括法制法规教育、企业有关规章制度教育、安全生产管理知识、安全技术知识教育、劳动纪律教育、典型事故案例分析等。

（1）三级安全教育

1）新进企业的员工、合同工、临时工、培训和实习人员等在分配工作前，应由公司、劳资、安全等部门进行第一级安全教育。教育内容有国家有关安全生产法令、法规，本企业安全生产有关制度，本行业安全基本知识，劳动纪律等。

2）上述人员到施工项目部门后，应由施工项目部进行二级安全教育。教育内容有本项目工程生产概况、安全生产情况、施工作业区状况、机电设施安全、安全规章制度、劳动纪律。

3）上述人员上岗前应由工长、班组长进行岗位教育，即第三级安全教育。教育内容有本工种班组安全生产概况，安全检查操作规程，操作环境安全与安全防护措施要求，个人防护用品、防护用具正确使用，事故前的判断与预防，事故发生后的紧急处理等。

4）对经过三级安全教育的工人应登记建卡，由项目部安全检查负责管理教育资料。

5）没有经过三级安全教育的人员禁止上岗。

6）对变换工种的员工，要先进行新任工种的安全教育，安全教育的时间、内容要有书面记录。

（2）特种作业人员的安全教育

特种作业人员接触不安全因素多、危险性较大、安全技术知识要求严，对进行特种作业人员的培训教育，要严格执行有关规定。

（3）经常性安全教育

1）项目部应坚持对本项目员工进行安全检查教育，教育内容包括有关安全生产文件精神宣传教育，上周本项目工程安全检查生产小结，本周安全生产要求，表扬遵章守纪员工，批评违章作业行为，通报事故的处理。

2）对重大施工项目及危险性大的作业，在员工作业前，必须按制定的安全措施和要求，对施工员工进行安全教育，否则不准作业。

3）重大的节假日前，员工探亲放假前后，应对员工进行针对性的安全教育。

4）利用工地黑板报等，定期或不定期进行安全生产宣传教育，表扬好人好事，报道安全生产动态，宣传安全生产知识、规程等。

以上3种形式教育，相关领导应参加和主持，并做好书面记录。

4.施工安全现场基本规定

1）进入现场必须戴好安全帽，扣好帽带，并正确使用个人劳动防护用品。

2）2m以上的高处、悬空作业、无安全设施的，必须戴好安全带、扣好保险钩。

3）高处作业时，不准往下或向上乱抛材料和工具等物件。

4）各种电动机械设备必须有可靠有效的安全接地和防震装置，方能开动。

5）不懂电气和机械的人员，严禁使用和玩弄机电设备。

6）吊装区域非操作人员严禁入内，吊装机械必须完好，把杆垂直下方不准站人。

5．施工安全现场管理

1）必须严格执行《中华人民共和国消防法》等法律法规规定建筑工地防火的基本措施，做好施工现场防火安全工作。施工现场消防工作纳入施工组织设计和施工管理计划，项目经理是该工地的消防负责人。

2）建立施工消防管理网络，根据施工现场平面布置，划分消防管理责任区域消防负责人，公布上墙，并在施工现场入口处设置明显标志。

3）各重点防火区域应配备一定数量的消防器材和消防设施，由消防责任人定期检查，确保完备好用。消防器材、设施不得随便移动或挪作他用。

4）建立义务消防组织，义务消防人员要进行消防知识的学习和培训，坚持每月开一次消防安全例会，检查当月消防工作情况。

5）施工现场应设吸烟点，禁止吸游烟、乱丢烟蒂。动用明火必须按规定办理审批手续，动火作业须有专人监护，须有消防器材，须严格遵守安全措施。

6）从事焊接作业人员，必须持有有效证件上岗，严格执行"十不烧"的规定，无证人员一律不准进行焊接作业。

7）施工现场严禁使用电炉、煤油炉、小太阳灯和碘钨灯等大功率灯具烘烤衣物。

8）所有电气线路、机械设备必须由专业人员按规定安装并符合标准。电气线路、机械设备应经常检查，防止因短路、超负荷等原因引起火灾事故。

9）凡仓库和存放易燃、易爆物品的区域必须设置禁火牌，要制订有关防火管理规定，配备符合要求的消防设施，设置消防通道、消防水源。

10）木工间必须设置禁火标志，刨花锯屑等易燃物品应做到及时清理，按规定设置消防器材，禁止吸烟及动火作业。

11）凡设置消防器材的地点禁止堆放各种杂物，消防通道、施工现场道路、建筑物通道要保持通畅。

12）脚手架上禁止吸烟，禁止无证、无措施动火作业，禁止在脚手架上放置其他易燃物品。

13）施工现场日常消防管理由项目部安全保卫部门管理，要做到经常检查，定期向项目部经理汇报。

14）对施工现场消防工作作出显著成绩的班组和个人应给予奖励；反之，对造成火灾事故的责任人应视情节给予处罚或移交有关部门处理。

9.6.2 施工项目安全生产事故与处理

1．危险源与事故

危险源是指一个系统中具有潜在能量和物质释放危险的、可造成人员伤害、在一定的触发因素作用下可转化为事故的部位、区域、场所、空间、岗位、设备及其位置。危险源可能存在事故隐患，也可能不存在事故隐患，对于存在事故隐患的危险源一定要及时加以整改，否则随时都可能导致事故，常见危险源见表 9.7。

表 9.7　施工项目常见危险源一览表

分部分项 工程/作业	危险源名称	可能导致 事故	控制措施
深基坑 工程	超过 5m 深基坑施工方案未组织专家论证审查	坍塌	学习规定、落实责任、编制方案
	基坑支护、降水分包单位无资质施工	坍塌	选择具备资质的单位、严格监管
	地下管线不明（水管、燃气管、光缆等）	泄漏、坍塌、爆炸	复核勘探资料、探明位置后施工
	未按安全要求设置边坡	坍塌	编制专项方案、严格交底、重新放坡
	特殊支护做法严重不符合设计方案	坍塌	编制专项方案、严格交底、加固
	降水措施达不到方案要求	坍塌	查找原因、配备应急设备、加强观测
	未进行位移或沉降观测	坍塌	落实责任、按方案规定监测
高大 模板 工程	超高、超重、超跨支撑体系专项施工方案未组织专家论证审查	坍塌	学习规定、落实责任、编制方案
	支撑体系杆件构造及尺寸不符合方案规定	坍塌	编制专项方案、严格交底和监管、加固
	作业前未进行交底	坍塌	明确责任、规定程序
	浇筑混凝土前未组织验收	坍塌	明确责任、规定程序
脚手架 工程	超高脚手架专项施工方案未组织专家论证审查	坍塌	学习规定、落实责任、编制方案
	悬挑架、悬挑梁安装不符合设计要求，立杆底部固定不牢	坍塌	编制专项方案、严格交底和监管、加固
	附着式升降脚手架产品未经鉴定、无设计计算书或未经审批	坍塌	编制专项方案、控制产品源头、明确程序
	架体与建筑物拉结严重缺少或拉结不牢固	坍塌	严格验收程序、按方案加固
	杆件构造及尺寸严重不符合方案规定	坍塌	严格验收程序、按方案加固
	不进行交底和验收	坍塌	明确责任、规定程序
	卸料平台超过限定荷载	坍塌或 高处坠落	严格交底和监管、悬挂限载标志牌
塔机	安拆方案未经审批	倒塌	落实责任、规定程序
	安拆单位无资质、人员无证上岗	倒塌	选择具备资质单位、严格监管
	地基承载力不符合要求	倾覆	设计复核验算、加固地基
	基础位置设置不符合安全要求	倾覆	精心组织和策划、重新选择位置
	安装、拆卸、顶升不按规程施工	倒塌	编制专项方案、严格交底和监管

续表

分部分项工程/作业	危险源名称	可能导致事故	控制措施
塔机	超高、超重、力矩、回转、变幅等安全限位装置不全、失效	倾覆或起重伤害	检测验收、日常检查、班前检查
	起重钢丝绳或吊索磨损、断丝超标	物体打击	日常检查、班前检查、更换
	操作司机、司索工无证上岗	倾覆或起重伤害	严格监管、配备合格人员
	未经检测验收就投入使用	倒塌	落实责任、明确验程序
	未定期进行维修保养、带病运转	倾覆或起重伤害	明确维修保养责任、制定维修保养制度
施工电梯	安拆方案未经审批	冒顶或坠落	落实责任、规定程序
	安拆单位无资质、人员无证上岗	冒顶或坠落	选择具备资质单位、严格监管
	安装、拆卸、顶升不按规程施工	冒顶或坠落	编制专项方案、严格交底和监管
	上限位、极限限位装置不全、失效	冒顶	检测验收、日常检查、班前检查
	防坠安全器失效或过期未检定	梯笼坠落	检测验收、日常检查、班前检查
	梯笼内人员或材料超载	梯笼坠落	严格交底和监管、悬挂限载标志牌
	未经检测验收就投入使用	冒顶或坠落	落实责任、明确验程序
	不能定期进行维修保养、带病运转	冒顶或坠落	明确维修保养责任、制定维修保养制度
	操作司机无证上岗	冒顶或坠落	严格监管、配备合格人员
物料提升机	附墙拉结不符合规定要求	倾覆或起重伤害	严格验收程序、按方案加固
	起重钢丝绳磨损、断丝超标	吊盘坠落	日常检查、班前检查、更换
	作业人员违章乘坐吊篮上下	高处坠落	严格交底和监管、加强教育
	上限位、超重装置、停层装置、防坠安全装置不齐或失效	冒顶或坠落	检测验收、日常检查、班前检查
临时用电作业	未形成 TN-S 保护接零系统	触电	学习规范、编制专项方案、确保投入
	高压线与作业面小于安全距离	电击	编制专项方案、隔离防护
	无漏电保护器或保护器失灵	触电	确保投入、配备、更换
施工现场防火作业	电焊工无证、电焊作业无防火措施	火灾	配置合格人员、严格交底、配备灭火器材和水源
	外墙外保温作业无防火措施	火灾	落实责任、严格交底、配备灭火器材、现场监管
	易燃易爆物品未隔离存放和做好防火措施	火灾或爆炸	严格交底、配备灭火器材、配置专管人员
	民工宿舍使用大功率电器	火灾	采用限荷装置、日常检查、安全教育
	未履行动火审批程序和现场动火无管理人员监护	火灾	落实责任、规定程序、作业时间内专人监护

实际中，对事故隐患的控制管理总是与一定的危险源联系在一起，对危险源的控制，实际就是消除其存在的事故隐患或防止其出现事故隐患。生产现场应对危险源进行定期检查，对检查出的事故隐患按三定（定人、定措施、定时间）进行整改，预防事故发生。

2. 建筑工程施工项目安全事故发生的原因

（1）人的不安全行为

施工人员缺乏安全意识，违反规程，操作失误等。

（2）物的不安全状态

安全防护、保险、信号等装置缺乏或有缺陷，机械设备、设施、工具、附件等有缺陷，个人防护用品用具（包括安全帽、安全带、安全鞋、手套、护目镜及面罩、防护服等）缺乏或有缺陷。

（3）环境的不利因素

施工现场照明光线不足，视线不畅；通风不良、粉尘飞扬；作业场所狭窄、杂乱，沟渠纵横；施工现场道路不通畅；材料工器具乱堆乱放，杂乱无序；噪声刺耳。

（4）管理上的缺陷

职工没有进行三级安全教育就上岗作业；没有对各工种进行各项安全技术交底；没有落实各项安全生产责任制；安全技术措施经费投入少；安全生产检查不扎实，流于形式。

3. 安全事故等级划分

根据生产安全事故（以下简称事故）造成的人员伤亡或者直接经济损失，事故一般分为以下等级。

1）特别重大事故，是指造成30人以上死亡，或者100人以上重伤（包括急性工业中毒，下同），或者1亿元以上直接经济损失的事故。

2）重大事故，是指造成10人以上30人以下死亡，或者50人以上100人以下重伤，或者5000万元以上1亿元以下直接经济损失的事故。

3）较大事故，是指造成3人以上10人以下死亡，或者10人以上50人以下重伤，或者1000万元以上5000万元以下直接经济损失的事故。

4）一般事故，是指造成3人以下死亡，或者10人以下重伤，或者1000万元以下直接经济损失的事故。

本条款所称的"以上"包括本数，所称的"以下"不包括本数。国务院安全生产监督管理部门可以会同国务院有关部门，制定事故等级划分的补充性规定。

4. 建筑工程施工项目安全事故处理

（1）事故报告阶段

事故发生后，事故单位有关人员在1小时内向县级以上安监部门和负有安全生产监督管理职责的有关部门报告（以下简称主管部门），安监部门或主管部门接到报告后应立即赶赴事故现场，组织事故救援，做好事故现场保护工作。2 小时以内同时向同级人民政府和上级安监部门或上级主管部门报告，报告内容如下。

1）事故发生单位概况。

2）事故发生的时间、地点以及事故现场情况。

3）事故的简要经过。

4）事故已经造成或者可能造成的伤亡人数（包括下落不明的人数）和初步估计的直接经济损失。

5）已经采取的措施。

6）其他应当报告的情况。同时通知公安、劳动保障、工会、人民检察院等相关部门。

自事故发生之日起 30 日内，事故造成的伤亡人数发生变化的，应当及时补报。事故单位发生迟报、漏报、谎报和瞒报行为，经查证属实的，应立即上报事故情况。

（2）事故调查阶段

事故调查由人民政府或人民政府授权、委托的有关部门组织进行，事故调查组由人民政府、安监、主管部门、监察、公安、工会等部门的有关人员组成，并应当邀请人民检察院派员参加，视情况也可以聘请有关专家参与。调查组成员如与调查的事故有直接利害关系的必须回避，调查组组长由市政府指定。

事故调查的主要任务如下。

1）查明事故发生的经过、原因、人员伤亡情况及直接经济损失。

2）认定事故的性质和事故责任。

3）提出对事故责任者的处理建议。

4）总结事故教训，提出防范和整改措施。

5）提出事故调查报告。

事故调查取证是完成事故调查过程的一个非常重要的环节，主要包括 5 个方面。

① 事故现场处理。为保证事故调查、取证客观公正地进行，在事故发生后，对事故现场要进行保护。

② 事故有关物证收集。

③ 事故事实材料收集。收集与事故鉴别、记录有关的材料，事故发生的有关事实。

④ 事故人证材料收集记录。

⑤ 事故现场摄影、拍照及事故现场图绘制。一是事故现场摄影、拍照，二是事故现场图的绘制。

（3）事故处理阶段

事故调查与事故处理，是两个相对独立而又密切联系的工作。事故处理的任务，主要是根据事故调查的结论，依照国家有关法律、法规，对事故责任人进行处理，落实防范重复事故发生的措施，贯彻"四不放过"原则的要求。所以，事故调查是事故处理的前提和基础，事故处理是事故调查目的的实现和落实。

国家对发生事故后的"四不放过"处理原则，其具体内容如下。

1）事故原因未查清不放过。

2）责任人员未受到处理不放过。

3）事故责任人和周围群众没有受到教育不放过。

4）事故制定的切实可行的整改措施未落实不放过。

事故处理的"四不放过"原则是要求对安全生产工伤事故必须进行严肃认真的调查处理，接受教训，防止同类事故重复发生。

提交的事故调查报告经政府批复后，有关机关应当按照政府的批复依照法律、行政法规规定的权限和程序，对事故发生单位和有关人员进行行政处罚，对负有事故责任的国家工作人员进行处分；事故发生单位对本单位负有事故责任的人员进行处理；涉嫌犯罪的，依法追究刑事责任。其他法律、行政法规对发生事故的单位及其有关责任人员规定的罚款幅度与《生产安全事故罚款处罚规定（试行）》（国家安全生产监督管理总局令第 77 号）不同的，按照较大的幅度处以罚款，但对同一违法行为不得重复罚款。事故发生单位及其有关责任人员有两种以上应当处以罚款的行为，应合并作出处罚决定。

（4）事故结案阶段

按照政府批复的事故调查报告，有关机关和事故发生单位应当及时将处理结果报调查组牵头单位，事故调查组及时予以结案，出具结案通知书。事故结案应归档的资料如下。

1）职工伤亡事故登记表。

2）事故调查报告及批复。

3）现场调查记录、图纸、照片。

4）技术鉴定或试验报告。

5）物证、人证材料。

6）直接和间接经济损失材料。

7）医疗部门对伤亡人员的诊断书。

8）发生事故的工艺条件、操作情况和设计资料。

9）处理结果和受处分人员的检查材料。

10）有关事故通报、简报及文件。

9.6.3　建筑业职业健康安全

（1）职业伤害事故分类

职业伤害事故大致分为 20 类，即物体打击、车辆伤害、机械工具伤害、起重伤害、触电、淹溺、灼烫、火灾、刺割、高处坠落、坍塌、冒顶片帮、透水、放炮、火药爆炸、瓦斯爆炸、锅炉和受压容器爆炸、其他爆炸、中毒和窒息以及其他伤害。

（2）建筑业常见职业病危害因素

建筑业职业病危害因素来源多、种类多，给广大的建筑工人造成了不可忽略的身体损害。建筑业施工过程中产生的常见职业病危害因素如下。

1）粉尘可导致尘肺病。

2）噪声可导致职业性噪声聋。

3）高温可导致职业性中暑。

4）振动可导致职业性手臂振动病，强烈的全身振动可导致内脏器官的损伤或位移，周围神经和血管功能的改变、腰椎损伤等。

5）化学毒物，主要有：①爆破作业产生氮氧化物等；②油漆、防腐作业产生苯、甲苯等有机蒸气，以及铅、汞等金属毒物，防腐作业产生沥青烟；③涂料作业产生甲醛、苯、甲苯、二甲苯、游离甲苯二异氰酸酯以及铅、汞等金属毒物；④建筑物防水工程作业产生沥青烟等有机溶剂，以及阴离子再生乳胶等化学品；⑤路面敷设沥青作业产生沥青烟等；⑥电焊作业产生锰等；⑦地下储罐等地下工作场所作业产生硫化氢、甲烷、一氧化碳和缺氧状态。诸多职业病危害因素可导致多种相应的职业中毒。

（3）预防职业病危害因素措施

对建筑业的职业病危害因素可采取三级预防措施进行控制，具体如下。

一级预防：①从工程技术方面改进工艺或施工过程，选择不产生或少产生职业病危害的建筑材料；②施工现场配备有效的职业病危害防护设施，并经常维护、检修；③对可能产生急性职业健康损害的施工现场设置检测报警装置、警示标志、紧急撤离通道、应急药品等；④积极开展宣传教育培训，让施工人员充分掌握相关防护知识；⑤施工前对相关作业人员进行职业健康检查；⑥施工人员佩戴有效的防护口罩、防护眼镜、耳塞、防振手套等进行相关作业。

二级预防：按照规范的要求对施工人员进行在岗期间、离岗时的职业健康检查，发现职业禁忌证及时调离岗位，做到早发现、早治疗。

三级预防：施工人员发现身体不适应及时脱离接触、实施治疗。

9.6.4　施工项目职业健康安全管理

施工项目职业健康安全管理的程序主要有确定施工项目职业健康安全管理目标、编制施工项目职业健康安全技术措施计划、施工项目职业健康安全技术措施计划的实施，还包括施工项目职业健康安全技术措施计划的验证、持续改进等。

1. 施工项目职业健康安全管理的目标

对于建设工程项目，施工职业健康安全管理的总体目标是防止和减少生产安全事故、保护产品生产者的健康与安全、保障人民群众的生命和财产免受损失，控制影响工作场所内员工、临时工作人员、合同方人员、访问者和其他有关部门人员健康和安全的条件和因素，考虑和避免因管理不当对员工健康和安全造成的危害。

2．施工项目职业健康安全技术措施计划的编制

建筑工程项目职业健康安全技术措施计划的编制，应根据工程特点、施工方法、施工程序、安全法规和标准的要求，采取可靠的技术措施，消除安全隐患，保证施工安全。其内容可根据项目运行实际情况增减，一般应包括工程概况、控制目标、控制程序、组织结构、职责权限、规章制度、资源配置、职业健康安全技术措施、检查评价和奖惩制度以及对分包的职业健康安全管理等内容。

职业健康安全技术措施内容归结起来，可以分为一般工程施工职业健康安全技术措施、特殊工程施工职业健康安全技术措施、季节性施工职业健康安全技术措施和应急措施等。

（1）一般工程施工职业健康安全技术措施

一般工程是指结构共性较多的工程，其施工生产作业既有共性，也有不同之处。由于施工条件、环境等不同，同类工程的不同之处在共性措施中就无法解决。应根据相关法规，结合以往的施工经验与教训，制定职业健康安全技术措施。一般工程施工职业健康安全技术措施主要有以下几个方面。

1）土石方开挖工程，应根据开挖深度和土质类别，选择开挖方法，确保边坡稳定，或采取支护结构措施，防止边坡滑动和塌方。

2）脚手架、吊篮等的选用及设计搭设方案和安全防护措施。

3）高处作业的上下安全通道。

4）安全网（平网、立网）的设置要求和范围。

5）对施工电梯、井架（龙门架）等垂直运输设备，位置搭设要求及稳定性、安全装置等的要求。

6）施工洞口的防护方法和主体交叉施工作业区的隔离措施。

7）场内运输道路及人行通道的布置。

8）编制临时用电的施工组织设计和绘制临时用电图纸，在建工程（包括脚手架工具）的外侧边缘与外电架空线路的间距达到最小安全距离采取的防护措施。

9）防火、防毒、防爆、防雷等安全措施。

10）在建工程与周围人行通道及民房的防护隔离设置。

11）起重机回转半径达到项目现场范围以外的要设置安全隔离设施。

（2）特殊工程施工职业健康安全技术措施

结构比较复杂、技术含量高的工程称为特殊工程。对于特殊工程，应编制单项的职业健康安全技术措施。例如，爆破、大型吊装、沉箱、沉井、烟囱、水塔、特殊架设作业、高层脚手架、井架和拆除工程必须制定专项施工职业健康安全技术措施，并注明设计依据，做到有计算、有详图、有文字说明。

（3）季节性施工职业健康安全技术措施

季节性施工职业健康安全技术措施是考虑不同季节的气候条件对施工生产带来的不安全因素和可能造成的各种突发性事件，从技术上、管理上采取的各种预防措施。一般工程施工方案中的职业健康安全技术措施中，都需要编制季节施工职业健康安全技术措施。对危险性大、高温期长的建筑工程，应单独编制季节性的施工职业健康安全技术措施。季节主要指夏季、雨季和冬季。各季节性施工职业健康安全的主要内容如下。

1）夏季气候炎热，高温时间持续较长，主要是做好防暑降温工作，避免员工中暑和因长时间暴晒引发的职业病。

2）雨季作业，主要应做好防触电、防雷击、防水淹泡、防塌方、防台风和防洪等工作。

3）冬季作业，主要应做好防冻、防风、防火、防滑、防煤气中毒等工作。

（4）应急措施

应急措施是在事故发生或各种自然灾害发生的情况下采取的应对措施。为了在最短的时间内达到救援、逃生、防护的目的，必须在平时就准备好各种应急措施和预案，并进行模拟训练，尽量使损失减小到最低限度。应急措施可包括以下内容。

1）应急指挥和组织机构。

2）施工场内应急计划、事故应急处理程序和措施。

3）施工场外应急计划和向外报警程序及方式。

4）安全装置、报警装置、疏散口装置、避难场所等。

5）有足够数量并符合规格的安全进、出通道。

6）急救设备（担架、氧气瓶、防护用品、冲洗设施等）。

7）通信联络与报警系统。

8）与应急服务机构（医院、消防等）建立联系渠道。

9）定期进行事故应急训练和演习。

3. 职业健康安全技术措施计划的实施

（1）教育与培训

教育与培训是职业健康安全管理工作的重要环节，重点是管理人员的安全意识和安全管理水平以及操作者遵章守纪、自我保护和提高防范事故的能力。教育与培训包括安全生产思想、安全知识、安全技能和法治教育4个方面的内容。

承包商应建立分级职业健康安全教育制度，实施公司、项目经理部和作业队的三级教育。

（2）责任制建立

职业健康安全生产责任制是根据"管生产必须管安全""安全生产人人有责"的原则，承包商对施工项目的各级管理者、部门、人员所规定的在其职责范围内应对职业健康安全工作承担的责任。

建立健全以职业健康安全生产责任制为中心的各项职业健康安全管理制度是保障施工项目职业健康安全目标实现的重要组织手段。项目组织就是一个角色系统，任何一个角色的核心都是责、权、利的统一，责任制的建立，使项目的职业健康安全工作纵向到底、横向到边、专管成线、群管成网，分工明确、责任清楚，共同努力、协调配合，使项目的职业健康安全工作落到实处。

（3）技术措施交底

施工项目应坚持职业健康安全技术交底制度，在工程开工前或结构复杂的分部分项工程实施前等，由项目部的相关技术负责人对分包商、施工班组（人员）就项目的施工特点和危险点、针对性预防措施、应注意的安全事项、相应的操作规程和作业标准以及发生事故应采取的避难和应急措施等内容进行交底。

（4）施工过程控制

项目经理部对施工过程中可能影响职业健康安全的因素进行控制，确保施工项目按职业健康安全生产的规章制度、操作规程和程序要求施工。

对施工项目职业健康安全技术措施计划确定的特殊关键过程，项目经理部应落实监控人员，确定监控方式、措施，实施重点监控，必要时应实施旁站监控。

（5）职业健康安全检查

职业健康安全检查是指识别影响职业健康或不安全行为与隐患存在的部位和危险程度，防止事故的发生。职业健康安全检查的目标是预防伤亡事故，不断改善生产条件和作业环境，使施工项目达到最佳安全状态。检查的内容主要是查思想、查制度、查机械设备、查安全设施、查安全教育培训、查操作行为、查劳保用品使用、查伤亡事故的处理等"八查"。检查的方式有企业或项目定期组织的安全检查，各级管理人员的日常巡回检查、专业安全检查，季节性和节假日安全检查，班组自我检查、交接检查。

《建筑施工安全检查标准》（JGJ 59—2011）适用于我国建设工程的施工现场，是建筑施工从业人员的行为规范，是施工过程建筑职工安全和健康的保障。该标准中包含条文、检查评分表等。

9.6.5 施工项目环境管理

1. 施工项目对环境的污染

工程建设规模巨大，项目施工对环境主要产生以下的污染。

（1）噪声污染

施工噪声可以由各类施工机械产生，施工过程中由于多种设备同时工作加剧了噪声的影响程度；脚手架和模板的装卸、安装和拆除等也会形成噪声。一般的建筑施工是分阶段进行的，大体可以分成土石方阶段、打桩阶段、结构施工阶段和装修阶段。各阶段所使用的施工设备不相同，噪声污染也不同。

（2）废水污染

建筑施工中的废水主要是由以下水类产生：井点降水、桩基施工产生的泥浆、建筑材料及输送管道的清洗水以及施工人员生活废水等。临时供水设施"跑、冒、滴、漏"问题而无相应管理跟进，这些都会导致施工现场污水漫流；将泥液、废浆直接排入下水道，沉淀后的原浆堵塞了下水道，导致次生水环境污染问题。

（3）废气污染

废气主要来源于建筑中的装修材料，其中的相关污染物有油漆、涂料、沥青、黏合剂中的多种挥发性有机化合物，如芳香烃、直链烃、卤代烃、醛、酮、醇等；建材所引起的空气污染，如放射性和有机物挥发影响，往往是长期的、连续的，有的居室装修几年后，其甲醛、苯系物的浓度仍严重超标。建材所产生的污染物对人体的神经系统、血液系统、呼吸系统、生殖系统等都会产生极大危害。

（4）粉尘污染

粉尘是地表扬尘的主要来源，也是衡量城市环境空气质量的重要指标。建筑粉尘污染主要由施工现场平整作业、水泥搬运、混凝土搅拌、木工房锯末、石灰、砂石和回填土等建筑原材料在运输、堆放和使用过程产生，是由于人为或某些气象因素造成的。粉尘对人体的肺部影响很大，人一旦吸入粉尘，粉尘就会不可逆地永久性保留在其肺部，直至死亡。

（5）废弃物污染

建筑固体废弃物排放量大，影响范围广且深远，如难以降解，而且长期存在于土壤中就会改变土壤特性，不仅破坏环境美感、影响市容市貌，还会危害人类健康、污染土壤和地下水、降低土地经济价值等。废弃物污染主要由土、渣土、散落的砂浆和混凝土、剔凿产生的砖石和混凝土碎块、打桩截下的钢筋混凝土桩头、金属、竹木材、装饰装修产生的废料、各种建筑原材料的包装物和生活垃圾等组成。

（6）光污染

光污染是继噪声、废水、废气、粉尘、废弃物等常见的建筑污染之后，又一种新的环境污染源，在建筑施工现场的光污染主要是指电焊机发出的弧光、夜间施工时的强光等，这些光污染有时会影响人们的正常睡眠，有的甚至一旦直接照到人眼，就有致瞎的危险。

（7）有毒有害废弃物的排放

施工现场有毒有害废弃物的类别非常多，比如废化工材料（往往有剧毒）及其包装物、废铝箔纸、工业棉布、油手套、含油棉纱棉布、漆刷、废旧测温计（含汞），试验室废液瓶（主要有重铬酸钾、氢氧化钠、氢氧化钾、强酸等），现场清洗工具废渣、机械维修保养液废渣（有些含重金属离子）；办公室废复写纸、复印机废墨盒、废色带、废电池、废磁盘、废计算器、废日光灯管等。

2. 环境管理体系

环境管理体系（environmental management system，EMS）是企业或其他组织的管

理体系的一部分，用来制定和实施其环境方针，并管理其环境因素，包括为制定、实施、实现、评定和保持环境方针所需的组织结构、计划活动、职责、惯例、程序、过程和资源。

ISO14001 中将环境管理体系定义为：环境管理体系是一个组织内全面管理体系的组成部分，它包括为制定、实施、实现、评审和保持环境方针所需的组织机构、规划活动、机构职责、惯例、程序、过程和资源，还包括组织的环境方针、目标和指标等管理内容。

这是一个组织有计划而且协调动作的管理活动，其中有规范的动作程序、文件化的控制机制。它通过有明确职责、义务的组织结构来贯彻落实，目的在于防止对环境的不利影响。

环境管理体系总要求：组织应根据本标准的要求，建立、实施、保持和持续改进环境管理体系，确定如何实现这些要求，并形成文件。组织应界定环境管理体系的范围，并形成文件。

ISO14001 环境管理体系的运行模式与其他管理的运行模式相似，共同遵守管理模式 PDCA，是一个螺旋上升的开环式模式，是动态循环的 PDCA，体现了持续改进的思想。ISO14001 环境管理体系的效果能通过体系的不间断地运行而不断完善和改进得到，持续改进是 ISO14001 环境管理体系的灵魂。

ISO14001 环境管理体系的实施和运作应围绕环境方针展开。环境方针是 ISO14001 环境管理体系每一次循环的出发点和归宿。整个 ISO14001 环境管理体系的运作是从确立环境方针开始的（虽然有许多前期工作也是为制定方针、目标做准备，如初始环境评审）。随后进行的"策划"，可以看作如何实现环境方针的策划；"实施和运行"则是对策划的实施，并使 ISO14001 环境管理体系投入运行；"检查和纠正措施"是运行过程中的经常性工作，是保持和改进 ISO14001 环境管理体系的措施；"管理评审"是对整个循环过程的总结，并提出持续改进的决策和行动。

3. 施工项目现场管理

施工项目现场是指从事建设工程施工活动经批准占用的场地。它包括红线以内占用的建筑用地和施工用地、红线以外现场附近、经批准占用的临时施工用地。

施工现场管理是指项目经理部门按照《建设工程施工现场管理规定》（建设部令第 15 号）和城市建设管理的有关法规，科学合理地安排使用施工现场，协调各专业管理和各项施工活动、控制污染，创造文明安全的施工环境和人流、物流、资金流、信息流畅通的施工秩序所进行的一系列管理工作。

施工项目现场管理要合理规划施工用地，科学设计施工总平面图，建立施工现场管理组织，建立文明施工现场，清场转移。施工现场管理的要求包括现场标志、场容管理、环境保护、防火保安和卫生防疫及其他方面。

链　接

山东省获评"省安全文明工地"有奖励

山东省住房和城乡建设厅印发的《山东省建筑施工安全文明标准化工地管理办法》（鲁建质安字〔2019〕10 号）（以下简称《办法》），于 2019 年 8 月 3 日起施行，有效期 5 年。《办法》明确，获得省安全文明工地认定的项目，合同双方应根据施工合同约定，按照不低于 1.0% 的标准核定安全文明工地创建奖励费用，作为不可竞争费用。省住房和城乡建设厅将公布的省安全文明工地作为良好信用信息在全省住建系统有关信用信息平台公布，并向国家和省有关社会信用信息平台推送共享。参与认定的工地，还须具备无转包、违法分包、挂靠等违法行为，落实建筑工人实名制，无拖欠农民工工资等行为，施工单位当年度未发生生产安全责任事故等条件。

复习思考题

1. 什么是施工项目管理？
2. 施工项目管理有什么特征？
3. 施工项目管理规划大纲和施工项目管理实施规划有何区别？
4. 施工组织机构有哪些类型？
5. 建筑项目经理部是什么性质？
6. 项目经理的职责有哪些？
7. 什么是施工项目进度管理？施工项目进度计划有哪些表示方法？
8. 施工进度计划管理包括哪些内容？
9. 什么是施工项目的质量管理？施工项目质量管理主要有哪些工作？
10. 施工质量控制的因素有哪些？施工质量控制的主要环节主要有哪些？
11. 施工质量控制的工具和方法有哪些？
12. 简述施工项目质量保修制度。
13. 施工项目成本管理的原则有哪些？
14. 施工项目成本管理的任务有哪些？
15. 简述施工项目安全责任制。
16. 试列举施工现场危险源。
17. 简述施工项目职业健康安全管理的程序。

本章测验

学习小结

读一读

采用查阅书籍、网络搜索、实地查看（在保证安全的前提下）等方式收集一些让你印象深刻的安全标语和环境保护标语，把他们写下来，并可以自己尝试创作安全生产、环境保护、文明施工等内容的宣传标语。熟悉它们并牢记于心，树立安全生产和保护环境的意识。

_____

_____

_____

_____

_____

_____

_____

_____

_____

_____

_____

_____

_____

_____

_____

_____

_____

_____

_____

_____

_____

_____

_____

_____

_____

_____

_____

_____

_____